Du
côté
des
lettres

Collection dirigée par
Marie-France Sculfort

Grammaire et expression 5e

Français

Nouvelle édition
Programme 1997

Cécile de CAZANOVE
Professeur agrégé de Lettres modernes
Collège Pierre de Ronsard à Paris

Marie-France SCULFORT
Professeur agrégé de Lettres modernes
Collège Jean-Philippe Rameau à Tours

NATHAN

9 rue Méchain, 75767 Paris cedex 14
ISBN : 2-09-171443-7

Avant-propos

Conforme aux programmes et Instructions officielles de 1996, *Grammaire et expression 5ᵉ* propose une articulation cohérente entre l'étude de la grammaire, l'apprentissage de l'orthographe, du vocabulaire et les activités d'expression orale et écrite.

La structure de l'ouvrage

- L'ouvrage est organisé en **six grandes parties** commandées par le rythme de la progression grammaticale :

  1. Le discours
  2. Le verbe et les temps verbaux
  3. Le groupe nominal
  4. Types et formes de phrases
  5. La phrase complexe
  6. Les fonctions dans la phrase complexe

- En fin d'ouvrage, on trouvera une partie « **Pour vous aider** » :
  – cinq fiches d'orthographe lexicale ;
  – des règles et un jeu d'orthographe ;
  – des tableaux de conjugaison ;
  – du vocabulaire ;
  – un lexique grammatical de 150 mots.

Les points forts

- Ce **manuel de grammaire complet** offre une description du système de la langue. Il aborde toutes les notions indispensables, et donne ainsi aux élèves de Cinquième des repères précis et une formation de qualité.
- D'autre part, cet ouvrage établit un **véritable décloisonnement** entre les différentes activités de français : ainsi, les leçons de grammaire s'appuient le plus souvent sur des textes d'observation qui sont repris du manuel *Textes et expression 5ᵉ* : l'ensemble est destiné à proposer des **séquences pédagogiques** cohérentes.
- Des **fiches d'orthographe grammaticale** sont intégrées à la progression de grammaire.
- Des fiches d'**orthographe lexicale** sont liées étroitement à l'acquisition du vocabulaire.
- Des fiches d'**expression orale** proposent des activités opérationnelles en relation avec des notions de grammaire abordées.
- Nous avons également voulu permettre à l'élève et au professeur d'**évaluer les connaissances acquises** tout au long du processus d'apprentissage :
  – à la fin de chaque leçon, la rubrique « **Autoévaluation** » invite l'élève à faire le point sur ce qu'il a appris ;
  – le **bilan** qui clôt chaque partie permet au professeur d'évaluer les connaissances grammaticales et orthographiques acquises.
- Enfin, nous avons conçu l'étude de la grammaire comme un **instrument pour l'expression orale et écrite,** afin de placer cette étude dans une **véritable perspective fonctionnelle.** C'est à cette fin que les leçons de grammaire s'achèvent le plus souvent par des exemples de réinvestissement écrits, et que les activités débouchent systématiquement sur des exercices de réemploi et d'écriture inventive.

Dans la même collection

Le manuel ***Textes et expression 5ᵉ*** pourra être utilisé **seul** ou **en interactivité** avec celui-ci : c'est du corpus de ce manuel que sont repris les extraits de textes sur lesquels se fondent les leçons de grammaire et les leçons d'orthographe du présent ouvrage.

Les auteurs

À la découverte de votre manuel

Votre manuel se veut avant tout un outil de référence, ainsi qu'un recueil d'exercices destiné à vous guider dans votre apprentissage des notions de grammaire, d'orthographe et de vocabulaire indispensables pour mieux lire et écrire des textes variés.

Structure d'une partie

Votre manuel se compose de **six grandes parties.** Chaque partie est composée :
– de plusieurs chapitres de **grammaire** ;
– de plusieurs fiches d'**orthographe** ;
– d'une fiche d'**expression orale** ;
– d'un **bilan**.

Les chapitres de grammaire

- L'**observation** d'un texte (1) s'accompagne de quelques **questions** (2).
- Vous étudiez ensuite dans la **leçon** (3) les points abordés dans l'observation.

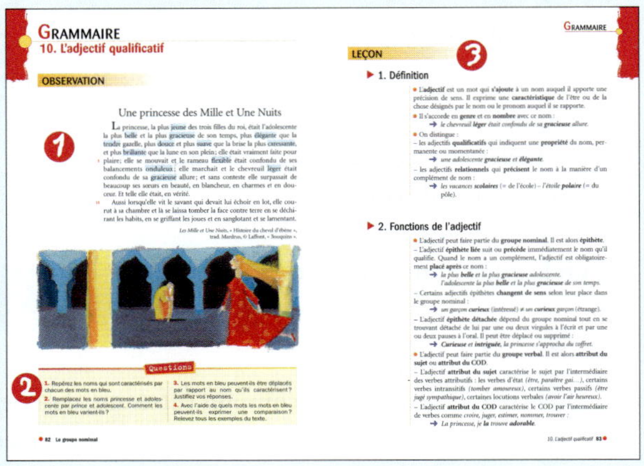

- À la fin de chaque leçon de grammaire, la rubrique « **Pour l'expression écrite** » (4) vous aide à réutiliser à l'écrit ce que vous venez d'apprendre.
- Le « **Retenons** » (5) résume les points essentiels du cours.
- Les **exercices** de grammaire (6) s'organisent en trois temps :

Identifier : à partir de phrases et de textes, vous serez amenés à reconnaître les notions.

Transformer : vous manipulerez des phrases et des textes en les transformant selon des consignes précises.

Écrire : vous réutiliserez les notions étudiées en écrivant des textes personnels.

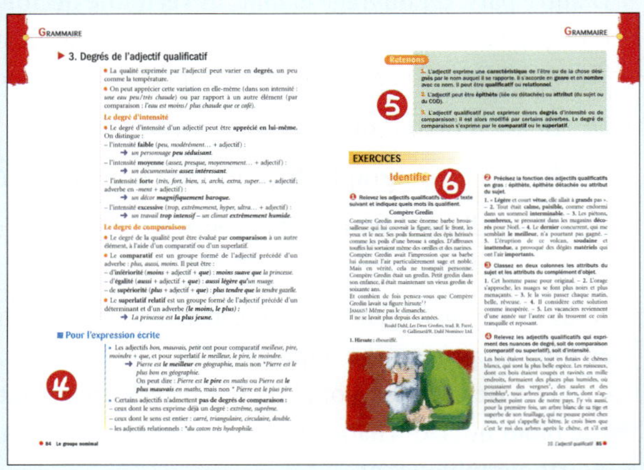

À la fin de chaque chapitre de grammaire, un **guide d'Autoévaluation** (7) vous permet de faire le point sur vos réussites, votre progression, et de confier vos difficultés éventuelles à votre professeur.

Les fiches d'orthographe grammaticale

Intégrées à chaque partie, elles vous invitent à étudier dans la **leçon** (8) les notions indispensables à l'écriture.
Vous vérifiez ensuite vos connaissances dans les **exercices** (9).

ORTHOGRAPHE
Les temps composés de l'indicatif
LEÇON
Mode d'emploi
EXERCICES

Les fiches d'expression orale

Elles vous permettent d'aborder dans la **leçon** (10) un point du discours traité dans l'**observation** (11).
Les **exercices** (12) vous aident à réutiliser les notions acquises dans la leçon.

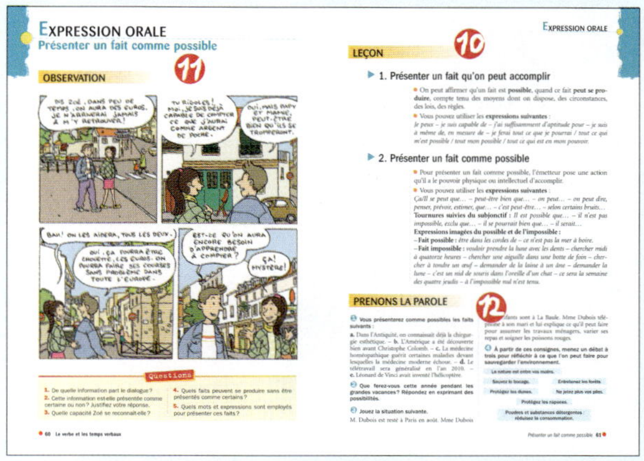
EXPRESSION ORALE
Présenter un fait comme possible
OBSERVATION
LEÇON
1. Présenter un fait qu'on peut accomplir
2. Présenter un fait comme possible
PRENONS LA PAROLE
Questions

LE BILAN

À la fin de chaque partie, votre professeur pourra évaluer vos connaissances en grammaire et en orthographe, grâce aux **exercices** (13) du bilan. Vous pourrez ainsi, éventuellement, revenir en arrière pour revoir les points que vous n'avez pas encore assimilés.

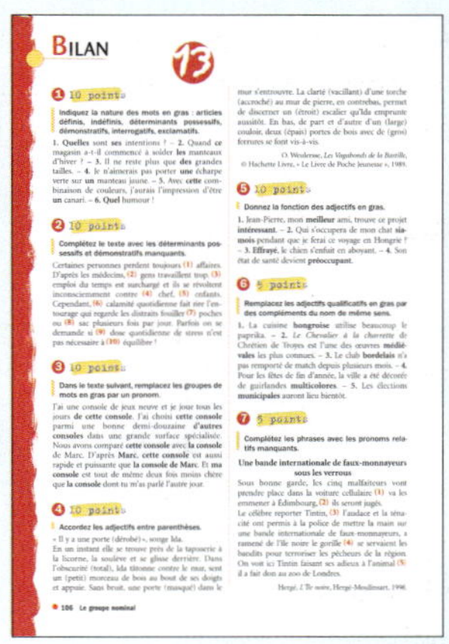
BILAN

En fin d'ouvrage, « Pour vous aider »

Vous trouverez ici des outils qui vous aideront tout au long de l'année :
– des **fiches d'orthographe lexicale,** pour développer vos connaissances en **vocabulaire** et pour enrichir les textes que vous serez amenés à écrire ;
– un **jeu** qui vous permettra de réviser vos **règles d'orthographe** tout en vous amusant ;
– des tableaux de **conjugaison** ;
– des **fiches de vocabulaire** qui vous proposent des mots classés par thèmes à réutiliser dans vos textes ;
– un **lexique grammatical** contenant une définition de toutes les notions abordées dans votre manuel.

Sommaire

1 Le discours

OBJECTIFS

Savoirs

- Repérer et analyser les éléments de la situation de communication
- Repérer les marques de l'émetteur et du récepteur
- Identifier les intentions de l'émetteur
- Analyser les variantes de la situation de communication

Savoir-faire

- Utiliser les principaux registres de langue selon la situation de communication
- Écrire un texte en employant, selon la situation, l'un des quatre types de discours : narratif, descriptif, explicatif, argumentatif

2

Le verbe et les temps verbaux

OBJECTIFS

Savoirs

- Analyser un verbe (personne, nombre, temps, mode)
- Situer un fait dans une époque (passé, présent, futur)
- Situer les faits par rapport au moment de l'énonciation
- Situer les faits en les coupant du moment de l'énonciation
- Repérer et reconstituer l'ordre chronologique des faits
- Présenter un fait comme possible

Savoir-faire

- Conjuguer l'imparfait et le passé simple
- Conjuguer les temps composés de l'indicatif
- Accorder les participes passés
- Écrire un récit en pratiquant un retour en arrière

3

Le groupe nominal

OBJECTIFS

Savoirs

- Identifier les différents éléments du groupe nominal
- Analyser les déterminants
- Identifier les degrés de l'adjectif qualificatif
- Distinguer complément du verbe et complément du nom et de l'adjectif

Savoir-faire

- Reprendre un groupe nominal par un autre groupe nominal
- Reprendre un GN par un pronom sans ambiguïté
- Enrichir un GN par un adjectif, un complément de nom ou une proposition relative

4

Types et formes de phrases

OBJECTIFS

Savoirs
- Identifier l'intention de l'émetteur : donner une information, donner un ordre, poser une question
- Identifier les trois types de phrases qui traduisent ces intentions
- Distinguer les différentes formes de phrases
- Reconnaître les présentatifs

Savoir-faire
- Utiliser les types de phrases etl'exclamation dans un dialogue
- Varier l'expression d'un ordre
- Effacer une information en employant une phrase passive sans complément d'agent
- Mettre en relief un élément de la phrase neutre
- Se servir des présentatifs pour donner une information nouvelle

5

La phrase complexe

OBJECTIFS

Savoirs
- Analyser les propositions dans une phrase complexe
- Distinguer la juxtaposition, la coordination, la subordination
- Distinguer les subordonnées relatives complétives et circonstancielles
- Analyser la fonction des subordonnées

Savoir-faire
- Construire des phrases complexes
- Conjuguer et employer le subjonctif dans les subordonnées
- Transposer des paroles au discours indirect
- Réduire une sorbordonnée à un groupe nominal, à un groupe infinitif ou à un participe

6

Les fonctions dans la phrase complexe

OBJECTIFS

Savoirs
- Repérer les fonctions essentielles dans les phrases complexes
- Maîtriser l'accord sujet-verbe
- Repérer et accorder l'attribut du sujet et du COD
- Repérer les compléments essentiels dans une phrase et dans un texte
- Distinguer les principales circonstances d'une action : lieu, temps, cause, but, manière, moyen

Savoir-faire
- Varier la construction des sujets dans un texte
- Écrire un portrait en employant des attributs
- Écrire un récit en maîtrisant les constructions directes et indirectes des compléments d'objet
- Écrire un récit en variant l'expression des circonstances (temps, lieu, cause, but)
- Écrire une notice, un mode d'emploi, une recette en exprimant les circonstances de manière et de moyen

Pour vous aider

1 Le discours

OBJECTIFS

Savoirs

- Repérer et analyser les éléments de la situation de communication
- Repérer les marques de l'émetteur et du récepteur
- Identifier les intentions de l'émetteur
- Analyser les variantes de la situation de communication

Savoir-faire

- Utiliser les principaux registres de langue selon la situation de communication
- Écrire un texte en employant, selon la situation, l'un des quatre types de discours : narratif, descriptif, explicatif, argumentatif

GRAMMAIRE

1. La situation de communication

OBSERVATION

J.-Cl. Servais, *La Tchalette et autres contes de magie et de sorcellerie*, © Le Lombard, 1994.

Questions

1. Que savons-nous des deux interlocuteurs ?

2. En quels lieux se situe la conversation ?

3. Dans quelle intention le premier personnage prend-il la parole ?

4. De quelle manière lui répond son interlocuteur dans la vignette 1 ? dans la vignette 2 ?

5. Quelles formes de langue orale sont employées ici par les deux interlocuteurs (vocabulaire, grammaire, prononciation) ?

LEÇON

1. Les éléments de la communication

- Pour qu'un **message, oral ou écrit,** puisse **se transmettre**, il faut plusieurs éléments :

– la **présence d'un émetteur**, c'est-à-dire d'une personne qui parle ou qui écrit;

– la **présence d'un ou plusieurs récepteurs**, c'est-à-dire d'une ou plusieurs personnes à qui on s'adresse;

– la **présence d'un code commun** : la même langue, éventuellement certains signes codifiés : affiches, panneaux, symboles, dessins;

– un **contenu** à transmettre :

→ *Il y a de cela un bon demi-siècle…* (annonce d'un récit)

- Dans un **dialogue**, chaque interlocuteur est tour à tour **émetteur** et **récepteur**.

2. Les conditions de la communication

- Pour qu'un **message, oral ou écrit,** puisse **exister**, il faut un certain nombre de **conditions** :

– une **situation précise** (lieu, époque déterminés) dans laquelle se trouvent les interlocuteurs :

→ *La ferme de Joseph.*

– des **partenaires déterminés** par une **identité** (âge, sexe, métier, position sociale) et éventuellement un **caractère**, une **attitude**. Ces partenaires peuvent, dans la situation, **partager** certains savoirs :

→ *Le voisin curieux; Joseph, celui qui connaît l'histoire du village.*

– une **intention de communiquer** (dire et écouter, lire et écrire) :

→ *Le voisin demande une information; Joseph lui répond.*

- L'ensemble de ces conditions définit la **situation de communication**.

3. L'intention de l'émetteur

- En prenant la parole, l'émetteur d'un énoncé exprime une **intention** précise :

– il **donne** une **information** :

→ *Le film télévisé est en retard de cinq minutes.*

– il **demande** une **information** :

➜ *Le film est-il commencé ?*

– il **donne** un **ordre** :

➜ *Débarrasse la table.*

– il **donne** un **conseil** :

➜ *À ta place, j'éviterais d'empiler tous les couverts.*

– il **exprime** un **sentiment**, une **émotion** :

➜ *Quelle horreur ! Pauvre petite !*

– il **s'excuse** :

➜ *Pardon ! Excusez-moi, je vous prie.*

Etc.

4. Les interventions de l'émetteur

- Le plus souvent, l'émetteur se manifeste dans son message de **diverses manières** :

– par l'emploi de la **1re personne** :

➜ *Ce matin,* ***je*** *suis encore arrivé en retard.*

– par la présence d'**adjectifs**, positifs ou négatifs, d'**adverbes** qui traduisent son opinion :

➜ *Le dernier album de Madonna est* ***vraiment surprenant****.*

- L'émetteur indique à **quel récepteur** il s'adresse :

➜ *Ne prononce jamais ce nom. Je* ***t'****ordonne de ne jamais prononcer ce nom. Voudrais-****tu*** *ne jamais prononcer ce nom ?*

5. Les marques de l'émetteur et du récepteur

	Émetteur	Récepteur
Pronoms sujets	*je – nous*	*tu – vous*
Pronoms compléments	*me – moi – nous*	*te – toi – vous*
Déterminants possessifs	*mon – ma – mes – notre – nos*	*ton – ta – tes – votre – vos*
Pronoms possessifs	*le mien – la mienne – les mien(ne)s – les nôtres*	*le tien – la tienne – les tien(ne)s – le(s) vôtre(s)*

- L'émetteur peut également produire un **message** dans lequel il **ne marque ni sa présence, ni celle du récepteur**. Il s'agit le plus souvent d'un récit au passé, qui semble se raconter de lui-même, et qui ne s'adresse pas à un émetteur présent dans le texte.

➜ *Jules César entreprit la conquête de la Gaule « chevelue » de 58 à 51 avant J.-C.*

6. Les variations de la situation de communication

- Lors de la communication, les formes du message échangé varient selon **plusieurs critères** :

– **l'image** que l'émetteur se fait du ou **des récepteurs** : position dans la famille, dans l'entreprise, à l'école, au bureau, etc. ;

– **le rôle** que tient **l'émetteur** face au récepteur : lien de parenté, position de faiblesse ou d'autorité, etc. ;

– **le support du message**, oral ou écrit : message téléphonique, télégramme, courriel (ou « courrier électronique »), télécopie, Minitel, petit papier, lettre, etc.

7. Les registres de langue

- On distingue principalement **trois registres de langue** : le registre **familier**, le registre **courant**, le registre **soutenu**.

- L'émetteur choisit le registre qui lui semble **le mieux adapté** à la situation de communication.

- Les registres de langue se caractérisent à la fois par des différences :

– de **vocabulaire** :

→ *Je vous prierais de vous taire. / Silence ! / La ferme !*

– de **prononciation** :

→ *Voici le professeur. / Voici l'professeur. / V'là l'prof !*

– de **syntaxe** :

→ *J'ai une profonde aversion pour les épinards. / Je n'aime pas les épinards. / J'aime pas les épinards. / Les épinards, ça me dégoûte.*

Pour l'expression écrite

- À l'**écrit**, hors de la présence de l'émetteur, de nombreux messages sont difficiles à interpréter :

→ *Ce soir, en rentrant de la piscine du lac, je passerai voir Kévin.*

Dans ce message, il n'y a pas d'indication précise sur la date, le lieu, l'identité de l'émetteur.

- Il faut donc, dans la communication écrite, donner toutes les indications nécessaires à la compréhension (date, lieu, signature…) :

→ ***Lundi 10 septembre. 14 heures. Maman**, ce soir, en rentrant de la piscine du lac, je passerai voir Kévin. **Mathieu.***

- Enfin, la communication écrite permet à l'émetteur de retoucher, corriger et compléter son texte. Le texte écrit est plus construit que le texte oral.

Retenons

1. **Communiquer**, c'est **échanger** des **informations** en établissant et en maintenant une relation.

2. La **situation de communication** comprend au moins :
– deux **interlocuteurs** qui acceptent de communiquer (l'émetteur et le récepteur);
– un **cadre commun direct** (lieu, époque partagés) ou **indirect** (lieux différents, époque partagée);
– un **code** de communication **commun** (la langue, certains signes communs).

3. **L'émetteur** et le **récepteur** sont **déterminés** par leur **identité** et leur **intention** de communication : apporter ou obtenir une information, donner un ordre, approuver, refuser, supplier, s'excuser, exprimer un sentiment, etc.

4. **L'émetteur choisit de se manifester ou non** dans son énoncé, d'y **inclure ou non son récepteur**.

5. La **situation de communication** commande le **registre de langue** utilisé lors de l'échange **(courant, familier, soutenu)**.

EXERCICES

Identifier

1 Relevez toutes les marques de l'émetteur : pronoms, déterminants possessifs.

Et tenez, moi qui vous parle, je ne voudrais pas avoir l'air de me vanter, mais enfin, si je n'avais pas toujours bien appris mes leçons, je n'aurais pas ma position de sous-préfet, ni l'habit d'argent que vous me voyez.

Marcel Aymé, *Les Contes du chat perché*, Gallimard, 1939.

2 Relevez les marques de l'émetteur et des récepteurs : noms, pronoms, déterminants possessifs.

Depuis quelques mois, mes braves collègues, je me suis demandé si, tout en restant dans notre spécialité, nous ne pourrions pas entreprendre quelque grande expérience digne du XIXe siècle [...]. J'ai donc cherché, travaillé, calculé, et de mes études est résultée cette conviction que nous devons réussir dans une entreprise qui paraîtrait impraticable à tout autre pays. Ce projet, longuement élaboré, va faire l'objet de ma communication; il est digne de vous, digne du passé du Gun-Club, et il ne pourra manquer de faire du bruit dans le monde!

Jules Verne, *De la Terre à la Lune* (1865).

3 Relevez les indices de communication : lieu, moment, présence de l'émetteur, du récepteur, contenu du message.

À Madame de Grignan.

Aux Rochers, mercredi 13e novembre [1675].

Vous êtes étonnée que j'aie un petit chien; voici l'aventure. J'appelais, par contenance, une chienne courante d'une Madame qui demeure au bout de ce parc. Mme de Tarente me dit : « Quoi! vous savez appeler un chien? Je veux vous en envoyer un le plus joli du monde. » Je la remerciai, et lui dis ma résolution que j'avais prise de ne me plus engager dans ces sortes d'attachements. Cela se passe, on n'y pense plus. Deux jours après, je vois entrer un valet de chambre avec une petite maison de chien[1], toute pleine de rubans, et sortir de cette jolie maison un petit chien tout parfumé, d'une beauté extraordinaire. [...] Je ne m'y attache point, mais il commence à m'aimer; je crains de succomber.

Madame de Sévigné, *Lettres*.

1. **Maison de chien** : niche.

4 Identifiez l'intention de l'émetteur dans chacun des textes suivants : donner une information, un ordre, demander des renseignements, exprimer un sentiment.

a. Et pendant l'émission, où vous recevez beaucoup de gens que vous ne connaissez ni d'Ève ni d'Adam[1], êtes-vous amené à modifier votre plan de bataille? N'avez-vous jamais de passage à vide, de trou d'air, de moments de panique ou de découragement quand vous n'arrivez à rien tirer de votre interlocuteur ou que vous n'accrochez pas du tout avec lui?

Bernard Pivot, *Le Métier de lire*, Gallimard, 1990.

1. **Ne connaître quelqu'un ni d'Ève ni d'Adam :** ne pas le connaître du tout.

b. Harpagon. – […] Mon esprit est troublé, et j'ignore où je suis, qui je suis, et ce que je fais. Hélas! mon pauvre argent, mon pauvre argent, mon cher ami, on m'a privé de toi; et, puisque tu m'es enlevé, j'ai perdu mon support, ma consolation, ma joie; tout est fini pour moi, et je n'ai plus que faire au monde! Sans toi, il m'est impossible de vivre. C'en est fait, je n'en puis plus; je me meurs, je suis mort, je suis enterré.

Molière, *L'Avare*, IV, 7 (1668).

c. Telle fut l'origine de ce nom. On baptisa l'enfant qui se mit à pleurer et fit une grimace, comme s'il pressentait qu'il serait conseiller titulaire. Voilà donc comment les choses se passèrent.
Nous l'avons relaté, afin que le lecteur pût se convaincre par lui-même que tout s'enchaîna naturellement et qu'il fut impossible de lui donner un autre nom.

Nicolaï Gogol, *Le Manteau*, Flammarion, 1995.

5 Identifiez le registre de langue de chacun des textes suivants et justifiez votre réponse (choix des mots, construction des phrases).

a. La fenêtre de la cuisine était embuée. Il distingua l'ombre de Morinna penchée sur l'évier. Il toqua au carreau. Elle se retourna. Elle articula un mot sur ses lèvres. Comme il ne saisissait pas, elle écrivit ce mot sur la buée du carreau : HELP[1] !

Hervé Jaouen, *Le Cahier noir*, Gallimard, 1992.

1. **Help :** en anglais, « au secours ».

b. Il a une idée fixe, il a tout goupillé dans sa tête, moi, je pars avec Sylviane et son copain américain, et lui file à Bangkok. Alors là, doucement les basses, je suis pas d'accord; mais là, j'ai mon projet, mais c'est pas le moment d'en parler parce que c'est pas sûr encore.

Patrick Cauvin, *Monsieur Papa*, J.-Cl. Lattès.

c. Le lendemain qu'elle fut arrivée, elle alla pour assortir des pierreries chez un Italien […]. Comme elle y était, le prince de Clèves y arriva. Il fut tellement surpris de sa beauté qu'il ne put cacher sa surprise, et Mlle de Chartres ne put s'empêcher de rougir en voyant l'étonnement qu'elle lui avait donné. Elle se remit néanmoins, sans témoigner d'autre attention aux actions de ce prince que celle que la civilité lui devait donner pour un homme tel qu'il paraissait.

Madame de Lafayette, *La Princesse de Clèves* (1678).

Transformer

6 Rétablissez toutes les marques de l'émetteur : pronoms personnels sujets ou compléments, déterminants possessifs.

Au début, **(1)** enviais mes camarades qui ne portaient pas de lunettes. Tout était simple pour **(2)**. Mais, à la réflexion, **(3)** **(4)** suis dit que **(5)** avais un avantage : vivre dans deux mondes différents, selon que **(6)** portais ou non **(7)** lunettes. […] À la sortie de ce premier cours, **(8)** ai dit à papa :
– Ça ne **(9)** dérange pas du tout de danser sans **(10)** lunettes.
Papa sembla étonné du ton ferme que **(11)** avais pris.
– Si **(12)** voyais normalement sans lunettes, **(13)** danserais beaucoup moins bien. C'est un avantage.
– **(14)** as raison, a dit papa. Ce sera comme moi quand **(15)** étais jeune… Les autres **(16)** trouveront dans le regard, quand **(17)** ne porteras pas **(18)** lunettes, une sorte de buée et de douceur… Cela s'appelle le charme…

Modiano/Sempé, *Catherine Certitude*, © Gallimard, 1988.

7 Récrivez le texte suivant dans un registre de langue courant. Consultez le dictionnaire pour les mots que vous ne connaissez pas.

Dans un omnibus, un jour, vers midi, il m'arriva d'assister à la petite tragi-comédie suivante. Un godelureau, affligé d'un long cou et, chose étrange, d'un petit cordage autour du melon (mode qui fait florès mais que je réprouve), prétextant soudain de la presse qui était grande, interpella son voisin avec une arrogance qui dissimulait mal un caractère probablement veule et l'accusa de piétiner avec une méthode systématique ses escarpins vernis chaque fois qu'il montait ou descendait des dames ou des messieurs se rendant à la porte Champerret.

Raymond Queneau, *Exercices de style*, © Gallimard, 1947.

8 En arrivant dans une salle de classe, Benjamin a trouvé un blouson. Il pense que c'est celui de Robinson, un copain d'une autre classe de Cinquième, mais il n'en est pas tout à fait sûr.

a. Benjamin écrit un mot au conseiller d'éducation pour lui présenter la situation.
b. Le conseiller d'éducation interroge Robinson pour savoir si le blouson est bien à lui.
c. Benjamin téléphone le soir à Robinson pour lui demander s'il a perdu son blouson.

Écrivez les trois messages en veillant à faire varier les registres de langue et les types de phrases (déclaratives, interrogatives, exclamatives).

9 Voici de courts poèmes en forme d'énigmes ; à vous de retrouver qui parle : 1. le feu – 2. un oreiller – 3. un miroir – 4. une table. Essayez ensuite vous-même de composer des messages mystérieux où un objet parle de lui-même.

a. J'ai quatre pieds, ne marche pas,
Ne fais jamais le moindre pas ;
Je supporte les bons repas.

b. Au clair de la lune,
Pierrot mon ami,
J'ai beaucoup de plumes,
Je suis dans ton lit.

c. Ma face lisse
Que rien ne plisse,
Nul sauf Alice
Ne la franchit.
D'où que je vienne,
Venise ou Vienne,
Qu'on s'en souvienne :
Je réfléchis.

d. Dès que je nais, je me nourris ;
Quand j'ai tout mangé, je péris.

Jean-Luc Moreau, *Poèmes de la souris verte*, © Hachette Livre, « Le Livre de Poche Jeunesse », 1992.

10 Vous allez jouer un match très important et vous souhaitez que des gens viennent vous encourager, vous et votre équipe. Écrivez trois lettres :

a. une à un ami proche – b. une autre à votre oncle ou votre tante – c. une autre enfin au principal de votre collège.
Vous n'oublierez pas de bien préciser la date et l'endroit du match et vous veillerez à faire varier les registres de langue suivant le destinataire de la lettre que vous rédigez.

AUTOÉVALUATION

À la fin de cette leçon, je sais :

- **identifier** les éléments de la situation de communication ;
- **déterminer** l'intention de l'émetteur ;
- **relever** et employer les marques de l'émetteur et du récepteur ;
- **analyser** les variantes de la communication ;
- **repérer et employer** les registres de langue adaptés à la situation.

2. L'organisation des discours

OBSERVATION

TEXTE 1

Hermione jette un sort

À l'école des sorciers, pendant un match, Hermione s'aperçoit que son ami Harry Potter est en difficulté, car le professeur Rogue est en train de rendre fou le balai qu'il chevauche.

Hermione s'était frayé un chemin jusqu'aux gradins où se trouvait Rogue et courait à présent le long de la rangée qui était juste derrière la sienne. Au passage, elle bouscula le professeur Quirrell qui tomba tête la première. Sans prendre la peine de s'excuser, elle poursuivit sa course et parvint à la hauteur de Rogue. Elle s'accroupit alors derrière lui, sortit sa baguette et murmura une formule magique. Aussitôt, la baguette projeta des gerbes d'étincelles bleues sur la robe de Rogue.

Le professeur mit quelques secondes à se rendre compte que le bas de sa robe de sorcier avait pris feu. Le cri d'horreur qu'il poussa prouva à Hermione qu'elle avait réussi son coup. Une autre formule magique fit alors rentrer les flammes dans le bocal qu'elle avait dans la poche et elle repartit à quatre pattes le long de la rangée.

J.K. Rowling, *Harry Potter à l'école des sorciers*,
© Gallimard Jeunesse, « Folio junior », trad. J.-F. Ménard.

TEXTE 2

L'Académie

Avec ses sombres murailles et ses deux tours sinistres, l'Académie Supérieure de Sorcellerie, dont mademoiselle Jollidodue était la directrice, ressemblait davantage à une prison qu'à une école. Perchée au sommet d'une haute montagne qu'entourait une forêt de pins, elle baignait la plupart du temps dans une brume épaisse qui la dissimulait aux regards des promeneurs.

Par temps clair, cependant, on pouvait voir quelquefois les élèves, à califourchon sur leurs balais, voleter comme une nuée de chauves-souris au-dessus de la cour de récréation.

Jill Murphy, *Amandine Malabul, sorcière maladroite*,
© Gallimard Jeunesse, « Folio cadet rouge ».

TEXTE 3

Le Quidditch

Le Quidditch est le sport le plus célèbre chez les sorciers. En voici les règles.

• **Les balles :**
– le Souafle : c'est une balle rouge vif de la taille d'un ballon de football. Un poursuiveur doit se servir de cette balle pour la mettre dans un des six anneaux d'or. Mettre un but avec le Souafle vaut 10 points.
– les deux Cognards : ce sont deux balles noires, légèrement plus petites que le Souafle. Ce sont les batteurs qui s'en occupent, ils doivent taper dedans avec une batte pour les empêcher de frapper les autres joueurs.
– le Vif d'Or : c'est la plus importante des quatre balles. De la taille d'une grosse noix, elle est en or et pourvue de petites ailes d'argent. C'est un attrapeur qui s'en occupe. Dès qu'elle est attrapée, l'équipe remporte 150 points et gagne le match.

• **Le but de jeu :** marquer le plus de points et attraper le Vif d'Or le plus vite possible.

D'après J. -K. Rowling, *op. cit.*

TEXTE 4

Sorcière, un métier d'avenir

Mesdemoiselles, devenez sorcières, c'est un métier d'avenir.

Oubliez les vieilles images : la sorcière des années 2000 s'habille comme un top model, parle plusieurs langues et fait carrière dans l'art contemporain.

Ne craignez pas le pacte avec le diable : dans les histoires récentes, la sorcellerie apparaît volontiers comme un don de famille, et le scénario reste vague sur l'origine de ce don. De lointains ancêtres ont dérobé le *Grand Livre des ombres* des Templiers[1], ou quelque ouvrage du même genre, et les descendantes sont condamnées à garder le secret jusqu'à la fin des temps.

Enfin, sachez que les sorcières modernes ne sont pas dangereuses : pour se distraire, elles font le bien autour d'elles, donnent la combinaison gagnante du Loto à de braves gens, retrouvent des disparus, rendent leur jeunesse à de vieilles dames fripées…

1. **Templiers :** ordre religieux militaire fondé au XIIe siècle.

Questions

1. Parmi ces quatre textes, lequel se distingue par sa disposition ? À quoi sert cette disposition ?

2. Quel texte rapporte une suite d'actions accomplies par un personnage ?

3. À qui s'adresse le texte 4 ? Dans quelle intention a-t-il été écrit ?

4. Quelle est la fonction du texte 2, placé au début du roman ?

LEÇON

- Dans une situation de communication, l'émetteur a un **but** : **raconter, décrire, expliquer, argumenter pour convaincre.**
- Selon le but visé, il organise son discours de **différentes manières** : on distingue le discours **narratif,** le discours **descriptif**, le discours **explicatif**, le discours **argumentatif**.

1. Le discours narratif

- **Raconter**, c'est **présenter** une **série d'actions** qui **s'enchaînent logiquement** et **chronologiquement**.
- Le discours **narratif** parcourt le **schéma** suivant :

Situation initiale → modification → action → résultat → situation finale.

→ *Hermione s'aperçoit qu'Harry court un danger. → recherche du coupable → déplacement → neutralisation du coupable → nouvelle situation.*

2. Le discours descriptif

- **Décrire**, c'est **arrêter son regard** sur des **êtres**, des **lieux**, des **objets**, des **phénomènes** et les faire exister en les nommant et en leur attribuant des **caractéristiques** qui les identifient.
- Le discours **descriptif** se caractérise par le **schéma** suivant :

Nommer → localiser (espace) situer (temps) → découper en parties → caractériser chaque partie

→ *Avec ses sombres murailles et ses deux tours sinistres, l'Académie Supérieure de Sorcellerie ressemblait davantage à une prison qu'à une école.*

3. Le discours explicatif

- **Expliquer**, c'est **partir d'une question** et y apporter une **réponse**, en établissant des **relations de cause à effet** entre des faits et des événements, en apportant des informations et en donnant des exemples.
- Le discours **explicatif** se caractérise par la **démarche** suivante :

Question → *Pourquoi ? Comment ?* → *Parce que* → Conclusion

→ *Comment se déroule le Quidditch ? → Les Cognards essayent de frapper les joueurs pour les faire tomber. → C'est pourquoi chaque équipe comporte deux batteurs. → Ils doivent protéger leur équipe des attaques des Cognards.*

4. Le discours argumentatif

- **Argumenter**, c'est **tenter de persuader** un (ou des) interlocuteurs(s) à l'aide de « **bonnes raisons** » **(arguments)**, afin de modifier son idée ou son comportement.
- Le discours **argumentatif** se caractérise par la **démarche** suivante :

Proposition préalable → *puisque* + arguments, preuves → *donc* + conclusion personnelle

→ *Mesdemoiselles, devenez sorcières.* → *Elles sont belles.* + *Elles sont libres.* + *Elles ne sont pas dangereuses.* → *Donc, c'est un métier d'avenir.*

Pour l'expression écrite

- **Quand on écrit un texte**, on emploie et on organise entre eux **plusieurs types de discours** : ainsi, pour écrire un récit, il est indispensable d'insérer dans le discours narratif des passages de discours descriptif, parfois de discours explicatif, et de discours argumentatif dans les dialogues.

Retenons

1. Dans une situation de communication, l'**émetteur** organise son discours en fonction de son **intention : raconter, décrire, expliquer, convaincre.**

2. Les **types** de discours correspondants sont le discours **narratif**, le discours **descriptif**, le discours **explicatif**, le discours **argumentatif**.

3. Un **même texte** contient souvent **différents types de discours** qui s'associent dans un projet principal.

EXERCICES

Identifier

1 **Quel est le point commun des quatre textes suivants ? Quel est l'intention de chacun des auteurs ?**

a. Pirates au féminin

Anne Bonny, fille de bonne famille, s'était enfuie de chez elle et avait épousé un marin. Elle devint la maîtresse du pirate John Rackam, qu'on appelait « Calico Jack ». Celui-ci l'habilla en homme et l'emmena à son bord : ensemble ils écumèrent longtemps les océans et Anne Bonny se battit aussi bravement que n'importe quel autre pirate.

D'après Deschamps, *Pirates et flibustiers*, PUF, « Que sais-je ? ».

b. Une frontière mouvante

La meilleure définition du corsaire : pour ses compatriotes, c'est un héros ; pour ses adversaires, c'est un bandit. La bataille gagnée, on le décore. La guerre perdue, on le pend. Qu'on ne s'y trompe pas. Les moyens sont toujours les mêmes : abordage, capture et pillage. La différence ? Le pirate travaille pour son propre compte. [...] Le corsaire, lui, est muni d'un document qui sauvegarde la légalité, si ce n'est la morale.

« La Guerre de course », in *Les Dossiers Histoire de la mer*, sept.-oct. 1979.

c. Le trésor

Nous trouvâmes des diamants, dont quelques-uns très beaux et d'une grosseur singulière – en tout cent dix, dont pas un n'était petit; dix-huit rubis d'un éclat remarquable; trois cent dix émeraudes, toutes très belles; vingt et un saphirs et une opale.

Edgar Allan Poe, *Le Scarabée d'or*.

d. Des « pros »

Les pirates sont des marins de premier mérite. Parce que le péril est grand, ils sont des « pros », non des amateurs. Leur compétence fait l'admiration des témoins. [...] Cette haute qualification professionnelle est l'une des fiertés de la corporation. Excellents techniciens, les pirates font preuve en outre d'une belle imagination dans le combat. Leurs ruses de guerre sont superbes. Dans leur art, ils sont souverains.

Gilles Lapouge, *Les Pirates*, Phébus, 1987; rééd. Payot, 1991.

2 Pour chacun des textes suivants, repérez les intentions de l'émetteur. Déterminez ensuite le type de discours.

a. « Une réussite parfaite qui joue avec virtuosité du mystère et du frisson. Il s'agit d'un de ces ouvrages qui vous ensorcellent et vous procurent un sentiment contenu de jubilation. Un bonheur ! » (*Le Monde*)

4e de couverture de J.K. Rowling, *Harry Potter et la Chambre des secrets*, Gallimard Jeunesse, « Folio junior », 1999.

b. Assis sur une souche, armé d'une énorme massue, leur maître me regardait. C'était l'être le plus hideux que j'aie jamais vu, avec une tête plus grosse que celle d'un sanglier, des oreilles moussues et grandes comme celles d'un éléphant, des sourcils touffus au-dessus de deux yeux de chouette, la bouche fendue d'un loup, des dents aiguës et brunes, une barbe noire. Son dos tordu était orné d'une bosse, et il était vêtu non de toile ou de laine mais de la peau d'un taureau fraîchement dépecé.

D'après Chrétien de Troyes, *Yvain et la Fontaine merveilleuse*, Larousse, « Classiques junior », 1989.

c. Le matin sur les dix heures, le cuisinier met la chaudière sur le feu, pour cuire de la viande salée, dans l'eau douce, ou à défaut de celle-ci dans l'eau de mer. En même temps, il fait bouillir du gros mil battu, jusqu'à ce qu'il devienne épais comme du riz cuit; il prend la graisse de la chaudière à viande pour la mettre dans ce mil, et dès que cela est fait, il sert le tout dans des plats. L'équipage s'assemble alors au nombre de sept pour chaque plat.

Alexandre Oexmelin, *L'Histoire des flibustiers au XVIIe siècle*, P. Saurat, 1987.

3 Ces extraits comportent plusieurs formes de discours associées. Identifiez-les et justifiez votre réponse.

a. Les assiégeants, intimidés par leur propre tapage et par le silence qui lui avait succédé, hésitèrent un peu et regardèrent le cabinet qui s'étalait sous leurs yeux à la paisible lumière de la lampe. Un bon feu clair pétillait dans l'âtre, la bouilloire chantonnait son léger refrain, on voyait deux ou trois tiroirs ouverts, des papiers disposés en ordre sur la table de travail, et tout près du feu le nécessaire préparé pour le thé : on eût dit l'intérieur le plus tranquille, et, à part les étagères vitrées pleines d'instruments de chimie, le plus banal qu'il y eût ce soir-là dans tout Londres.
Au beau milieu gisait le corps d'un homme tordu par l'agonie et encore palpitant. Ils s'approchèrent à pas légers, le retournèrent sur le dos et reconnurent les traits de M. Hyde.

R.L. Stevenson, *Le Cas étrange du Dr Jekyll et de M. Hyde*, trad. par Th. Varlet.

b. Gaspard fouilla dans son sac à dos. Un serveur en profita pour leur servir à nouveau du thé. Il tenait la théière d'argent très haut au-dessus de la table, sans pour autant verser la moindre goutte à côté du verre. Némo ne le quittait pas des yeux.
– Tu vois l'Égypte, cette bande verte autour du long fleuve, le Nil, et cet immense désert? poursuivit Gaspard, en étalant une carte devant lui. Regarde plus à l'est maintenant, et plus au nord... Entre ces deux autres fleuves, le Tigre et l'Euphrate, voilà une région qui, il y a très longtemps, s'appelait la Mésopotamie. Des paysans s'y sont installés parce que la terre était fertile, les plantes poussaient bien. Ils ont regroupé leurs villages et même construit des villes.

Nicole Bacharan et Dominique Simonnet, *Le Livre de Némo*, © Le Seuil, 1998.

Transformer

4 Retrouvez de quels textes les trois phrases suivantes ont été extraites. Replacez les phrases suivantes à l'endroit qui convient dans chaque texte. Vous identifierez les types de discours pour trouver la bonne réponse.
1. *Puis elle a épousé un journaliste portugais et a eu une petite fille, Jessica.*
2. *Ne riez pas, c'est là que les buveurs de sang sont nés; c'est là qu'ils survivent.*
3. *Dudley était blond, rose et gras comme un porc.*

a. Harry ne ressemblait en rien au reste de la famille. L'oncle Vernon était grand, avec une énorme moustache noire et quasiment pas de cou. La tante Pétunia avait un visage chevalin et une silhouette osseuse. Harry, au contraire, était petit et maigre, avec de grands yeux verts étincelants et des cheveux d'un noir de jais qu'il n'arrivait jamais à coiffer. Il portait des lunettes rondes et une mince cicatrice en forme d'éclair marquait son front.

J.K. Rowling, *Harry Potter et la Chambre des secrets*, Gallimard Jeunesse, « Folio junior », trad. de J.-F. Ménard, 1999.

b. C'est en 1990 que l'idée de Harry Potter et de son école de magiciens a commencé à germer dans l'esprit [de J.K. Rowling], alors qu'elle attendait un train qui avait du retard. Ce n'est pourtant que trois ans plus tard qu'elle a commencé à écrire les aventures de l'apprenti-sorcier. Entre-temps, Joanne était partie enseigner au Portugal. Après son divorce, quelques mois plus tard, elle s'est installée à Edimbourg.

Notice biographique des ouvrages de J.-K Rowling, *Harry Potter…*, Gallimard Jeunesse, « Folio junior ».

c. An 2000. Le mythe n'est pas mort, il bouge encore. Les vampires continuent de hanter certains villages des Carpates, cette chaîne de montagnes isolée au cœur de la Roumanie. Une ethnologue roumaine, Andréa Andreesco, a retrouvé, dans les années 80, des témoins de « rencontres »… avec un villageois défunt devenu vampire du fait de sa méchanceté !

Marie Selu, « Les Monstres » in *Science & Vie Junior*, hors-série n°41 , juillet 2000.

Écrire

5 a. Voici des situations de communication différentes. À vous de dire si vous devez produire un texte narratif, descriptif, explicatif ou argumentatif. (Vous devrez parfois combiner deux types de textes.)
b. Rédigez l'un de ces textes, au choix.

1. Vous écrivez à votre cousin pour lui raconter comment vous avez attrapé deux truites. – **2.** Vous rédigez une annonce pour louer votre appartement. – **3** Vous indiquez à un ami quelle route il doit prendre pour venir vous voir. – **4.** Vous écrivez à votre correspondant anglais que vous n'avez jamais vu pour lui permettre de vous reconnaître à la gare lorsque vous arriverez. – **5.** Vous donnez à une amie la recette du clafoutis aux cerises. – **6.** Vous demandez à votre mère la permission d'aller à une fête d'anniversaire. – **7.** Vous faites un exposé sur les armes des chevaliers au Moyen Âge.

6 Rédigez un texte sur un chanteur ou une chanteuse que vous appréciez. Vous ferez :
a. soit un texte explicatif pour donner les raisons de sa carrière fulgurante ;
b. soit un texte narratif pour raconter un concert ou une retransmission que vous avez suivis ;
c. soit un texte descriptif qui sera un portrait de l'artiste.

7 Enrichissez l'extrait suivant par une description du dragon qui, dans le texte original, se situe à la place des crochets. Imaginez ensuite la fin du combat. Vous rédigerez alors un texte narratif.

Tristan, dès qu'il entendit le cri strident de la bête, chevaucha à sa rencontre, et nul de ses compagnons ne s'en aperçut. Sur son chemin, il rencontra une troupe d'hommes armés qui fuyaient de toute la vitesse de leurs chevaux ; il saisit l'un d'eux par ses cheveux roux et le contraignit à s'arrêter. Celui-là lui apprit que le monstre les suivait et lui dit : « Retournez d'où vous venez, sinon le dragon ne va pas tarder à vous tuer. » Tristan passa outre ce conseil de couard[1] et se porta au-devant du monstre. […]

Tristan et Iseult, adaptation de René Louis, © Librairie Générale Française, 1972.

1. **Couard :** lâche.

AUTOÉVALUATION

À la fin de cette leçon, je sais :

- **identifier et utiliser** le discours narratif (personnages, action, étapes) ;
- **identifier et utiliser** le discours descriptif (objet, éléments, caractérisations) ;
- **identifier et utiliser** le discours explicatif (problème, explications, conclusion) ;
- **identifier et utiliser** le discours argumentatif (opinion, arguments, conclusion).

Évaluation

Grâce à cette série d'exercices (totalisant chacun cinq bonnes réponses), vous pouvez facilement évaluer vos connaissances en orthographe. Pour cela, comptez bien vos bonnes réponses pour chacun des exercices et reportez-vous au tableau, p. 27.

1. Le verbe

1 Indiquez le temps des verbes dans les phrases suivantes.

1. Je pars demain pour l'Espagne. – **2.** Nous irons à Barcelone. – **3.** Avez-vous déjà vu les maisons construites par Gaudi ? – **4.** Mes parents prirent le train. – **5.** Leurs valises avaient du mal à fermer.

2 Conjuguez les verbes entre parenthèses au présent de l'indicatif.

1. Les hiboux (vivre) la nuit. – **2.** Le printemps (finir) le 21 juin. – **3.** Tu (ne pas penser) assez à l'avenir. – **4.** Le matin, je (entendre) les oiseaux chanter. – **5.** Nous (savoir) reconnaître leurs chants.

3 Conjuguez les verbes entre parenthèses au présent de l'impératif, à la personne indiquée.

1. (Dessiner, *2e du sing.*)-moi une girafe. – **2.** (Faire, *2e du plur.*) vos jeux. – **3.** (Appeler, *2e du sing.*) ta cousine. – **4.** (Sortir, *1re du plur.*) les poubelles. – **5.** (Ne pas prendre, *2e du sing.*) trop de chocolat.

4 Conjuguez les verbes entre parenthèses au futur simple.

1. Vous (être) bien en avance. – **2.** Je (pouvoir) lui parler demain. – **3.** Les clowns (faire) rire tous les enfants. – **4.** Dès son retour, la maman, inquiète, (appeler) le médecin. – **5.** Tu me (confier) tous tes secrets.

5 Conjuguez les verbes entre parenthèses au passé composé.

1. Le renard (manger) le fromage lâché par le corbeau. – **2.** La tortue (arriver) avant le lièvre. – **3.** (Lire)-tu des fables de La Fontaine ? – **4.** Vous (prendre) le mauvais chemin. – **5.** Ils (avoir) de la chance.

6 Accordez correctement les participes passés entre parenthèses.

1. Les vagues ont (envahi) la plage. – **2.** Les trottinettes que beaucoup de citadins ont (adopté) sont légères. – **3.** Les chaleurs sont (arrivé) tôt cette année. **4.** Certaines espèces d'animaux ont (disparu). – **5.** Ne me parlez pas de sa chambre ! Il ne l'a pas (rangé) depuis une semaine.

7 Conjuguez les verbes entre parenthèses à l'imparfait de l'indicatif.

1. Vous (faire) beaucoup de bruit. – **2.** La soirée (s'annoncer) bien. – **3.** Je (manger) souvent chez ma tante. – **4.** Les enfants (vouloir) déguster des glaces sur le port. – **5.** Cet homme (ne pas payer) ses factures depuis un an.

8 Conjuguez les verbes entre parenthèses au passé simple.

1. Je (penser) tout à coup à ce film. – **2.** Le bandit (prendre) la fuite. – **3.** Les gouttes (se mettre) à tomber. – **4.** On (vouloir) apprivoiser un hérisson. – **5.** Je (faire) des sauts de joie.

9 Récrivez ce texte en commençant par : « Zira m'emmène… »

Zira m'emmenait assez souvent promener dans le parc. Nous y rencontrions parfois Cornélius et nous préparions ensemble le discours que je devais prononcer devant le congrès. La date en était proche…

Pierre Boulle, *La Planète des singes*, René Julliard, 1963.

10 Conjuguez tous les verbes à l'imparfait.

La course se prépare… Sur la piste de terre battue, fraîchement arrosée pour éviter la poussière, les 12 concurrents – 3 par faction – prennent place dans les *carceres*, les stalles de départ. Au signal, les chars s'élancent, conservent leur couloir jusqu'au premier virage, moment où tout devient permis.

Éric Glover, « Rome », *Science & Vie Junior*, hors série n° 42, octobre 2000.

2. Le nom et le GN

11 Mettez les groupes en gras au pluriel.

1. J'ai acheté **un journal**. – **2.** Il a gardé **l'œil ouvert**. – **3.** Il faut vérifier la pression **du pneu** avant de la voiture. – **4.** Le plombier s'occupe **du tuyau** d'évacuation de l'eau. – **5.** Chaque été le conseil régional organise **un festival**.

12 Dites si les noms suivants sont masculins ou féminins.

1. épisode – **2.** clarté – **3.** conseillère – **4.** automne – **5.** mode.

13 Recopiez la phrase suivante et soulignez le nom noyau de chaque groupe nominal.

Trois jours plus tard, l'avant-veille du départ de la course – je n'oublierai jamais cette date –, je rentrais du collège, par une belle soirée d'automne.

14 Accordez les mots entre parenthèses aux noms auxquels ils se rapportent.

Elle était vraiment (drôle), cette gosse. Elle ressemblait à sa mère : (potelé) toutes les deux, un peu (roux), avec un nez en trompette, un visage (mutin) et un air (décidé).

Pierrette Fleutiaux, *Trini fait des vagues*, Gallimard Jeunesse, « Folio junior », 1997.

3. La phrase

15 Ajoutez les accents qui manquent aux mots suivants.

1. extreme – **2.** tu acheteras – **3.** effronte – **4.** paraitre – **5.** derniere.

16 Choisissez la forme correcte parmi celles qui vous sont proposées entre parenthèses.

1. L'arbitre (a/à) sifflé la fin du match. – **2.** Les joueurs (son/sont) sortis du terrain. – **3.** Les supporters (se/ce) sont levés pour acclamer les vainqueurs. – **4.** Une clameur (est/et) montée du stade. – **5.** (C'est/s'est/ses/ces) un souvenir marquant !

17 Rétablissez la ponctuation qui convient dans les phrases suivantes.

La voiture s'engagea trop rapidement dans l'allée Allait-elle percuter un arbre Le jardinier cria Attention

18 Accordez les verbes entre parenthèses avec leur sujet, au présent de l'indicatif.

1. J'aime les histoires qui (finir) bien. – **2.** On vous les (envoyer) contre remboursement. – **3.** Nous crions pour écouter l'écho que (répercuter) les montagnes. – **4.** (Penser)-vous que le temps va s'améliorer ? – **5.** C'est toi qui me l'(annoncer).

4. Le lexique

19 Trouvez les mots qui vous sont demandés et recopiez-les.

1. L'antonyme de *rapide* est … .
2. L'homonyme de *mère* est … .
3. Le synonyme de *se déplacer* est … .
4. *Sûr* et *sur* sont deux … .
5. *Sûr* et *certain* sont deux … .

20 Recopiez et complétez les phrases suivantes avec le mot qui convient.

1. *Canin* est un mot de la famille de …. – **2.** Je cite deux mots de la famille de *rouge* : … et …. – **3.** Dans le verbe *retransmettre*, *re-* est un …. – **4.** Dans l'adjectif *supportable*, *-able* est un … . – **5.** Dans le nom *respiration*, *respir-* est le ….

AUTOÉVALUATION

Reprenez tous les résultats que vous avez obtenus aux différents exercices. Recopiez le tableau suivant et mettez une croix dans la case qui convient.

Exercices	Je sais....	Bonnes réponses		
		0 ou 1	2 ou 3	4 ou 5
1	reconnaître des temps verbaux			
2	conjuguer des verbes au présent de l'indicatif			
3	conjuguer des verbes au présent de l'impératif			
4	conjuguer des verbes au futur simple			
5	conjuguer des verbes au passé composé			
6	faire les accords des participes passés			
7	conjuguer des verbes à l'imparfait de l'indicatif			
8	conjuguer des verbes au passé simple			
9	transposer un texte au présent			
10	transposer un texte au passé			
11	mettre des noms au pluriel			
12	identifier le genre d'un nom			
13	identifier des groupes nominaux			
14	faire les accords dans les groupes nominaux			
15	mettre les accents qui conviennent			
16	distinguer certains homophones grammaticaux			
17	ponctuer un texte			
18	accorder un verbe avec le sujet			
19	trouver des synonymes, des homonymes et des antonymes			
20	identifier une famille de mots et analyser la formation d'un mot			

Maintenant, regardez les deux premières colonnes de votre tableau. Elles vous indiquent les points d'orthographe que vous devez revoir en priorité.

EXPRESSION ORALE

Poser un fait comme certain

OBSERVATION

Questions

1. Quelles phrases présentent une information nouvelle pour le récepteur ? De quelles informations s'agit-il ?

2. Quelles expressions présentent ces informations comme certaines ?

3. Quel est le mode et les temps des verbes ?

LEÇON

La certitude

- La **certitude** repose sur des **preuves** constatées par tous. Quand l'émetteur pose un fait comme **certain**, il reconnaît l'**existence** de ce fait de manière **objective**.
- **Pour exprimer qu'un fait est certain**, vous pouvez utiliser les termes suivants :

Expressions	**Registre courant :** *Bien entendu - bien sûr - de toute évidence - de source sûre - sans aucun doute - ce qui est sûr, c'est que... - c'est bien lui qui... - c'est certain, évident... - ça va de soi/sans dire... - comme chacun (le) sait...*
	Registre familier : *À tous les coups... - c'est couru d'avance - ça ne va pas rater - ça ne fait pas un pli - c'est dans la poche.*
	Expressions imagées : *Comme deux et deux font quatre - il n'y a pas l'ombre d'un doute - clair comme le jour / comme de l'eau de roche - ça saute aux yeux - c'est réglé comme du papier à musique.*
Tournures impersonnelles	**Registre courant :** *Il est (tout à fait) certain, sûr... - il apparaît que... - il va de soi/sans dire que...*
	Registre soutenu : *Il est avéré, incontestable, hors de doute, évident, clair, incontestable que...*
Adverbes	*Certes - certainement - assurément - évidemment - sans aucun doute...*
Mode indicatif	Le **présent** qui exprime une vérité générale : *Je constate qu'il est absent.* Le **passé composé** ou le **passé simple** accompagnés de *toujours, souvent, jamais.*

- **Pour exprimer l'impossibilité**

Il est impossible/exclu que... – Il n'y a aucune chance pour que...

La conviction

- La **conviction** est plutôt une **croyance** intime, intérieure.
- **Pour exprimer une conviction**, vous pouvez utiliser les expressions suivantes : *Je suis certain(e), sûr(e), convaincu(e), persuadé(e) que... – Je ne doute pas que... – J'ai la conviction, l'assurance que...* – (Familier) *J'en mets ma main au feu.*
- **Les formules d'insistance** : *Je le répète, je vous assure/certifie que...*

PRENONS LA PAROLE

1 Imaginez la situation de communication dans laquelle les faits suivants seront énoncés. Présentez ces faits comme certains.

a. En 2010, chaque élève aura son cartable électronique. – **b.** Mon client est innocent. – **c.** Le tabac est responsable du cancer du poumon.

2 Jouez les situations suivantes et faites parler les personnages.

a. Un savant parle des méfaits de la pollution atmosphérique. – **b.** Des policiers ont établi que le hold-up avait eu lieu à 13 h 17. – **c.** Un astronome parle de la vie sur les planètes du système solaire.

BILAN

1 5 points

Les phrases suivantes contiennent-elles des marques de la présence de l'émetteur? Si oui, lesquelles?

1. Nous ferons tout pour que notre ville soit gaie et reposante; nous créerons de nouveaux espaces verts et nous ouvrirons une nouvelle crèche pour nos enfants.
2. Dans les campagnes contre l'exclusion, la publicité se met au service des idées.

2 5 points

Les phrases suivantes contiennent-elles des marques de la présence du récepteur? Si oui, lesquelles?

1. Pour allonger ton chat en douceur, prends-lui en même temps une patte arrière et une patte avant.
2. Cette position permet de vérifier s'il a des puces.
3. Vous prendrez les cordes, les crampons, les piolets et vous laisserez vos sacs à dos au refuge.

3 5 points

Dans les phrases suivantes, quelle est l'intention de l'émetteur : informer, interroger, convaincre, donner un ordre, un conseil, exprimer un sentiment, etc.?

1. Cuisinez les langoustines avec de l'ail et un petit piment.
2. Les jeans Levi Strauss existent depuis 1853.
3. Comme tout semble tranquille!
4. A-t-elle réussi l'examen du Code de la route?
5. Ce film vaut la peine d'être vu.

4 7 points

Le texte suivant mêle deux registres différents. Lesquels? Transposez-le dans un seul registre, courant ou soutenu.

Victor Frankenstein, étudiant helvétique en sciences, utilise l'énergie électrique pour insuffler la vie à un être bricolé à partir de cadavres. Le résultat? Une créature repoussante mais au cœur bon. Paniqué, Frankenstein la laisse tomber comme une vieille chaussette. Lâchée par son « père », chassée par les hommes auxquels elle file la pétoche, la créature se met en pétard, trucide la fiancée de Victor, la douce Elizabeth, que Frankenstein « ressuscitera » dans son labo.

Olivier Voizeux, « Visite à Monsters Park », in *Science & Vie Junior*, hors-série n° 41, juillet 2000, p. 60.

5 8 points

Pour chacun des extraits suivants, déterminez l'intention de l'émetteur et identifiez le type de discours.

1. Les arbres étaient gris et menaçants, et ils étaient environnés d'ombre et de brume. Les extrémités de leurs longues branches basses pendaient comme des doigts fureteurs, leurs racines se dressaient hors de terre comme les membres de monstres étranges et de sombres cavernes s'ouvraient par en dessous.

J.R.R. Tolkien, *Le Seigneur des Anneaux*, III, Pocket.

2. Les lunettes de soleil et les casquettes sont interdites à Chaparral High, de même que les *baggy pants*, les pantalons trop larges, dès lors qu'ils « descendent plus bas que la taille ». Prohibé aussi tout vêtement ou accessoire portant le signe distinctif d'un gang. Pour les filles sont interdits les T-shirts à fines bretelles. Mais on peut se rendre sans problème en short au lycée.

America, supplément n° 17336 du quotidien *Le Monde*.

3. Hermione s'apprêtait à répondre, mais Harry lui fit signe de se taire et se remit en chemin. Ils parcoururent des couloirs zébrés de rayons de lune qui projetaient l'ombre des croisées sur le sol. À chaque tournant, Harry s'attendait à se trouver nez à nez avec Rusard ou Miss Teigne, mais ils eurent de la chance et parvinrent à monter sans encombre au deuxième étage où se trouvait la salle des trophées.

J.K. Rowling, *Harry Potter à l'école des sorciers*, Gallimard Jeunesse, « Folio junior », trad. J.-F. Ménard, 1998.

4. Destinée aux skieurs de haut niveau, la fixation X ZR multiplie les perfectionnements techniques : compensation active en chute avant torsion, recentrage automatique rapide et précis, réglage facile de la hauteur, et surtout la couverture de tous les types de chute y compris la chute arrière : une exclusivité X…

Publicité.

2 Le verbe et les temps verbaux

OBJECTIFS

Savoirs

- Analyser un verbe (personne, nombre, temps, mode)
- Situer un fait dans une époque (passé, présent, futur)
- Situer les faits par rapport au moment de l'énonciation
- Situer les faits en les coupant du moment de l'énonciation
- Repérer et reconstituer l'ordre chronologique des faits
- Présenter un fait comme possible

Savoir-faire

- Conjuguer l'imparfait et le passé simple
- Conjuguer les temps composés de l'indicatif
- Accorder les participes passés
- Écrire un récit en pratiquant un retour en arrière

GRAMMAIRE

3. Les caractéristiques du verbe

OBSERVATION

Souffrir pour être aimée

À cet instant, la sorcière éclata d'un rire si bruyant et si hideux que le crapaud et les couleuvres tombèrent à terre et grouillèrent.

– Tu viens juste au bon moment, ajouta-t-elle, demain matin, au lever du soleil, je n'aurais plus pu t'aider avant une année entière. Je vais te préparer un breuvage avec lequel tu nageras, avant le lever du jour, jusqu'à la côte et là, assise sur la grève, tu le boiras. Alors ta queue se divisera et se rétrécira jusqu'à devenir ce que les hommes appellent deux jolies jambes, mais cela fait mal, tu souffriras comme si la lame d'une épée te traversait. Tous, en te voyant, diront que tu es la plus ravissante enfant des hommes qu'ils aient jamais vue. Tu garderas ta démarche ailée, nulle danseuse n'aura ta légèreté, mais chaque pas que tu feras sera comme si tu marchais sur un couteau effilé qui ferait couler ton sang. Si tu veux souffrir tout cela, je t'aiderai.

– Oui, dit la petite sirène d'une voix tremblante en pensant au prince et à son âme immortelle.

Hans-Christian Andersen, *La Petite Sirène*, adapt. Gisèle Vallerey, © Nathan, « Bibliothèque des grands classiques », 1999.

Questions

1. Lignes 3 à 13 : que savons-nous de l'émetteur de ces paroles ? Quels mots indiquent sa présence dans le texte ?

2. À qui s'adresse l'émetteur ? Quels mots indiquent la présence du récepteur dans le texte ?

3. Comment le moment de la métamorphose est-il repérable dans le texte ? Relevez les mots et groupes de mots qui le marquent et donnez leur fonction.

4. À quel temps est évoquée la métamorphose ?

5. Dans quelle époque sont situées les actions des verbes en orange ?

6. À quel temps est le verbe du groupe de mots en vert ? Pourquoi ?

LEÇON

1. Définition

- Le verbe est un mot **variable**. C'est le seul mot de la phrase qui **se conjugue** : il varie selon la **personne**, le **nombre**, le **temps**, le **mode**. Il peut recevoir des **auxiliaires** (***être*** ou ***avoir***).
  → *Aimer/j'aime/nous aimons/aimant/aimerions/avoir aimé.*
- Le verbe est le **constituant essentiel** du **groupe verbal**.
  → *La sorcière* ***éclata*** *d'un rire bruyant et hideux.*

2. Caractéristiques

- Comprendre et utiliser un verbe dans un énoncé, c'est s'intéresser à son **sens**, à ses **rapports** avec les autres mots de la phrase (constructions) et à ses **variations de forme** (conjugaisons).
- Comme la plupart des mots, le verbe a un ou plusieurs sens définis dans le dictionnaire :
  → **SOUFFRIR** [sufʀiʀ] v. **1.** *Littéraire.* Tolérer, supporter. « *Si tu veux souffrir tout cela.* » **2.** *Courant.* Éprouver de la souffrance, avoir mal. « *Tu souffriras comme si la lame d'une épée te traversait.* »
- Le verbe indique :

– un **état** : *Le cerf-volant de Nora* ***est*** *rouge.*
– une **action** : *Nora* ***a enroulé*** *son cerf-volant autour d'un poteau.*

- Le verbe prend des **formes différentes** par la combinaison de son **radical** (élément commun qui porte le sens), de sa **terminaison** (élément variable en fin de mot) et de la présence ou non d'un **auxiliaire** de conjugaison (verbe qui sert à construire certaines formes) :
  → *Je peux/j'ai pu/je pouvais/je pourrai/j'aurai pu/que je puisse/que j'aie pu…*
- Le verbe **actualise** un fait en le situant dans le temps. Grâce à ses variations de personne, de nombre, de temps, de mode, le verbe situe un fait dans une époque, montre comment il se déroule et indique qui l'accomplit :
  → *Chaque pas que tu* ***feras sera*** *comme si tu* ***marchais*** *sur un couteau effilé.*

3. L'époque des faits

- En français, le mot *temps* peut avoir de nombreux sens : époque, date, durée, moment, temps qu'il fait, temps de conjugaison…
- L'**époque** désigne une partie du cours des événements :

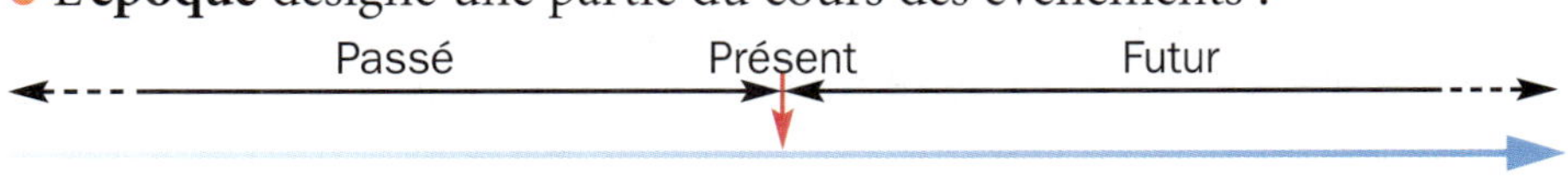

● Pour **situer des faits dans le temps**, l'émetteur peut utiliser des **formes verbales**, des a**dverbes** et des **compléments de temps**.

● Les **formes verbales** permettent de situer les faits dans une **époque** :
– le **présent de l'émetteur**, moment où celui-ci parle ou écrit, est appelé **moment de l'énonciation** ;
– le passé situe les faits **avant** le moment de l'énonciation ;
– le futur situe les faits **après** le moment de l'énonciation.

● Certains **compléments de temps** permettent de situer les faits avec **plus de précision** dans l'une des trois époques :

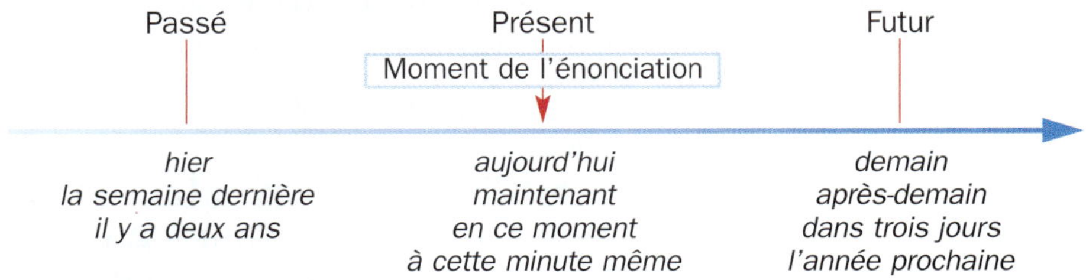

■ Pour l'expression écrite

▪ La langue française dispose de **nombreux verbes**.

▪ Cependant, certains verbes « outils » viennent spontanément sous votre plume, et votre professeur vous demande de chercher des tournures plus variées ou plus précises. Comment faire ? À l'aide d'un dictionnaire, vous pouvez souvent remplacer une tournure banale par un verbe plus précis :

➜ *Faire semblant* → *simuler – Faire obstacle* → *contrarier – Faire partie* → *appartenir – Faire voir* → *présenter, exposer, étaler, arborer, exhiber, dévoiler – Faire du tort* → *nuire, blesser, léser, endommager, détériorer, dégrader…*

Retenons

1. Le **verbe** est le **constituant essentiel** du groupe verbal.

2. Le verbe a un ou plusieurs **sens** définis dans le dictionnaire. Il indique un **état** ou une **action**.

3. Le **verbe se conjugue** : il prend des **formes** différentes par la combinaison de son **radical**, de sa **terminaison** et de la présence ou non d'un **auxiliaire de conjugaison**.

4. Le verbe **actualise** un événement en le situant dans le temps : il situe un fait dans une **époque**, montre **comment** il se déroule et indique **qui** l'accomplit.

EXERCICES

Identifier

1 Relevez les verbes conjugués dans le texte suivant et donnez leurs infinitifs.

C'est le 8 juillet, à minuit, qu'est sorti en Angleterre et aux États-Unis le quatrième volume des aventures [d'Harry Potter], *The Goblet of Fire* (*La Coupe de feu*). Ce soir-là, on pouvait voir des librairies ouvertes en pleine nuit et des enfants en pyjama dans les rues de Londres. En Amérique, le livre avait été tiré – record historique – à 3,8 millions d'exemplaires, dont 3 millions se sont envolés dès les premières quarante-huit heures, ce qui a immédiatement conduit l'éditeur américain Scholastic, à retirer d'autant. Et tout cela n'est rien à côté des 40 millions d'exemplaires vendus dans le monde depuis la naissance d'Harry.

Florence Noiville, in *Le Monde*, mercredi 20 septembre 2000, p. 1.

2 Dans chacune des phrases suivantes, situez les faits évoqués dans le temps (présent, passé ou futur) et indiquez les temps utilisés.

1. Les supporters n'ont pas eu de chance : il a plu pendant la durée du match alors qu'il avait fait beau toute la matinée. – **2.** Je prendrai mon pull quand je sortirai. – **3.** Ce film est tourné dans un village de la Creuse. – **4.** Combien de temps reste-t-il avant la fin de l'émission ? – **5.** Elle prit ses affaires et claqua violemment la porte. **6.** Elle venait d'apprendre que son amie avait dit du mal d'elle.

3 Situez les textes suivants dans le temps (passé, présent, futur). Quelles marques verbales et non verbales vous ont permis de répondre ?

a. Malgré l'étroite surveillance dont il fut l'objet cette nuit-là, Dutilleul s'évada à onze heures trente. Connue du public le lendemain matin, la nouvelle souleva partout un enthousiasme magnifique. Cependant, ayant effectué un nouveau cambriolage qui mit le comble à sa popularité, Dutilleul semblait peu soucieux de se cacher et circulait à travers Montmartre sans aucune précaution. Trois jours après son évasion, il fut arrêté rue Caulaincourt au café du Rêve, un peu avant midi, alors qu'il buvait un vin blanc citron avec des amis.

Marcel Aymé, *Le Passe-muraille*,

b. Demain, dès l'aube, à l'heure où blanchit la [campagne,
Je partirai. Vois-tu, je sais que tu m'attends.
J'irai par la forêt, j'irai par la montagne.
Je ne puis demeurer loin de toi plus longtemps.

Je marcherai les yeux fixés sur mes pensées.
Sans rien voir au dehors, sans entendre aucun [bruit,
Seul, inconnu, le dos courbé, les mains croisées,
Triste, et le jour pour moi sera comme la nuit.

Je ne regarderai ni l'or du soir qui tombe,
Ni les voiles au loin descendant vers Harfleur,
Et quand j'arriverai, je mettrai sur ta tombe
Un bouquet de houx vert et de bruyère en fleur.

Victor Hugo, *Les Contemplations*.

Transformer

4 Accordez les verbes entre parenthèses au présent de l'indicatif.

La dictée

La dictée (être) le meilleur moyen qu'a trouvé le maître pour nous calmer au retour de la gymnastique. Dès que je l'(apercevoir) sur le pas de la porte de la classe, la sueur (se glacer) le long de ma colonne vertébrale. M. Brulé nous (attendre), la blouse bien sanglée, les mains dans le dos, les lunettes déjà méfiantes sur le nez. On (entrer) un par un. La salle de classe (attendre) dans une pénombre bleutée. On dirait une chapelle. [...]
« Ouvrez vos cahiers, et écrivez "dictée". »
Je (regarder) les copains autour de moi. On dirait le départ du cross de *L'Humanité*. On (s'assouplir)

le poignet, la nuque, on (respirer) profondément, le dos bien plat, certains (fermer) les yeux, (desserrer) leur ceinture de blouse. D'autres (s'agiter), (s'arracher) la peau des doigts, (se trémousser) comme s'ils avaient des fourmis sous le derrière.

Daniel Picouly, *Le Champ de personne*, © Flammarion, 1995.

5 Accordez les verbes entre parenthèses à l'imparfait de l'indicatif.

C'(être) un calmar de dimensions colossales, ayant huit mètres de longueur. Il (marcher) à reculons avec une extrême vélocité dans la direction du Nautilus. Il (regarder) de ses énormes yeux fixes à teintes glauques. Ses huit bras, ou plutôt ses huit pieds, implantés sur sa tête, qui ont valu à ces animaux le nom de céphalopodes, (avoir) un développement double de son corps et (se tordre) comme la chevelure des Furies. On (voir) distinctement les deux cent cinquante ventouses disposées sur la surface interne des tentacules sous forme de capsules semi-sphériques. Parfois, ces ventouses (s'appliquer) sur la vitre du salon en y faisant le vide.

Jules Verne, *Vingt Mille Lieues sous les mers.*

6 Accordez les verbes entre parenthèses en les conjuguant aux temps qui conviennent.

Le commentateur se retourna vers l'invité dont le visage (se greffer) sur l'écran. Aussitôt, toutes les jeunes filles de France (s'émouvoir), ainsi que leurs mères. Le professeur Pelletier (être) un tout jeune homme – à moins qu'il ne se fût agi d'un homme que le savoir (conserver) en sa jeunesse – d'une beauté pâle et fragile, et qui parlait d'une voix douce, aux inflexions calmes, une voix dont l'extraordinaire profondeur (rappeler) celle du gardien de nuit Stojilkovitch. Il (tenir) d'abord à rendre hommage à la grande intelligence du criminel. [...] Ce disant, le docteur Pelletier (sourire) paisiblement, au point qu'on (oublier) qu'il (parler) là d'un redoutable assassin.

Daniel Pennac, *Au bonheur des ogres*, © Gallimard, 1985.

7 Replacez les verbes suivants dans le texte aux endroits qui conviennent. Aidez-vous des sujets des verbes : *avait bougé – osait – s'agissait – avait vue – ouvrit – reconnus – m'aperçus – étaient occupés – traversa – occupa – étions – vis.*

Ce soir-là, au festin, Lancelot **(1)** sa place devant la Table ronde. Il fut courtois mais froid, comme moi. La Table ronde était pleine, tous les sièges **(2)**, sauf celui marqué « Danger » où personne n'**(3)** s'asseoir. Nous **(4)** en train de réciter le bénédicité, tête penchée et mains jointes, lorsque quelqu'un **(5)** la porte. À la lueur vacillante des torches, je ne **(6)** pas tout de suite de qui il **(7)**. La silhouette emmitouflée **(8)** lentement la salle en relevant son capuchon, et je **(9)** Dame Nemue. Mais, en même temps, je **(10)** que personne d'autre n'**(11)**. Personne ne l'**(12)**.

Michael Morpurgo, *Le Roi Arthur*,
© Gallimard Jeunesse, trad. Noël Chassériau, 1995.

Écrire

8 Remplacez les expressions en gras par un verbe de sens plus précis. Utilisez un dictionnaire.

1. Cette nouvelle **l'a rendue triste**. – **2.** Cette nouvelle **l'a rendue gaie**. – **3. Il y a** un ruisseau au fond du jardin. – **4.** Il **fait le repassage** le samedi. – **5.** Le coureur **va de plus en plus vite**. – **6.** L'état de santé de ce malade **est bien meilleur**.

9 Inventez les verbes qui manquent dans le texte suivant et conjuguez-les aux temps qui conviennent.

C'est à cause de l'insonorisation du régénérateur qu'il n'**(1)**, tout d'abord, rien. C'est la vibration qui lui **(2)** ouvrir les yeux, une vibration longue, interminable, suivie d'une violente secousse ressentie par la machine comme un tremblement de terre.
Nahim se redressa subitement et ouvrit le sas. C'est alors seulement qu'il **(3)** le bruit, le fracas épouvantable qui accompagnait la secousse.
Instinctivement, il **(4)** un coup d'œil rapide sur les murs de la bulle, pour y surprendre les fissures qui **(5)** sa fin prochaine. Il ne **(6)** rien de suspect. En une fraction de seconde, il s'était extrait de la machine et **(7)** au bas de l'escalier.

Évelyne Brisou-Pellen, *La Dernière Étoile*, © Nathan, 1993.

10 Écrivez la biographie, inventée ou réécrite, d'un chanteur ou d'un comédien qui comprendra les repères de temps suivants : *dès le premier jour de sa vie – à dix ans – deux ans plus tard – finalement – dès lors – à peine avait-il dix-huit ans que – enfin – dans un mois – pour le moment.*

AUTOÉVALUATION

À la fin de cette leçon, je sais :

- **identifier** un verbe ;
- **situer** un fait dans une époque ;
- **analyser** un verbe (personne, nombre, temps, mode) ;
- **distinguer** verbe d'état et verbe d'action (nécessaire pour l'attribut) ;
- **utiliser** des verbes précis.

4. L'énoncé ancré dans l'énonciation

OBSERVATION

Sarah la *banshee*

Sarah est une vieille femme qui a eu beaucoup de malheurs et qui vit sur la côte irlandaise, à l'écart du village. Tout le monde a un peu peur d'elle.

Sur son passage, on tire les rideaux et les mères rentrent leurs enfants. On a trop raconté, le soir à la veillée, qu'elle enferme dans son sac les désobéissants et les menteurs. Et qui n'a pas désobéi ou menti une fois dans sa vie? Pourtant, la malheureuse Sarah n'a jamais jeté un regard mauvais sur qui que ce soit. Elle vit dans un monde imaginaire, souveraine et fière, et on ne peut s'empêcher, malgré son accoutrement[1], de la trouver belle comme une reine dans ses haillons[2] et ses godillots[3] d'homme. Personne ne doute que, dans sa jeunesse, elle a pu être une flamboyante rousse aux yeux d'onyx[4]. Elle en impose encore, même au père Browne qui, un jour, a voulu la visiter, sans doute pour tenter de la ramener au village. Elle a refusé de lui ouvrir sa porte.

Après la poste, l'argent de sa pension à la main, elle va chez l'épicier qui lui a préparé sept kilos de pommes de terre, puis au pub[5] où elle boit une pinte[6] de Guinness[7] et achète des paquets de bière blonde qu'elle enfourne dans son sac. C'est son menu de la semaine. À remarquer que Brian, le *quack*[8], a le même. Cette diététique semble les rapprocher.

Michel Déon, *L'Enfant et la Sorcière*, © Gallimard Jeunesse, « Folio image », 1998.

1. **Accoutrement :** habillement étrange.
2. **Haillons :** vieux vêtements usés.
3. **Godillots :** gros souliers.
4. **Onyx :** pierre dure de couleur vert irisé.
5. **Pub :** cabaret.
6. **Pinte :** mesure de capacité d'environ un litre.
7. **Guinness :** célèbre marque de bière.
8. **Quack :** guérisseur.

Questions

1. Quelles sont les actions habituelles des habitants du village ? de Sarah ?

2. Par quel temps verbal sont-elles exprimées par le narrateur ? Pourquoi ce choix ?

3. Citez des faits passés par rapport au moment où le narrateur raconte l'histoire. Quel temps verbal exprime ces faits ?

4. Imaginez ce que fera Sarah la semaine prochaine et ce qui pourra arriver dans la suite du récit. Quel temps verbal emploierez-vous ?

LEÇON

▶ 1. Situer les faits dans le présent

● Le **présent de l'indicatif** situe le fait **au moment de l'énonciation**, même si ce moment passe très vite. On l'appelle alors le **présent d'énonciation.**

➜ *Sur son passage, on **tire** les rideaux.*

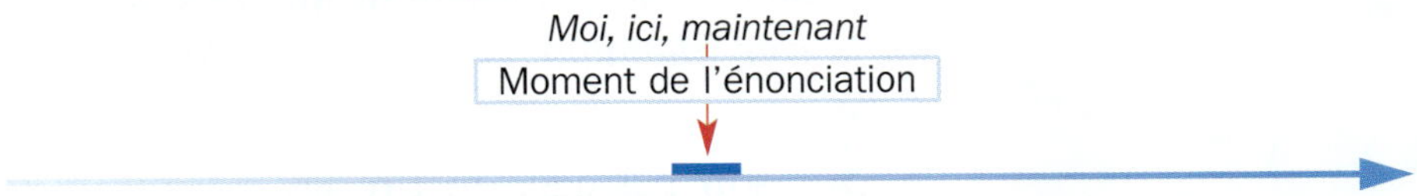

Sur son passage, on tire les rideaux.

● Le **présent de l'indicatif** indique aussi que le fait a déjà commencé **avant** le moment de l'énonciation et est **encore en cours** : c'est le **présent de durée**.

➜ *Elle **connaît** l'irlandais.*

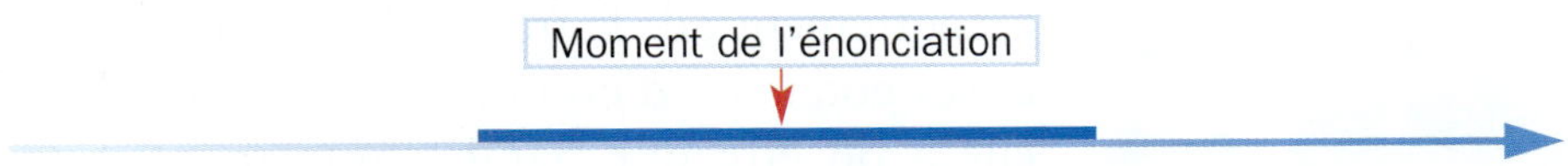

Elle connaît l'irlandais.

● Le **présent de l'indicatif** indique également qu'un fait a commencé **avant** le moment de l'énonciation et se poursuit **au-delà** : c'est le **présent de généralité.** Il exprime des faits constatés de tout temps.

➜ *La Terre **appartient** au système solaire.*

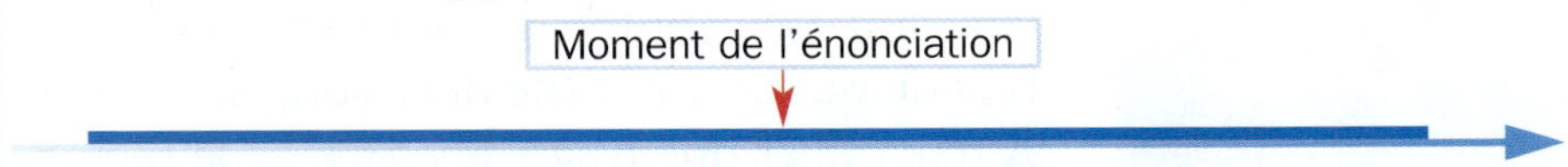

La Terre appartient au système solaire.

● C'est le **contexte** qui indique les limites à donner à un fait exprimé au présent.

▶ 2. Situer les faits dans le passé

● Un émetteur qui choisit d'être présent dans son énoncé et qui veut évoquer des faits passés utilise le **passé composé** et le **passé proche** (***venir de***) **à l'écrit et à l'oral** :

➜ *La malheureuse Sarah n'**a** jamais **jeté** un regard mauvais sur qui que ce soit. Elle **vient de** sauver la vie de Sean.*

● Il utilise le système avec le passé composé s'il **relie** les faits au moment de l'énonciation, c'est-à-dire s'il indique que les faits le concernent, ou qu'il considère que ces faits ont encore une conséquence au moment où il s'exprime :

➜ *Personne ne doute qu'elle **a pu** être une flamboyante rousse…*

▶ 3. Situer les faits dans le futur

● Pour **situer** les événements dans l'**avenir** par rapport au moment de l'énonciation, l'émetteur peut utiliser :
– les formes verbales du futur proche (***aller*** + infinitif) et du futur simple :

➜ *Sarah* ***va sauver*** *un enfant et retrouvera sa place au village.*

– des compléments de temps :

➜ *Les vacances commencent* ***dans huit jours / bientôt.***

Pour l'expression écrite

▪ Comme la plupart des faits que nous racontons oralement ont encore des conséquences au moment où nous parlons, nous utilisons presque exclusivement le **passé composé à l'oral**.

▪ Dans la langue des journalistes, le **passé composé** et le **passé simple** employés dans le même texte permettent de distinguer les **faits révolus** de ceux qui appartiennent à l'**actualité**.

➜ **ISRAËL A RENDU UN DERNIER HOMMAGE À LÉA RABIN.**
Mercredi 15 novembre – 17 h 52. Léa Rabin, décédée dimanche d'un cancer des poumons, fut, après la mort de son mari, en 1995, la plus fervente avocate du processus de paix en Israël.

Retenons

1. Pour situer des faits en les rattachant au **moment de l'énonciation**, l'émetteur peut utiliser des **groupes nominaux** et des **adverbes** *(ici, maintenant)* et des formes verbales :
– pour le **moment de l'énonciation** : le présent d'énonciation, le présent de durée, le présent de généralité ;
– pour les faits **antérieurs au moment de l'énonciation** : le passé composé, le passé proche ;
– pour les faits **postérieurs au moment de l'énonciation** : le futur simple, le futur proche.

2. Ce système s'utilise quand l'émetteur signale qu'il **relie les faits au moment de l'énonciation**, c'est-à-dire que les faits le concernent, ou ont encore une conséquence au moment où il s'exprime.

EXERCICES

Identifier

1 Classez les verbes en gras selon qu'ils renvoient au passé, au présent ou au futur.

Au fond de l'Atlantique, il y **a** un livre. C'est son histoire que je **vais raconter**.

Peut-être en **connaissez**-vous le dénouement, les journaux l'**ont rapporté** à l'époque, certains ouvrages l'**ont consigné** depuis : lorsque le *Titanic* **a sombré**, dans la nuit du 14 au 15 avril 1912, au large de Terre-Neuve, la plus prestigieuse des victimes **était** un livre, exemplaire unique des *Robaïyat* d'Omar Khayyam, sage persan, poète, astronome.

De ce naufrage je **parlerai** peu. D'autres que moi **ont pesé** le malheur en dollars, d'autres que moi **ont** dûment **recensé** cadavres et ultimes paroles. Six ans après, seul m'**obsède** encore cet être de chair et d'encre dont je fus, un moment, l'indigne dépositaire.

Amin Maalouf, *Samarcande*, © J.-Cl. Lattès, 1988.

2 Dans les textes suivants, relevez et classez les verbes qui expriment une action :
– se déroulant au moment de l'énonciation (présent);
– antérieure (passé composé);
– ultérieure (futur simple ou futur proche).

a. J'estime que, de tous les ridicules et irritantes balivernes qui font notre tourment, cette fumisterie de la « prévision du temps » est peut-être la plus agaçante. Elle « prédit » exactement ce qui est arrivé la veille ou l'avant-veille, et tout juste le contraire de ce qui va arriver le jour même.
Cela me rappelle mes vacances de l'automne dernier, qui ont été complètement gâchées parce que nous avons fait attention au bulletin météorologique de la gazette locale.

Jerome K. Jerome, *Trois hommes dans un bateau.*

b. M. BRUN, *à César*. – Je suis d'ailleurs bien tranquille, car je sais ce que c'est qu'un bateau, je suis un connaisseur de bateaux.
CÉSAR. – Vous en avez tout l'air.
M. BRUN. – J'ai vu ce bateau-là, je l'ai examiné, je l'ai jugé. D'après sa ligne, sa coupe, son gabarit, ce bateau-là ne peut pas chavirer, il ne chavirera pas. Et pourtant je vais faire tout mon possible pour le faire chavirer.
CÉSAR. – Allez, monsieur Brun, ne forcez pas votre possible. Ça se fera tout seul.

Marcel Pagnol, *Fanny*, II, 3, B. de Fallois.

c. Dimanche 21 juin 1942.
Chère Kitty,
Toute la sixième LII tremble, la cause en est naturellement l'approche du conseil de classe. La moitié de la classe fait des paris sur qui va passer et qui va redoubler, les deux garçons qui sont derrière nous, C.N et Jacques Kokernoot, nous font mourir de rire, ma voisine G.Z. et moi, ils ont parié l'un avec l'autre tout leur argent pour les vacances. « Toi, tu passes », « Non », « Si », « Non », « Si », du matin au soir, ni les regards suppliants de G. pour demander le silence ni mes remarques fielleuses ne parviennent à les calmer.

Journal d'Anne Frank, trad. du néerl. de P. Noble et I. Rosselin-Bobulesco, © Calmann-Lévy, 1992.

3 Donnez la valeur des présents (énonciation, durée, généralité) dans les phrases suivantes.

1. Les personnes timides rougissent facilement. – **2.** Je ne comprends pas ce que Laura m'explique car elle parle sans articuler. – **3.** Thomas passe des heures à jouer à des jeux de rôles. – **4.** Pourquoi est-ce que tu ne me parles plus? – **5.** La Polynésie fait rêver. – **6.** J'habite depuis neuf ans dans le même appartement.

Transformer

4 Mettez les verbes entre parenthèses au présent de l'indicatif.

Un enfant de Calabre

Calabre, 1960. Mimi, un jeune garçon n'(avoir) qu'une passion : la course à pied qu'il (pratiquer) tous les matins le long des sentiers de montagne pour aller à l'école, arrivant aussi vite que le vieil autocar. Justement, le chauffeur de car, Felice, ancien coureur, (remarquer) Mimi et (décider) de l'entraîner. Il (être convaincu) qu'il (pouvoir) devenir un grand champion comme Abebe Bikila, coureur de fond éthiopien, qui (courir) comme Mimi, pieds nus. Mais, c'est sans compter l'avis de son père qui (préférer) voir Mimi étudier en classe plutôt que de perdre son temps à courir. [...]
À force de persévérance, il (réussir) à convaincre son père de le laisser courir pour la plus belle course : les Jeux de la Jeunesse à Rome.

Compte rendu du film de Luigi Comencini, in *Demandez le programme du cinéma Georges-Méliès*, Montreuil, 1er nov.-12 déc. 2000, n° 28, p. 28.

5 Mettez les verbes entre parenthèses au futur simple.

« Marins! [...] D'après mes calculs, la terre ne peut plus être loin mais je sais que vous ne me faites plus confiance. [...] Le premier qui (parler) de se mutiner ou de rebrousser chemin (être pendu), séance tenante, en haut du grand mât. Mais je veux, moi aussi, prendre un engagement envers vous. Nous (naviguer) vers l'Ouest une semaine encore. Mais si, la semaine achevée, nous n'avons toujours pas de terre en vue, je vous jure devant Dieu, au nom de nos souverains Fernando et Isabel, que je (donner) l'ordre de faire demi-tour et de rentrer en Espagne. D'ici là, ne l'oubliez pas, je (être) sans pitié! » Sur ces mots, l'Amiral leur tourna le dos et se retira, la tête haute et le pas assuré, vers sa cabine.

J. Balcells, « Le rêve de Christophe Colomb », trad. T. Brissac, in *Je Bouquine*, n° 95, janv. 1992, Bayard Jeunesse.

6 Conjuguez les verbes entre parenthèses au temps qui convient : présent, passé composé, futur.

Aujourd'hui, mercredi vingt-cinq avril, je viens d'avoir neuf ans, (je (être) du signe du Taureau). Il me (tarder) d'avoir dix ans à cause des deux chiffres. Quand j'en (avoir) trois, je (avoir) cent ans. Pour le grand jour, maman (préparer) mes plats préférés : croquettes de millet, raviolis de potiron et salade d'orties. Au dessert, je (souffler) d'un coup les neuf bougies plantées sur le gâteau aux carottes. Tout en chantant « Bon anniversaire, nos vœux les plus sincères », les parents (apporter) les cadeaux : un nouveau puzzle, un masque de gorille, un marteau en caoutchouc, des dents de Dracula et des échasses, fabriquées par papa.

Marie Farré, *Mina, mine de rien*, © Gallimard, 1990.

7 Conjuguez les verbes entre parenthèses aux temps du passé qui conviennent : passé composé, imparfait, plus-que-parfait.

Le professeur a disparu

Le vendredi 9 mai, il ne s'est pas présenté à son école. On ne (s'en inquiéter) pas : son cours du vendredi, placé en fin de journée, (être) le dernier cours de la semaine et beaucoup d'élèves – surtout au printemps – (affecter) de le considérer comme facultatif; il (arriver) parfois aux jeunes professeurs d'en faire autant.

Mais, le lundi 12, on ne le (revoir) pas non plus, ni le mardi. Sa chambre ne (posséder) pas le téléphone. Le mercredi, un sous-directeur (demander) aux étudiants si l'un d'entre eux (pouvoir) passer rue d'Amsterdam, afin de s'enquérir de la santé de « Jan », qui (pouvoir) être gravement malade et dans l'impossibilité de prévenir. La messagère bénévole (trouver) porte close. Personne ne (répondre) à ses sonneries répétées, ni à ses appels. Aucun bruit ne (provenir) de l'intérieur.

Alain Robbe-Grillet, *Djinn*, © Minuit, 1982.

Écrire

8 Récrivez le texte en commençant par : « Il navigue ce jour... »

Il navigua ce jour à l'ouest, quart[1] nord-ouest et demi-quart, parce que les vents changèrent beaucoup par ce temps calme. Ils ne firent que sept ou huit lieues.

Deux albatros vinrent à la nef amirale[2], puis un autre, ce qui fut signe certain de la proximité de la terre. Et ils virent beaucoup d'herbe, alors que la veille ils n'en avaient pas vu. Ils prirent à la main un oiseau qui semblait une hirondelle de mer, mais c'était un oiseau de fleuve et non de mer; il avait les pattes comme une mouette.

Christophe Colomb, *La Découverte de l'Amérique*, trad. de S. Estorach et M. Lequenne, © La Découverte.

1. Quart : indication de direction.
2. Nef amirale : navire de l'amiral.

9 Voici un fait divers raconté à Rouletabosse.

– Eh bien, c'est un chat répondant au nom de Bisou et appartenant à une Mme Michel Armandine, soixante-douze ans, sans profession, demeurant 45, rue de l'Abattoir, qui a volé à seize heures une côtelette à la devanture du boucher du carrefour de la Poste. En traversant le carrefour pour s'enfuir, il a causé la chute d'un cycliste du nom de Chardon Jacques, quarante et un ans, écologiste breveté, demeurant 22, rue de la Gare, qui n'a eu aucun mal. Ensuite, il s'est réfugié sur la tête de la statue du général Méplat de Saint-Hilaire et il a fallu appeler les pompiers pour le faire descendre. La côtelette a été rendue au boucher qui n'a pas porté plainte. C'est tout.

Robert Escarpit, *Les Reportages de Rouletabosse*, © Hachette Livre, « Le Livre de poche Jeunesse ».

Imaginez que vous êtes journaliste et que, vous aussi, vous racontez une scène amusante.

AUTOÉVALUATION

À la fin de cette leçon, je sais :

- **manifester** ma présence et celle de mon interlocuteur dans mon discours;
- **situer** un fait par rapport au moment de l'énonciation;
- **reconnaître** un énoncé ancré dans la situation de communication;
- **opposer** le présent d'énonciation aux autres valeurs du présent;
- **conjuguer** correctement le présent, le futur simple, le passé composé de l'indicatif.

GRAMMAIRE

5. L'énoncé coupé de l'énonciation

OBSERVATION

Sorcière ou guérisseuse ?

Landry cherche son frère jumeau Sylvinet qui a disparu.

Cette idée, que Sylvinet pouvait avoir eu envie de se détruire, passa de la tête de la mère dans celle de Landry aussi aisément qu'une mouche dans une toile d'araignée, et il se mit vivement à la recherche de son frère. [...] Il courut de tous les côtés sans le trouver, l'appelant sans qu'il lui répondît, le demandant à tout le monde, sans qu'on pût lui en donner nouvelles. [...]

Là-dessus il se mit à pleurer son frère et à lui faire des reproches ; et jamais de sa vie il n'avait eu un pareil chagrin.

Enfin l'idée lui vint d'aller consulter une femme veuve, qu'on appelait la mère Fadet, et qui demeurait tout au bout de la Joncière, rasibus[1] du chemin qui descend au gué.

Cette femme, qui n'avait ni terre ni avoir autre que son petit jardin et sa petite maison, ne cherchait pourtant point son pain, à cause de beaucoup de connaissance qu'elle avait sur les maux et dommages du monde, et, de tous côtés, on venait la consulter.

George Sand, *La Petite Fadette.*

1. **Rasibus** : *adverbe, familier.* Au ras, tout près de.

Questions

1. Le texte contient-il des mots et expressions qui renvoient à la situation de communication ?

2. Relevez les indications de temps qui ponctuent ce récit. Sont-elles vagues ou précises ?

3. Le narrateur est-il présent dans ce passage ?

4. Les événements racontés sont-ils proches ou lointains du narrateur et du lecteur ? Justifiez votre réponse.

5. Quel temps de l'indicatif est employé pour décrire les actions de Landry ?

6. Quel temps de l'indicatif est employé pour parler de la mère Fadet ? Justifiez cet emploi.

LEÇON

1. Situer des faits passés en les coupant de l'actualité du narrateur

● Un narrateur qui veut raconter des faits passés sans être présent dans son énoncé, sans les relier au moment de l'énonciation, choisit le **passé simple**.

● En choisissant le **passé simple**, l'émetteur indique qu'il n'est **pas concerné** par ces faits et qu'il ne tient pas compte des conséquences de ces faits au moment où il s'exprime. Il raconte pour le **simple plaisir du récit**.

→ *Il **courut** de tous les côtés sans le trouver.*

● Les faits sont situés par rapport à un **point de repère** fixé dans le texte :

→ ***Un jour**, Sylvinet disparut et personne ne put dire par où il s'était éloigné.*

Avant le repère	Moment de repère (antérieur au moment de l'énonciation)	Après le repère
l'avant-veille *la veille* *la semaine précédente* *six mois avant* *deux ans auparavant….*	*cette semaine-là* *ce jour-là* *cette année-là* *à cette époque* *vers 1830…*	*le lendemain* *le surlendemain* *trois jours plus tard* *dix jours après* *l'année suivante…*

● Il faut veiller à ne pas utiliser avec le passé simple les compléments de temps qui relient les faits au moment de l'énonciation :

→ **Hier, elle arriva. – *Il y a deux jours, elle arriva. – *Maintenant, elle arriva. – *Demain, elle arriva.*

2. Situer des faits passés en les racontant au présent de l'indicatif

● Il est possible d'utiliser le présent de l'indicatif pour raconter des faits passés : dans un récit au passé simple, on présente un événement au présent : c'est le **présent de narration**.

● Le présent de narration ne se distingue pas d'un autre présent : c'est le **contexte passé** qui lui donne sa valeur.

→ *La bataille de Waterloo eut lieu le 18 juin 1815. L'avant-veille, Napoléon laissa Wellington s'installer sur le plateau de Mont-Saint-Jean, mais, gêné par des tornades de pluie, il ne put attaquer le lendemain. Le 18, Ney **charge** les troupes anglaises, mais le désastre **survient** avec Blücher…*

▶ 3. Situer les faits dans le cadre ou dans le cours des événements

- Quand il raconte une histoire, l'émetteur décide généralement de distinguer deux plans :
– le cadre, le décor, les actions secondaires ;
– un événement de premier plan.

- Les **événements de premier plan**, qui constituent la trame des événements, sont rapportés au **passé simple de l'indicatif.**

- Le **décor**, les **faits permanents**, les **actions de second plan** qui constituent le cadre des événements, sont rapportés à l'**imparfait de l'indicatif.**

- Le **passé simple** présente un fait passé en train de se dérouler, mais envisagé globalement (du début à la fin), et nettement délimité :

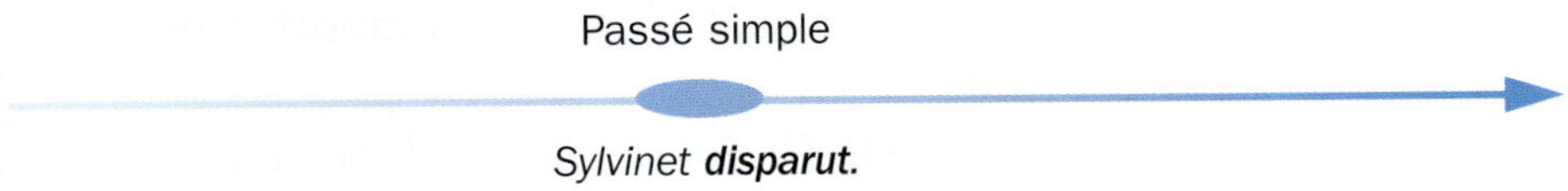

- On ne peut donc pas utiliser le passé simple avec *pendant que* :
➜ * *Pendant que Landry chercha, Sylvinet était au bord de la rivière.*

Le passé simple traduit principalement une **succession d'actions** qui s'enchaînent les unes aux autres :

- **L'imparfait de l'indicatif** présente le fait en cours à un moment du passé, sans indication de début ni de fin :

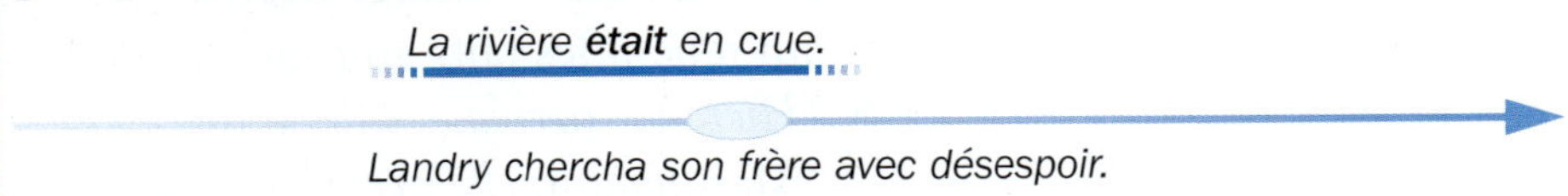

- L'imparfait rend principalement compte d'états permanents ou d'actions qui durent. C'est donc le temps idéal de la **description au passé.**

■ Pour l'expression écrite

▪ Dans un récit au passé simple, il est intéressant de mettre en valeur **un moment particulièrement palpitant**. Pour détacher ce moment de l'ensemble de l'histoire, vous pouvez utiliser le présent qui donnera un « coup de projecteur » sur ce temps fort :

Un agneau se désaltérait
Dans le courant d'une onde pure
Un loup **survient** à jeun, qui cherchait aventure
Et que la faim en ces lieux attirait... (La Fontaine)

▪ L'utilisation du présent de narration **pour l'ensemble d'un récit au passé** n'est pas recommandée, car elle ne permet pas distinguer la trame des événements et l'arrière-plan du récit.

Retenons

1. En français contemporain, pour situer des faits sans les rattacher au moment de l'énonciation, l'émetteur utilise un système construit avec le **passé simple.**

2. Ce système se construit à partir d'un **point de repère** situé dans le texte et marqué par des **compléments de temps** (*alors, ce jour-là...*). Il n'y a **aucune relation avec la situation de communication.**

3. L'émetteur indique ainsi que les faits évoqués n'ont **plus de conséquences au moment où il s'exprime.**

4. Le cadre du récit (l'**arrière-plan**) est rapporté à **l'imparfait de l'indicatif**; la **trame** des événements (le **premier plan**) est rapportée au passé simple.

EXERCICES

Identifier

1 **a. À quelle époque se situent les faits racontés dans les textes suivants? Cette époque est-elle précisément indiquée?**
b. Quels sont les temps les plus utilisés?

a. Roman d'amour d'une patate

Il était une fois une patate – une vulgaire patate, comme nous en voyons tous les jours – mais dévorée d'ambition. Le rêve de sa vie était de devenir une frite. Et c'est probablement ce qui lui serait arrivé, si le petit garçon de la maison ne l'avait volée dans la cuisine.

Une fois retiré dans sa chambre avec le fruit de son larcin, le petit garçon tira un couteau de sa poche, et se mit à sculpter la patate. Il commença par lui faire deux yeux, et la patate pouvait voir. Après quoi il lui fit deux oreilles, et la patate pouvait entendre. Enfin, il lui fit une bouche, et la patate pouvait parler. Puis il la fit se regarder dans une glace en lui disant :

– Regarde comme tu es belle!

– Quelle horreur! répondit la patate, je ne suis pas belle du tout! Je ressemble à un homme! J'étais bien mieux avant!

Pierre Gripari, *Le Gentil Petit Diable et autres contes de la rue Broca*, © la Table ronde.

b. El Vespucci, l'homme de l'Amérique

Né à Florence en 1451, fils d'un notaire, mathématicien et cosmographe à ses heures, Amerigo Vespucci était arrivé à Séville en 1492 pour servir dans une banque florentine, sans doute celle des Médicis. Homme d'affaires, il fut pour le compte de ses patrons le pourvoyeur en 1493 et en 1496 de deux voyages de Colomb, fournissant une part des provisions embarquées, des outils et des semences. Il accomplit sans doute quatre voyages outre-Atlantique. De mai 1503 à juin 1504, nous le voyons sur le littoral brésilien à la recherche d'un endroit vers l'ouest; c'est alors qu'il prend conscience de l'épaisseur du continent, de son originalité, qu'il mesure l'impossibilité d'aller au-delà autrement que par une très longue navigation par le sud.

J. Heers, *Christophe Colomb*, © Hachette Livre, « Littératures », 1991.

2 **Reconstituez les actions successives de Robert. À quels temps sont-elles présentées?**

À l'angle de la place, Robert s'arrêta. Il y avait de la lumière dans l'épicerie des Girard. Il traversa, longea la façade jusqu'au bord de la vitrine. L'étalage extérieur était rentré et encombrait le milieu du magasin. Robert se pencha. Le père de Christophe était assis derrière la caisse, que dépassait sa tête inclinée en avant. Il devait compter sa recette de la journée. Robert se recula et poussa doucement la porte du couloir. Il y avait de la lumière à la cuisine mais la moto n'était pas là.

Bernard Clavel, *Malataverne*, Robert Laffont, 1960.

3 **Relevez les faits qui décrivent le cadre du récit. À quel temps sont-ils présentés?**

Jon se réveilla quand le soleil apparut au-dessus de l'horizon. Il s'assit et regarda autour de lui, sans comprendre. L'enfant n'était plus là. Il n'y avait que l'étendue de lave noire, et, à perte de vue, la vallée où les premières ombres commençaient à se dessiner. Le vent soufflait de nouveau, balayait l'espace. Jon se mit debout, et il chercha son compagnon. Il suivit la pente de lave jusqu'aux cuvettes. Dans le réservoir, l'eau était couleur de métal, ridée par les rafales du vent. Dans son trou couvert de mousse et de lichen, le vieil arbuste desséché vibrait et tremblotait. Sur la dalle, le caillou en forme de montagne était toujours à la même place. Alors Jon resta debout un instant au sommet de la montagne, et il appela plusieurs fois, mais pas même l'écho ne répondait.

J.-M.G. Le Clézio, *Mondo et autres histoires*, « La montagne du dieu vivant », © Gallimard, 1978.

4 Dans le texte suivant, classez les verbes en gras selon qu'ils servent à marquer des faits de premier plan ou le cadre du récit.

J'**atteignis** l'angle où **se situait** la pierre fameuse, sans crainte, je puis l'avouer, car l'épée de Bricheny, qui me **battait** les mollets, me **donnait** de la force et du sang-froid. J'**étais** en avance au rendez-vous. J'**attendis** plus d'une demi-heure le dos appuyé contre la muraille humide. Il **faisait** doux. Le printemps **s'annonçait** par mille petits signes agréables. Il me **semblait** bien sentir, malgré la pestilence du quartier, l'odeur des premières fleurs des jardins de Portzic. Un bruit de pas qui **dénonçait** la marche de deux hommes **fit** que je **portai** machinalement ma main à la poignée de mon épée. Tout aussitôt, j'**entendis** le sifflement doux de Jean de la Sorgue et sa voix :
« C'est toi, Petit Morgat ? »

Pierre Mac Orlan, *L'Ancre de miséricorde*, © Les amis de P. Mac Orlan, St-Cyr-sur-Morin.

5 Dans la fable suivante, repérez les différents verbes au présent. Pour chacun d'eux, donnez la valeur du présent (présent d'énonciation, présent de narration, présent de généralité).

La Grenouille qui se veut faire aussi grosse que le Bœuf

Une Grenouille vit un bœuf
Qui lui sembla de belle taille.
Elle qui n'était pas grosse en tout comme un œuf,
Envieuse s'étend, et s'enfle, et se travaille
Pour égaler l'animal en grosseur,
Disant : Regardez bien, ma sœur ;
Est-ce assez ? dites-moi ; n'y suis-je point encore ?
– Nenni. – M'y voici donc ? – Point du tout. – M'y [voilà ?
– Vous n'en approchez point. La chétive[1] pécore[2]
S'enfla si bien qu'elle creva.
Le monde est plein de gens qui ne sont pas plus [sages :
Tout bourgeois veut bâtir comme les grands [Seigneurs,
Tout petit Prince a des Ambassadeurs,
Tout Marquis veut avoir des Pages.

Jean de La Fontaine, *Fables*, I, 3.

1. **Chétive :** maigre, maladive.
2. **Pécore :** *ici*, animal.

Transformer

6 Dans le texte suivant, les verbes entre parenthèses marquent des actions de premier plan. Conjuguez-les au passé simple.

Mégalonkandouré (s'approcher) de l'endroit où il avait vu la foudre tomber du ciel. Une clairière (s'ouvrir) devant lui, deux fois plus large que la place de son village, et il (apercevoir) à l'autre extrémité l'entrée d'une grotte éclairée par une curieuse lueur vacillante. Inquiet, le sorcier (hésiter), puis (se décider) à avancer vers la grotte. [...] Une douce chaleur (caresser) son corps mouillé. Lentement, le sorcier (respirer), puis il (ouvrir) les yeux. Il (voir) la chose la plus extraordinaire qu'il eût jamais vue de sa vie, la chose la plus grandiose et la plus inquiétante, celle devant laquelle les hommes et les bêtes peuvent demeurer des heures entières, immobiles, fascinés : LE FEU.

Nadèjda Garrel, *Au pays du grand condor*, © Gallimard, 1977.

7 Dans le texte suivant, les verbes entre parenthèses évoquent le cadre de l'action du récit. Conjuguez-les à l'imparfait.

Un jour de novembre, comme le soir (tomber), un homme, que je ne (connaître) pas, s'arrêta devant notre barrière. J'(être) sur le seuil de la maison occupé à casser une bourrée[1]. Sans pousser la barrière, mais en levant sa tête par-dessus en me regardant, l'homme me demanda si ce n'était pas là que (demeurer) la mère Barberin.
Je lui dis d'entrer.
Il poussa la barrière qui cria [...] et, à pas lents, il s'avança vers la maison.
Jamais je n'avais vu un homme aussi crotté ; des plaques de boue, les unes encore humides, les autres déjà sèches, le (couvrir) des pieds à la tête, et à le regarder on (comprendre) que depuis longtemps il (marcher) dans les mauvais chemins.
Au bruit de nos voix, mère Barberin accourut et, au moment où il (franchir) notre seuil, elle se trouva face à face avec lui.

Hector Malot, *Sans famille*.

1. **Bourrée :** fagot de petites branches.

8 Conjuguez les verbes entre parenthèses aux temps qui conviennent : imparfait, passé simple, plus-que-parfait.

L'enlèvement de Proserpine

Le guet-apens[1] eut lieu quelques jours plus tard. Proserpine (se promener) avec sa mère Cérès dans un pré fleuri. Elle (apercevoir), non loin d'elle, une fleur d'une espèce inconnue. C'(être) un narcisse, que Jupiter (créer) pour l'occasion. Quittant sa

mère, Proserpine (se diriger) vers la fleur pour la cueillir. Pluton, que son casque (rendre) invisible, (se saisir) alors d'elle et, par une crevasse qui (s'ouvrir) soudain dans le sol, l'(entraîner) au fond des Enfers. Cérès (ne rien voir), elle (entendre) seulement sa fille pousser un cri de frayeur. Désespérée, elle (se mettre) à chercher partout Proserpine, mais en vain. Se doutant que Jupiter en (savoir) plus sur cette disparition qu'il ne (vouloir) bien le dire, elle (user) alors du chantage :
– Tant que je n'aurai pas retrouvé ma fille, lui dit-elle, je cesserai de faire pousser la végétation.

Denis Lindon, *Les dieux s'amusent*,
© Flammarion, « Castor Poche », 1995.

1. Guet-apens : piège.

9 Replacez les verbes suivants aux endroits qui conviennent : *ondoyait – opposions – vivaient – dégringolaient – regardaient – pouvaient – était occupée – dégageait – s'élança – s'arrêta – jeta*.

La caverne **(1)**. Depuis longtemps huit ou dix ours et oursons y **(2)** en famille. À présent, ils nous **(3)** venir à eux, complètement médusés. À peine s'ils **(4)** en croire leurs yeux, de nous voir leur apporter nous-mêmes leur déjeuner à domicile. Puis père, tout d'un coup, **(5)** des brandons[1] enflammés.
Un instant plus tard, ils **(6)** tous hors de la grotte, poussant des cris aigus de rage stupéfaite. Leur toison **(7)** une puissante odeur de brûlé. Leur chef, connu pour une des plus sales brutes du voisinage, **(8)** vers nous férocement. Mais nous lui **(9)** un front bien défendu, coup-de-poing dans une main et brandon dans l'autre, et devant la fumée qui **(10)**, menaçante, sur notre ligne de bataille, maître Martin **(11)** net.

Roy Lewis, *Pourquoi j'ai mangé mon père*,
trad. de l'anglais par Vercors et R. Barisse, © Actes Sud, 1990.

1. Brandons : débris auxquels on a mis le feu.

Écrire

10 Réécrivez le texte au passé composé et en employant la 1re personne. Vous commencerez par : « Tant que j'ai eu… »

Tant qu'elle eut des maisons et même seulement des murs des deux côtés de son chemin, elle alla assez hardiment. De temps en temps, elle voyait le rayonnement d'une chandelle à travers la fente d'un volet, c'était de la lumière et de la vie, il y avait là des gens, cela la rassurait. Cependant, à mesure qu'elle avançait, sa marche se ralentissait comme machinalement. Quand elle eut passé l'angle de la dernière maison, Cosette s'arrêta. Aller au-delà de la dernière boutique, cela avait été difficile; aller plus loin que la dernière maison, cela devenait impossible. Elle posa le seau par terre, plongea sa main dans ses cheveux et se mit à se gratter lentement la tête, geste propre aux enfants terrifiés et indécis. Ce n'était plus Montfermeil, c'étaient les champs. L'espace noir et désert était devant elle. Elle regarda avec désespoir cette obscurité où il n'y avait plus personne, où il y avait des bêtes, où il y avait peut-être des revenants.

Victor Hugo, *Les Misérables*,
deuxième partie (« Cosette », III, V).

11 Transposez le texte suivant au passé : vous emploierez le passé simple et l'imparfait.

C'est le chien

Monsieur Lepic et sœur Ernestine, accoudés sous la lampe, lisent, l'un le journal, l'autre son livre de prix; madame Lepic tricote, grand frère Félix grille ses jambes au feu et Poil de Carotte par terre se rappelle des choses.
Tout à coup Pyrame, qui dort sous le paillasson, pousse un grognement sourd.
– Chtt! fait M. Lepic.
Pyrame grogne plus fort.
– Imbécile! dit madame Lepic.
Mais Pyrame aboie avec une telle brusquerie que chacun sursaute. Madame Lepic porte la main à son cœur. M. Lepic regarde le chien de travers, les dents serrées. Grand frère Félix jure et bientôt on ne s'entend plus.

Jules Renard, *Poil de Carotte*.

AUTOÉVALUATION

À la fin de cette leçon, je sais :

- **écrire** un texte en choisissant d'effacer l'émetteur et le récepteur;
- **employer** les points de repère convenables *(la veille, le lendemain…)*;
- **écrire** un récit au passé simple;
- **distinguer** les faits de premier plan et le cadre du récit par le passé simple et l'imparfait;
- **conjuguer** correctement le passé simple.

GRAMMAIRE

6. La chronologie

OBSERVATION

L'accident

Guillaume entend les semelles de bois de ses chaussures claquer sur le parquet de la grande salle des pas perdus, encore vide pour l'instant. Car c'est l'heure des soins ou des examens pour la plupart des malades. Mais tout ça, c'est fini pour Guillaume. Depuis qu'il a un fauteuil !... [...]

Les gendarmes étaient arrivés avec l'ambulance. Ils avaient mesuré la distance entre le corps de Guillaume, allongé sur le bas-côté, et son vélo, qui avait voltigé de l'autre côté de la route, ils avaient vainement cherché la trace d'un coup de frein... Puis, ils avaient demandé s'il y avait des témoins. Mais personne n'avait rien vu, ni rien entendu. C'est la mère de Guillaume, Mama, comme il l'appelle, qui l'a découvert, vers cinq heures et demie. Elle s'était inquiétée de ne pas le voir rentrer de l'école. Elle avait couru sur la route. L'accident s'était produit à quelques centaines de mètres de chez eux...

Depuis, les gendarmes ont interrogé Guillaume. Ils lui ont expliqué que c'était un excès de vitesse, aggravé d'un délit de fuite, que le conducteur irait en prison, s'ils le retrouvaient. Puis, ils ont dit, eux aussi, qu'il fallait attendre !

Depuis, Guillaume attend.

© Giorda, L'Accident, in *Je bouquine*, n° 108, février 1993, Bayard Jeunesse.

Questions

1. Reconstituez la situation initiale de ce récit, présentée dans les lignes 1 à 5 : qui ? où ? quand ?

2. Quelle question se pose le lecteur après les lignes 1 à 5 ? Quel fait demande une explication ?

3. L'explication de ce fait est-elle fournie dans le texte ? Si oui, à quel endroit ? de quelle manière ?

4. Les événements sont-ils présentés ici selon l'ordre où Guillaume les a vécus ?

5. Repérez les phrases qui coïncident avec la situation actuelle de Guillaume. Où sont-elles placées dans le texte ?

6. Le déroulement des faits du récit est-il marqué par des compléments ? des formes verbales ? Donnez des exemples.

LEÇON

1. L'ordre chronologique

• La **chronologie** désigne l'**ordre de succession des faits dans un récit.**
– Quand un fait a lieu **après** un autre fait, on dit qu'il lui est **postérieur** :

→ *Le chirurgien affirme que Guillaume* ***guérira*** *bientôt.*

– Quand un fait a lieu **avant** un autre fait, on dit qu'il lui est **antérieur** :

→ *Les gendarmes disent que le chauffard* ***roulait*** *trop vite.*

– Quand un fait a lieu **en même temps** qu'un autre fait, il lui est **simultané** :

→ *Les gendarmes* ***sont arrivés*** *au moment où l'ambulance* ***se garait*** *sur le bas-côté.*

• Il est possible de marquer la chronologie par les moyens suivants :
– par la simple **succession des verbes** :

→ *L'ambulance* ***est arrivée****; les infirmiers* ***ont emmené*** *Guillaume; celui-ci* ***a été opéré*** *d'urgence.*

– par l'emploi de **mots-outils** (adverbes : *puis, ensuite* ; conjonctions de subordination : *dès que, pendant que, avant que, après que*) :

→ ***Dès que*** *Guillaume est arrivé à l'hôpital, il a été emmené au service des urgences.*

– par l'utilisation de certains **temps de conjugaison** :

→ *L'accident* ***s'était produit*** *à quelques mètres de la maison. La mère de Guillaume* ***l'a découvert*** *vers cinq heures et demie.*

Ces temps de conjugaison sont les **temps composés.**

2. Formation des temps composés

• Pour former les temps composés, on conjugue le verbe **auxiliaire *avoir*** ou ***être*** aux temps simples, et on le fait suivre du **participe passé du verbe.**

Temps simples Les formes verbales sont en un seul mot	**Temps composés** Les formes verbales sont en deux mots
INDICATIF	
Présent *Il attend*	**Passé composé** *Il a attendu*
Imparfait *Il attendait*	**Plus-que-parfait** *Il avait attendu*
Futur simple *Il attendra*	**Futur antérieur** *Il aura attendu*
Passé simple *Il attendit*	**Passé antérieur** *Il eut attendu*
Conditionnel présent *Il attendrait*	**Conditionnel passé** *Il aurait attendu*

▶ 3. Valeurs des temps composés de l'indicatif

● Le **passé composé** exprime :
– un fait passé dont les conséquences durent encore (voir chapitre 5 de grammaire, p. 42-47) :

→ *Ils **ont dit** qu'il **fallait** attendre.*

– un fait passé antérieur à un fait exprimé au présent de l'indicatif :

→ *Il **écoute** la cassette qu'il **a achetée** hier.*

● Le **plus-que-parfait** exprime essentiellement un fait passé antérieur à un fait exprimé au passé composé, au passé simple ou à l'imparfait de l'indicatif :

→ *Elle a rangé / rangea / rangeait les cassettes qu'elle **avait achetées**.*

● Le **passé antérieur** est employé plus rarement. On l'utilise dans la langue soutenue pour exprimer un fait passé situé avant un autre fait exprimé au passé simple :

→ *Après qu'il **eut terminé** son roman, il chercha un éditeur.*

● Le **futur antérieur** situe un fait dans l'avenir, avant un autre fait exprimé au futur simple :

→ *Vous rangerez vos affaires après que la cloche **aura sonné**.*

▶ 4. Ordre des faits, ordre de la narration

● Dans la réalité, quand des événements se produisent, ils se situent non seulement à un certain moment, dans un certain lieu, mais aussi **avant et après d'autres faits.**

● Quand il parle ou écrit pour raconter ces événements, l'émetteur peut choisir d'énoncer les faits les uns à la suite des autres, **dans l'ordre chronologique réel**, en prenant pour **repère le présent d'énonciation** :

→ *La mère de Guillaume **s'est inquiétée** du retard de son fils, elle **est sortie** à sa recherche, elle l'**a trouvé** allongé sur le bas-côté de la route. Elle **a prévenu** l'ambulance et les gendarmes.*

Ordre des événements

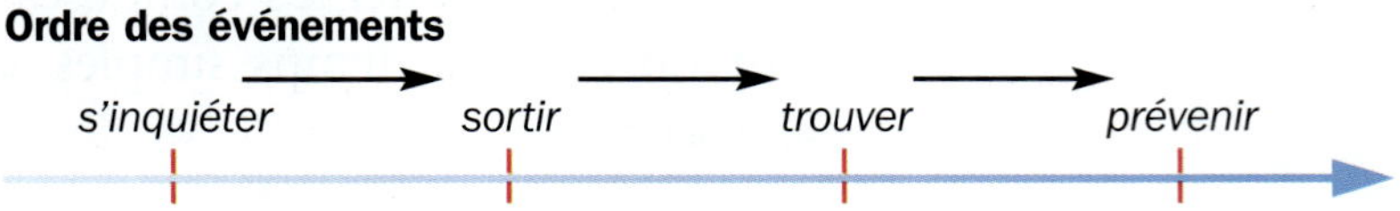

● Mais l'émetteur peut aussi choisir de prendre un événement (ou une série d'événements) comme point de repère, et situer les faits par rapport à celui-ci. Il procède alors à un « **retour en arrière** ».

→ *Depuis son accident, Guillaume **attendait**. Il se souvenait. Les gendarmes **étaient arrivés** avec l'ambulance. C'est la mère de Guillaume qui les **avait prévenus**. Elle **s'était inquiétée** de ne pas le voir revenir de l'école.*

Ordre des événements

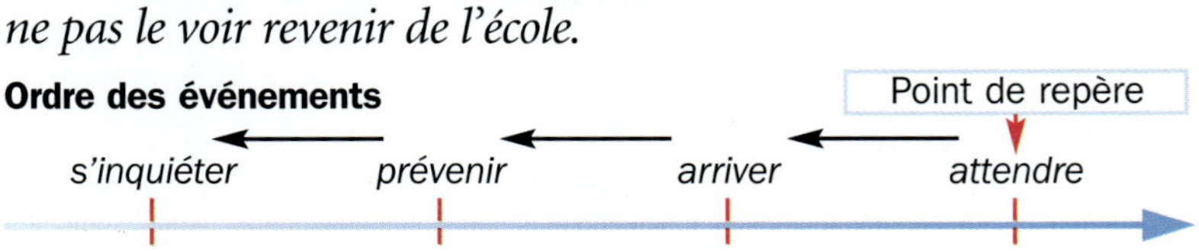

5. Marques verbales de temps

Par rapport au moment de l'énonciation			
Passé composé *Il a attendu*	**Présent** *(moi, ici, maintenant, je dis que...)*	**Futur antérieur** *Il sera guéri*	**Futur simple** *Il marchera*
Plus que parfait *Il avait attendu*	**Imparfait** *Il attendait*		
Par rapport à un autre moment			
Plus que parfait *Il avait attendu*	**Imparfait** *Il attendait*	**Conditionnel passé** *Il aurait attendu*	**Conditionnel présent** *Il attendrait*
Passé antérieur *Il eut attendu*	**Passé simple** *Il attendit*		

Pour l'expression écrite

- Le temps composé le plus fréquemment utilisé est le **plus-que-parfait**.
- À l'écrit, le plus-que-parfait permet le **retour en arrière**, c'est-à-dire de situer des événements qui se sont produits dans le passé, avant un point de repère exprimé dans le texte.

Mais, pour que l'on comprenne bien le retour en arrière, ce point de repère doit être précisé dans le texte :

→ *Deux mois avant/À neuf heures, ce matin-là/La veille...*

sinon, rien ne permet de comprendre qu'il y a eu un retour en arrière.

Retenons

1. Dans un récit, il est nécessaire d'exprimer l'**ordre de succession** des faits :
- par la **succession des verbes ;**
- par l'emploi de **mots-outils** (adverbes : *puis, ensuite...* ; conjonctions de subordination : *dès que, pendant que, avant que, après que...*) ;
- par l'utilisation des **temps composés**.

2. L'émetteur peut marquer l'**antériorité**, la **postériorité**, la **simultanéité**.

3. L'émetteur peut choisir de présenter les faits dans l'**ordre chronologique** ou en effectuant un **retour en arrière** par rapport à un point de repère signalé précisément dans le texte.

EXERCICES

Identifier

1 **Relevez les temps employés dans les phrases suivantes et précisez s'il s'agit d'un temps simple ou d'un temps composé.**

1. Dès que nous aurons fini de déjeuner, nous téléphonerons pour connaître les heures des séances de cinéma. – **2.** L'automobiliste prétendait qu'il n'avait pas vu le feu rouge et qu'il était très pressé. – **3.** Les soldats mobilisés en 1914 ne pensaient pas que la guerre durerait aussi longtemps. – **4.** Le téléphone s'est mis à sonner et tous ont eu un mouvement de surprise. – **5.** Quand l'orchestre se fut accordé, le concert commença.

2 Relevez les expressions de temps et les marques verbales puis situez les faits sur un axe du temps.

« Sagamore Noonan, quand les électeurs m'ont nommé shérif, il y a dix ans de ça, je leur ai promis de rendre ce pays habitable en le débarrassant de votre présence et en vous envoyant moisir au violon[1] jusqu'à ce que vos arrière-petits-enfants aient de la barbe. Et quand j'ai été réélu, il y a six ans, et puis de nouveau, il y a deux ans, j'leur ai encore fait la même promesse. Ils savaient que je faisais tout mon possible, et ils m'ont cru, ils se sont armés de patience parce qu'ils vous connaissent et savent à qui j'ai affaire. »

Charles Williams, *Fantasia chez les ploucs*, © Gallimard, 1957.

1. Au violon : *argotique*. En prison.

3 Faites la liste des faits rapportés dans le texte suivant et situez-les chronologiquement sur un axe du temps. Notez les deux versions des faits. Exemple : *le trajet, la visite…*

L'après-midi du 10 janvier, Noir et de Fonvielle se rendirent en voiture au numéro 59 de la rue d'Auteuil. Avec eux se trouvaient Grousset et un certain Sauton, qui restèrent à faire les cent pas devant la porte.

Comme il l'avait promis, le prince se garda de faire dire à Noir et à de Fonvielle qu'il était sorti. Il les reçut en robe de chambre. Mais à partir de là, deux versions discordantes s'opposent sur la suite de l'histoire : celle du prince et celle de Fonvielle, Victor Noir quant à lui n'étant en mesure d'en donner aucune lorsque, titubant, il sortit du 59 rue d'Auteuil. Les deux qui attendaient sur le trottoir le recueillirent et, avec l'aide de Fonvielle jaillissant à son tour de l'immeuble une seconde plus tard, le transportèrent dans la plus proche pharmacie. Un coup de pistolet l'avait blessé à mort, il râlait; enfin il rendit le dernier soupir avant qu'un médecin n'arrive. Le prince, pendant ce temps, envoyait un billet au chef de cabinet de l'empereur :

« Cher monsieur Conti, deux journalistes de *La Marseillaise* sont venus me provoquer. L'un m'a giflé et l'autre m'a menacé avec son pistolet à six coups. J'ai fait feu et je crois en avoir tué un. J'ai fait appeler les sergents de ville et le commissaire de police. » C'était là sa version. Celle de Fonvielle était exactement opposée : le prince avait d'abord giflé Noir, puis, ayant extrait de la poche de sa robe de chambre un pistolet à cinq coups, il avait tiré.

Leonardo Sciascia, *Petites Chroniques*, © trad. française, Arthème Fayard, 1986.

Transformer

4 Conjuguez les verbes entre parenthèses au plus-que-parfait et justifiez l'emploi de ce temps.

Excité par le succès qui (couronner) jusqu'alors ses projets, Arbacès tourna ses pensées du côté d'Ione. La dernière fois qu'il la (voir), elle le (chasser) de sa présence par des reproches et un amer mépris qu'il lui était impossible de supporter. […] Parfumant ses noirs cheveux et arrangeant gracieusement les plis de sa tunique, il se dirigea vers la chambre de la Napolitaine. Il demanda à l'esclave qui veillait à sa porte si Ione (se coucher), et, apprenant qu'elle était encore levée et plus tranquille qu'elle n'(être) encore jusqu'alors, il se hasarda à paraître devant elle.

Edward George Bulwer-Lytton, *Les Derniers Jours de Pompéi*, trad. d'Hippolyte Lucas, © Pocket.

5 Voici la première vignette d'une histoire de *Boule et Bill*. Boule raconte la suite de son aventure; conjuguez les verbes aux temps qui conviennent.

Roba, *60 gags de Boule et Bill*, n° 1, © Dupuis, 1962.

J'ai commencé une partie de football dans le salon lorsque Maman m'a chassé en me disant qu'il (être interdit) de jouer au ballon dans la maison. Alors, très en colère, je (décider) d'aller vivre ma vie avec Bill. Bien sûr je sais bien qu'au début de notre nouvelle vie, tout (être) bien difficile; il (falloir) parfois nous nourrir de carottes, de navets et oublier complètement les bons gâteaux de Maman. Tout à coup je (se souvenir) que nous (devoir) manger de la mousse au chocolat au dessert; alors nous (revenir) en courant. Je (commencer) à vivre ma vie une autre fois!

6 **Replacez les indications temporelles suivantes aux endroits qui conviennent dans cette biographie de Shirley Bassey :** ***en 1987 – à 19 ans – 45 ans après son premier disque – adolescente – dix ans plus tard – en 1980 – en 1937.***

Origines : née à Cardiff, au pays de Galles, **(1)**. Fille d'un marin qui disparaîtra très vite de sa vie.
Débuts : **(2)**, elle chante dans des revues (spectacles itinérants) où elle interprète des standards du jazz.
Succès : **(3)**, signe son premier vrai contrat, enregistre *Banana Boat Song*. Devient rapidement une vedette mondiale. [...]
Départ : **(4)**, craque et décide de tout arrêter. Se retire du métier.
Retour : fracassant grâce à la mode des musiques électroniques. **(5)**, alors que la techno débarque à peine en Europe, un groupe de techno suisse, Yellow, lui demande de participer à une chanson. **(6)**, les Propellerheads l'invitent sur leur titre *History Repeating* et la rendent populaire auprès des jeunes générations.
Actu : **(7)**, neuf groupes ou artistes viennent de remixer ses chansons. Titre du CD : *Diamonds Are Forever.*

Okapi, n° 681, octobre 2000, p. 17.

Écrire

7 **Reprenez le texte de l'exercice 5 (p.52). C'est maintenant Bill le chien qui raconte la même histoire. Vous commencerez son récit par : « Boule avait commencé une partie de football... »**

8 **Récrivez le texte suivant dans l'ordre de la narration en vous aidant des indices temporels et de la ponctuation.**

a. Le repos ne lui convenait guère, et, l'occasion de se rembarquer se présentant, il servit, en qualité de second lieutenant, à bord d'un corsaire.
b. Au combat de Trafalgar, il eut la main gauche fracassée par un éclat de bois;
c. Le capitaine Ledoux était un bon marin. Il avait commencé par être simple matelot,
d. L'argent qu'il retira de quelques prises lui permit d'acheter des livres et d'étudier la théorie de la navigation, dont il connaissait déjà parfaitement la pratique.
e. il fut amputé, et congédié ensuite avec de bons certificats.
f. puis il devint aide-timonier.

Prosper Mérimée, *Mosaïque*, « Tamango ».

9 **Tristan Tzara a écrit une recette pour composer un poème. En vous inspirant de ce texte, composez à votre tour une recette fantaisiste qui s'intitulerait « Pour faire un bon élève ». Vous soulignerez l'ordre des actions par des marques temporelles.**

Prenez un journal.
Prenez des ciseaux.
Choisissez dans ce journal un article ayant la longueur que vous comptez donner à votre poème.
Découpez l'article.
Découpez ensuite avec soin chacun des mots qui forment cet article et mettez-les dans un sac.
Agitez doucement.
Sortez ensuite chaque coupure l'une après l'autre.
Copiez consciencieusement dans l'ordre où elles ont quitté le sac.
Le poème vous ressemblera.
Et vous voilà un écrivain infiniment original et d'une sensibilité charmante, encore qu'incomprise du vulgaire.

Tristan Tzara, *Sept Manifestes Dada*, © SNE Pauvert, 1979.

AUTOÉVALUATION

À la fin de cette leçon, je sais :

- **repérer ou reconstituer** l'ordre chronologique des faits d'un récit;
- **repérer** un retour en arrière dans un récit;
- **faire un retour en arrière** dans un récit;
- **signaler** le retour en arrière par un repère de temps;
- **conjuguer** les formes composées des temps de l'indicatif;
- **employer** le plus-que-parfait avec pertinence.

ORTHOGRAPHE

L'imparfait et le passé simple

LEÇON

Le passé simple est utilisé pour rapporter des faits en les coupant de l'actualité du narrateur. L'imparfait sert à situer des faits passés dans un cadre, un décor (voir chapitre 5 de grammaire, p. 42-47).

1. Conjugaison de l'imparfait de l'indicatif

- Tous les verbes se terminent par : **-ais**, **-ais**, **-ait**, **-ions**, **-iez**, **-aient**.

Verbes en *-yer, -ier, -iller, -gner*

- Attention : les terminaisons des deux premières personnes du pluriel (***-ions*** et ***-iez***) s'ajoutent au radical.

→ *Nous pay**ions**, défi**ions**, habill**ions**, enseign**ions**.*
*Vous pay**iez**, défi**iez**, habill**iez**, enseign**iez**.*

- Ces verbes ont des prononciations proches au présent et à l'imparfait. Dans les dictées, mettez-les à la personne du singulier correspondante.

→ *Nous payions* → *je payais* (imparfait)
Nous payons → *je paie* (présent)

Verbes en *-cer, -ger*

Les verbes en ***-cer*** prennent **une cédille devant le *-a*** : *Tu lançais.*
Les verbes en ***-ger*** prennent **un *e* devant le *-a*** : *Il mangeait.*

2. Conjugaison du passé simple

Verbes du 1er groupe + *aller*

- Tous les verbes se terminent par : **-ai**, **-as**, **-a**, **-âmes**, **-âtes**, **-èrent**.

→ *Appeler : j'appel**ai**, nous appel**âmes**.*

- Les 1res personnes du singulier du passé simple et de l'imparfait se prononcent presque de la même façon. Pour les distinguer dans les dictées, mettez-les au pluriel.

→ *J'appel**ais** - nous appel**ions*** (imparfait)
*J'appel**ai** - nous appel**âmes*** (passé simple)

Verbes du 2e groupe

- Tous les verbes se terminent par : ***-is***, ***-is***, ***-it***, ***-îmes***, ***-îtes***, ***-irent***.

→ *Grandir : je grand**is**, nous grand**îmes**.*

Verbes du 3e groupe

- Les verbes de la famille de ***venir*** et ***tenir*** se terminent par : ***-ins***, ***-ins***, ***-int***, ***-înmes***, ***-întes***, ***-inrent***.

→ *Obtenir : j'obtins, nous obtînmes.*

- La plupart des verbes en ***-ir*** ou en ***-re*** se terminent par : ***-is***, ***-is***, ***-it***, ***-îmes***, ***-îtes***, ***-irent.***

  → *Prendre : je pr**is**, nous pr**îmes**.*

- La plupart des verbes en ***-oir, -oire, -aître, -oudre*** se terminent par : ***-us***, ***-us***, ***-ut***, ***-ûmes***, ***-ûtes***, ***-urent***.

  → *Recevoir : je reç**us**, nous reç**ûmes**.*

Quelques verbes irréguliers

→ *Lire : je l**us**, nous l**ûmes**.*
*Courir : je cour**us**, nous cour**ûmes**.*
*Vivre : je véc**us**, nous véc**ûmes**.*

(Pour ces deux temps, reportez-vous aux tableaux de conjugaison à la fin de votre manuel, pp. 222-229.)

EXERCICES

1 Quels sont les verbes au passé simple?

Je lus – ils reprirent – ils respirent – nous fîmes – tu dis – je naviguai – ils espèrent – elles chantèrent – j'écris – vous dites – vous dîtes.

2 Quels sont les verbes à l'imparfait de l'indicatif?

Je faisais – nous crions – il écrirait – vous balayiez – ils lisaient – tu planterais – ils disaient – elle saurait – on avait – vous lancez.

3 Conjuguez les verbes entre parenthèses au passé simple.

La chambre à coucher du Roi (s'ouvrir) : je (voir) le Roi, selon l'usage, achever sa toilette, c'est-à-dire prendre son chapeau de la main du premier gentilhomme de service. Le Roi (s'avancer) allant à la messe; je (s'incliner); le maréchal de Duras me (nommer) : « Sire, le chevalier de Chateaubriand. » Le Roi me (regarder), me (rendre) mon salut, (hésiter), (avoir) l'air de vouloir s'arrêter pour m'adresser la parole.

Chateaubriand, *Les Mémoires d'outre-tombe*.

4 Conjuguez les verbes entre parenthèses à l'imparfait de l'indicatif.

Plus âpre, plus pénétrant encore que l'autre année, le froid la (faire) continuellement souffrir. Elle (tendre) aux grandes flammes ses mains grelottantes. Le feu flamboyant lui (brûler) le visage; mais des souffles glacés (sembler) se glisser dans son dos, pénétrer entre la chair et les étoffes. Et elle (frémir) de la tête aux pieds.

Guy de Maupassant, *Première neige*.

5 Conjuguez les verbes entre parenthèses au temps qui convient : imparfait ou passé simple.

Soudain, frère Jérôme (froncer) le sourcil. Que (faire) là cet homme, étendu tout du long près de la porte, enveloppé dans sa cape et le chapeau couvrant le visage? Un chapeau qui, à mieux regarder, (porter) la coquille des pèlerins de Saint-Jacques! Il (sembler) dormir profondément. Un court instant frère Jérôme (hésiter) à le laisser prolonger son somme. [...] Puis, quelque chose d'anormal dans la position du corps le (faire) s'approcher, mieux regarder, soulever légèrement le chapeau masquant le visage. Le doute n'(être) plus possible, cet homme ne (dormir) pas, il (être mort).

Jacqueline Mirande, *Double Meurtre à l'abbaye*, © Flammarion, « Castor Poche », 1998.

6 Récrivez ce texte à la 1re personne du singulier : c'est la petite sirène qui raconte. Ne changez pas les temps des verbes.

Dans la nuit, au clair de lune, alors que tout le monde dormait, hormis l'homme qui était à la barre, elle était assise près du bastingage[1] et plongeait ses regards dans l'eau limpide; elle crut alors apercevoir le château de son père; sa vieille grand-mère se tenait en haut d'une tour, sa couronne d'argent sur la tête, et cherchait à discerner la quille du bateau au travers des forts courants. Ses sœurs montèrent alors à la surface de l'eau, fixèrent sur elle un regard triste.

Hans-Christian Andersen, *La Petite Sirène*, © Librairie Générale Française, trad. de M. Auchet, 2000.

1. **Bastingage :** parapet bordant le pont d'un navire.

ORTHOGRAPHE

Les temps composés de l'indicatif

LEÇON

Les temps composés marquent l'antériorité de faits par rapport à d'autres faits (voir chapitre 5 de grammaire, p. 42-47).

▶ Mode d'emploi

À chaque temps simple correspond un temps composé.

Temps simple	Temps composé correspondant	Formation
présent	passé composé	auxiliaire au **présent** + participe passé
imparfait	plus-que-parfait	auxiliaire à l'**imparfait** + participe passé
passé simple	passé antérieur	auxiliaire au **passé simple** + participe passé
futur simple	futur antérieur	auxiliaire au **futur simple** + participe passé
conditionnel présent	conditionnel passé	auxiliaire au **conditionnel présent** + participe passé

- Pour conjuguer un verbe à un temps composé, il faut connaître l'auxiliaire à employer. La plupart des verbes se conjuguent avec l'auxiliaire ***avoir***.
- Tous les verbes pronominaux, les verbes de déplacement *(aller, arriver, entrer, partir, tomber, venir)* et certains verbes attributifs *(être, devenir, rester)* se conjuguent avec l'auxiliaire ***être*** :

  ➜ *Je **me suis levé** et je **suis parti.***
- Il faut ensuite connaître les **temps simples** des auxiliaires. Pour les réviser, reportez-vous aux tableaux de conjugaison, p. 222-229.
- Enfin, il faut veiller aux **accords des participes passés** (v. la fiche d'orthographe sur l'accord du participe passé, p. 58-59). Lorsque vous employez l'auxiliaire *être*, le participe passé s'accorde toujours avec le sujet :

  ➜ *Baptiste, Frédéric et Isabelle **sont** arrivés.*

Attention !
Il ne faut pas confondre les **temps composés** de la forme **active** et les **temps simples** de la forme **passive**.

➜ *Tu es venu* : passé composé du verbe *venir*.

➜ *Il est surpris* : présent passif du verbe *surprendre*.

Pour les distinguer facilement, pensez à l'auxiliaire que vous employez au passé composé. Si c'est *avoir (il a surpris)*, alors, la forme *il est surpris* est un passif.

EXERCICES

1 Indiquez les temps des verbes suivants et leurs infinitifs.

J'ai eu – tu aurais pris – il avait supplié – on sera parvenu – nous eûmes pensé – vous aviez souri – ils auraient préféré – elles auront mangé – elle a écrit – je fus entré.

2 Distinguez les verbes à la forme active et à la forme passive, et donnez leurs temps.

J'ai voulu – tu étais entré – il se sera trompé – nous serions admis – ils sont morts – vous fûtes étonnées – ils étaient devenus – elles sont étudiées – il sera allé – elle fut transportée – tu t'étais souvenu.

3 Repérez tous les verbes au plus-que-parfait dans ce texte.

Koumalo regarda sa lettre. Elle était sale, surtout autour du timbre. Elle avait passé par de nombreuses mains sans doute. Elle venait de Johannesburg. Il avait plusieurs parents à

Johannesburg. Son frère John, le menuisier, s'était installé là-bas et il avait une boutique à lui à Sophiatown. Sa jeune sœur Gertrude, sa cadette de vingt-cinq ans, l'enfant de la vieillesse de ses parents, y était partie avec son petit garçon, à la recherche de son mari qui n'était jamais revenu des mines. Enfin, son propre fils, son fils unique, Absalon, y était parti à son tour à la recherche de sa tante Gertrude et n'était jamais rentré. Et beaucoup d'autres membres plus éloignés de sa famille habitaient également là-bas, si bien qu'on ne pouvait guère deviner de qui venait la lettre, car il y avait si longtemps qu'aucun de ces parents n'avait écrit qu'on ne se rappelait plus très bien leur écriture.

Alan Paton, *Pleure, ô pays bien-aimé*, trad. de D. Van Moppès, © Albin Michel, 1950.

4 Identifiez les temps composés des verbes du texte suivant.

Nous tentions de résoudre seuls nos problèmes. Il ne nous venait jamais à l'esprit de consulter nos parents. Ils appartenaient, nous en étions convaincus, à un autre monde; ils ne nous auraient pas compris ou se seraient refusés à nous prendre au sérieux. Nous ne parlions presque jamais d'eux. […] Conrad savait que mon père était médecin et je savais que le sien avait été ambassadeur en Turquie et au Brésil.

Fred Uhlman, *L'Ami retrouvé*, trad. de L. Lack, © Gallimard, 1978.

5 Mettez les verbes entre parenthèses au passé composé.

Le politique

Ils (sonner) à ma porte
Je (sortir) de mon lit
Ils (entrer) dans ma chambre
Ils me (dire) de m'habiller […]

Je (descendre) l'escalier
Entre leurs deux uniformes
Adossé à une borne
Un clochard se réveillait […]

Ils me (emmener) là-bas
Dans la grande salle rouge
Ils me (parquer) dans un coin
Comme un meuble… comme un chien
Ils me (demander) mon âge
Je (répondre) vingt-sept ans
Ils (écrire) des mensonges
Sur des registres pesants […]

Boris Vian, *Textes et chansons*, © Christian Bourgois, 1975.

6 Conjuguez les verbes entre parenthèses au temps qui convient.

1. Quand la sorcière (enfourcher) son balai magique, elle s'envola dans les airs. – **2.** Sur la place où il (se promener) la veille, il vit des groupes d'enfants qui attendaient le car de ramassage. – **3.** Je crois que les vacances que je (préférer) sont celles que je (passer) l'an dernier chez ma cousine. – **4.** Nous commencerons l'atelier lorsque le calme (revenir). – **5.** On (dire) qu'un ange était soudain passé.

7 Récrivez ce texte en commençant par : « Vendredi avait été docile… »

Vendredi était docile par reconnaissance. Il voulait faire plaisir à Robinson qui lui avait sauvé la vie. Mais il ne comprenait rien à toute cette organisation, à ces codes, à ces cérémonies, et même la raison d'être des champs cultivés, des bêtes domestiques et des maisons lui échappait complètement. Robinson avait beau lui expliquer que c'était ainsi en Europe dans les pays civilisés, il ne voyait pas pourquoi il fallait faire la même chose sur l'île déserte du Pacifique. De son côté, Robinson voyait bien que Vendredi n'approuvait pas du fond du cœur cette île trop bien administrée qui était l'œuvre de sa vie.

Michel Tournier, *Vendredi ou la vie sauvage*, © Gallimard, « Folio junior », 1997.

8 Conjuguez les verbes entre parenthèses aux temps du passé qui conviennent. Attention à la place de certains pronoms.

Naturellement, nous avons fouillé la maison de la cave au grenier, mais il n'y (avoir) aucune trace de l'homme. La maison est, je vous le (dire), un labyrinthe, surtout l'aile primitive qui, pratiquement, (être inhabitée) maintenant, mais nous (retourner) tout, dans chaque chambre, chaque mansarde, sans découvrir la moindre trace du disparu. Il me (sembler) incroyable qu'il ait pu s'en aller en laissant là tout ce qui lui (appartenir), et pourtant où (pouvoir)-il être? Je (faire) venir la police locale, mais sans succès. Il (pleuvoir) la nuit précédente, et nous (examiner) la pelouse et les allées tout autour de la maison mais en vain. Les choses en (être) là quand un nouvel incident (détourner) complètement notre attention de ce premier mystère.

Arthur Conan Doyle, *Le Rituel des Musgrave*, © L. Maricourt et éd. André Martel, 1948.

ORTHOGRAPHE

L' accord du participe passé

LEÇON

Le participe passé peut s'employer seul ou avec les auxiliaires *être* ou *avoir*.

1. Le participe passé employé seul

Il s'accorde en genre et en nombre avec le nom ou le pronom auquel il se rapporte :

→ ***Étonnée***, *<u>elle</u> se retourne et voit deux petits <u>garçons</u>* ***accroupis.***

accord avec le pronom *elle*, fém. sing.

accord avec le nom commun *garçons*, masc. plur.

2. Le participe passé employé avec l'auxiliaire *être*

Il s'accorde en genre et en nombre avec le sujet du verbe :

→ *Les <u>randonneurs</u> sont* ***partis*** *très tôt ce matin.*

accord avec le sujet *randonneurs*

Attention !

- Lorsque l'auxiliaire *être* est conjugué à un temps composé, l'accord se fait toujours avec le sujet.

→ *<u>Elle</u> avait été* ***surprise*** *par le déguisement de son frère.*

accord avec le pronom personnel sujet *elle*

- Lorsque le sujet est le pronom personnel *vous*, vous devez vous demander si ce pronom représente une seule personne ou un groupe de personnes.

→ *Mademoiselle, <u>vous</u>* êtes ***arrivée*** *en retard.*

accord au fém. sing. car *vous* représente *Mademoiselle.*

Messieurs, <u>vous</u> êtes ***arrivés*** *en retard.*

accord au masc. plur. car *vous* représente *Messieurs.*

3. Le participe passé employé avec l'auxiliaire *avoir*

- Il s'accorde uniquement avec le COD, si celui-ci est placé avant le verbe. Pour trouver le COD, posez la question *qui?* ou *quoi?* après le verbe.

→ *Les oiseaux* **ont disparu** *très rapidement.*

* Les oiseaux ont disparu *quoi ?*

Pas de réponse, pas de COD, donc pas d'accord.

Les oiseaux ***ont mangé*** *<u>les graines</u>.*

Les oiseaux ont mangé *quoi? les graines,*

COD placé après le verbe *manger*, donc pas d'accord.

*Ces graines, les oiseaux les **ont** toutes **mangées**.*
Les oiseaux ont mangé *quoi ? les*, mis pour *ces graines*, COD placé avant le verbe *manger*, donc accord au féminin pluriel.

Attention !
Il n'y a jamais d'accord avec le pronom personnel *en*, même lorsqu'il est COD et placé avant le verbe.
➜ *Des chagrins d'amour, j'en ai eu !*

● L'accord du participe passé avec l'auxiliaire *avoir* a lieu lorsque le verbe est précédé des pronoms personnels COD ***le*, *la*, *l'*, *les*** ou du pronom relatif COD ***que***.

➜ *Je vais à la bibliothèque rendre ces livres. Je les **avais empruntés**.*
accord avec *les*, pronom COD, mis pour *les livres*, placé avant le verbe *emprunter*.

*Je vais à la bibliothèque rendre des livres que j'**ai empruntés**.*
accord avec *que*, pronom relatif COD, mis pour *des livres*, placé avant le verbe *emprunter*.

EXERCICES

1 Relevez les participes passés dans le texte suivant et justifiez les accords.

– J'ai pris mes patins de l'an dernier pour toi.
– Tes patins de l'an dernier ?
– Tu sais pas en faire ?
J'en avais fait un peu à l'école, avec les patins de mes copines mais je n'avais jamais essayé des patins en ligne.
– Euh…
– T'as qu'à t'exercer un peu, là, dans la cour. Je t'aiderai.
Il est entré dans la cour et m'a aidée à mettre les patins. J'arrivais à me tenir à peu près convenablement dessus, mais de là à faire des kilomètres…

Pierrette Fleutiaux, *Trini fait des vagues*, © Gallimard, « Folio junior », 1997.

2 Mettez les verbes entre parenthèses au passé composé et faites les accords nécessaires. Le narrateur est un jeune garçon.

Il m'(laisser) refaire du thé, pour la bouteille Thermos, et j'(préparer) aussi des tas de sandwichs. Au fromage, ce sont ceux que je préfère. Nous (mettre) la nourriture dans nos sacs à dos avec nos truelles, des gobelets, d'autres trucs, mais nous (laisser) les duvets sur les lits. Le jour commençait à poindre quand nous (sortir).

Walker Hamilton, *Tous les animaux*, trad. de J.-F. Merle, 10/18, 2000.

3 Récrivez le texte suivant au passé composé. Vous commencerez par : « Mais Perceval a répondu… »

Mais Perceval sitôt répond :
– La mort n'est pas si près de moi que tu ne le penses.
Sans dire autre mot ils foncent l'un sur l'autre. Et si furieusement se heurtent que leurs lances volent en éclats et que tous deux vident[1] leur selle. Tombés, sitôt ils se relèvent et se battent à coups d'épées. […]
Enfin l'Orgueilleux de la Lande a le dessous et crie merci[2].

Chrétien de Troyes, *Perceval ou le roman du Graal*, trad. J.-P. Foucher et A. Ortais, Gallimard Jeunesse, « Folio junior », 1997.

1. Vider : *ici*, tomber de.
2. Crier merci : demander grâce, pitié.

4 Remplacez les passés simples par des passés composés et mettez le texte à la 1re personne du pluriel. Vous commencerez par : « Nous sommes demeurés… »

Je demeurai comme un homme paralysé, les yeux fixés sur le terrain que j'avais franchi. Puis tout à coup, je LA vis. À l'extrémité de la clairière que je venais de traverser, les buissons remuaient : une grande ombre se dégagea pour sautiller à cloche-pied au clair de lune. […] Pendant un moment, je la pris pour un iguanodon étant donné son aspect formidable, et je me rassurai car je savais les iguanodons inoffensifs.

Arthur Conan Doyle, *Le Monde perdu*, trad. Gilles Vauthier, Hachette Livre, « Le Livre de Poche Jeunesse ».

EXPRESSION ORALE

Présenter un fait comme possible

OBSERVATION

Questions

1. De quelle information part le dialogue?

2. Cette information est-elle présentée comme certaine ou non? Justifiez votre réponse.

3. Quelle capacité Zoé se reconnaît-elle?

4. Quels faits peuvent se produire sans être présentés comme certains?

5. Quels mots et expressions sont employés pour présenter ces faits?

LEÇON

1. Présenter un fait qu'on peut accomplir

- On peut affirmer qu'un fait est **possible**, quand ce fait **peut se produire**, compte tenu des moyens dont on dispose, des circonstances, des lois, des règles.
- Vous pouvez utiliser les **expressions suivantes** :
Je peux – je suis capable de – j'ai suffisamment d'aptitude pour – je suis à même de, en mesure de – je ferai tout ce que je pourrai / tout ce qui m'est possible / tout mon possible / tout ce qui est en mon pouvoir.

2. Présenter un fait comme possible

- Pour présenter un fait comme possible, l'émetteur pose une action qu'il a le pouvoir physique ou intellectuel d'accomplir.
- Vous pouvez utiliser les **expressions suivantes** :
Ça/Il se peut que... – peut-être bien que... – on peut... – on peut dire, penser, prévoir, estimer, que... – c'est peut-être... – selon certains bruits...
Tournures suivies du subjonctif : *Il est possible que... – il n'est pas impossible, exclu que... – il se pourrait bien que... – il serait...*
Expressions imagées du possible et de l'impossible :
– **Fait possible :** *être dans les cordes de – ce n'est pas la mer à boire.*
– **Fait impossible :** *vouloir prendre la lune avec les dents – chercher midi à quatorze heures – chercher une aiguille dans une botte de foin – chercher à tondre un œuf – demander de la laine à un âne – demander la lune – c'est un nid de souris dans l'oreille d'un chat – ce sera la semaine des quatre jeudis – à l'impossible nul n'est tenu.*

PRENONS LA PAROLE

1 Vous présenterez comme possibles les faits suivants :

a. Dans l'Antiquité, on connaissait déjà la chirurgie esthétique. – **b.** L'Amérique a été découverte bien avant Christophe Colomb. – **c.** La médecine homéopathique guérit certaines maladies devant lesquelles la médecine moderne échoue. – **d.** Le télétravail sera généralisé en l'an 2010. – **e.** Léonard de Vinci avait inventé l'hélicoptère.

2 Que ferez-vous cette année pendant les grandes vacances? Répondez en exprimant des possibilités.

3 Jouez la situation suivante.

M. Dubois est resté à Paris en août. Mme Dubois et les enfants sont à La Baule. Mme Dubois téléphone à son mari et lui explique ce qu'il peut faire pour assumer les travaux ménagers, varier ses repas et soigner les poissons rouges.

4 À partir de ces consignes, menez un débat à trois pour réfléchir à ce que l'on peut faire pour sauvegarder l'environnement.

La nature est entre vos mains.

Sauvez le bocage.

Entretenez les forêts.

Protégez les dunes.

Ne jetez plus vos piles.

Protégez les rapaces.

Poudres et substances détergentes : réduisez la consommation.

BILAN

1 8 points

Indiquez le temps des verbes en gras.

1. Elle **ira** à la piscine avec Capucine si le temps le **permet**.
2. Vous **écoutiez** mieux la semaine dernière.
3. L'hôtesse de l'air **avait demandé** aux passagers de ne pas se lever.
4. Elle **sursauta** et **dit** : « J'**ai eu** peur. »

2 6 points

Quelle est la valeur des présents employés dans chacune des phrases suivantes ?

1. J'étais tranquillement en train d'attendre l'autobus. Il y avait une énorme flaque d'eau tout près. Soudain, une voiture survient, m'éclabousse des pieds à la tête. J'étais furieux.
2. Haloween se célèbre le 31 octobre.
3. Pour l'occasion, j'achète de faux ongles noirs.

3 12 points

Complétez avec des verbes au temps qui convient.

Dans le TGV, il y a des gens qui **(1)** les journaux, d'autres qui **(2)** des sandwichs, certains qui **(3)** une langue étrangère et beaucoup qui ne **(4)** rien.

Demain c'est mon anniversaire. Mes copains **(5)** pour le goûter. Je **(6)** mes douze bougies. Mes parents m'**(7)** le cadeau que j'ai discrètement demandé, et mes grands-parents m'**(8)** au téléphone.

Mardi dernier, c'était le Carnaval au collège. D'abord, toute la classe **(9)** en personnages de bandes dessinées ; puis nous **(10)** des crêpes et des beignets ; le principal **(11)** de lancer des œufs, de la farine et de la mousse à raser, et nous **(12)** une excellente journée.

4 12 points

Conjuguez les verbes entre parenthèses au temps qui convient : imparfait ou passé simple.

Ce dimanche-là, il (aller) au restaurant avec des amis et il (payer) avec sa carte bleue. Quelques jours plus tard, quand il (vouloir) retirer de l'argent dans un distributeur, celui-ci (avaler) sa carte. Il (entrer) furieux dans l'agence et (demander) des explications. L'employée le (regarder), d'un air soupçonneux : la carte (porter) un autre nom ! C'(être) une carte de crédit identique mais ce n'était pas la sienne. Le serveur du restaurant s'était trompé et un autre homme (posséder) sa carte. Il (avoir) peur : il (être) peut-être ruiné.

5 2 points

Lequel de ces deux textes présente les faits selon leur ordre chronologique ? Justifiez votre réponse.

1. Au moment où j'allais arriver près de la poste, j'ai vu des gens courir dans tous les sens et des CRS qui bouclaient le quartier. C'était une alerte à la bombe. Une jeune femme avait alerté les employés de la poste parce qu'un gros paquet avait été abandonné près du guichet. Les clients étaient sortis en se bousculant mais les postiers avaient gardé tout leur sang-froid.
2. Julien s'est levé à sept heures et il était, comme toujours, de mauvaise humeur. Il a pris son petit déjeuner sans dire un mot. À huit heures, il est allé prendre le bus, vêtu d'un jean troué et de baskets aux lacets dénoués. Il pleuvait légèrement, mais il n'avait qu'un vieux pull sur le dos.

6 20 points

Trouvez les participes passés des verbes entre parenthèses et faites les accords nécessaires.

Ils se sont (étendre). Le lit est (venir) de Hollande lorsque la reine est (arriver) d'Autriche, (commander) expressément par le roi à qui il en a (coûter) soixante-quinze mille cruzados car au Portugal il ne se trouve pas d'artisans de cette distinction et, s'il s'en trouvait, il ne fait aucun doute que ceux-ci seraient moins grassement (rémunérer). Pour un œil non (prévenir), il est difficile de savoir si le meuble somptueux est en bois, (recouvrir) comme il est d'une tapisserie précieuse, (décorer) et (broder) de fleurons et de reliefs d'or, sans parler du ciel de lit qui pourrait servir à abriter le pape.

José Saramago, *Le Dieu manchot*, trad. de G. Leibrich,

3 Le groupe nominal

OBJECTIFS

Savoirs
- Identifier les différents éléments du groupe nominal
- Analyser les déterminants
- Identifier les degrés de l'adjectif qualificatif
- Distinguer complément du verbe et complément du nom et de l'adjectif

Savoir-faire
- Reprendre un groupe nominal par un autre groupe nominal
- Reprendre un GN par un pronom sans ambiguïté
- Enrichir un GN par un adjectif, un complément de nom ou une proposition relative

Grammaire

Orthographe

Expression orale

GRAMMAIRE

7. Le nom et ses déterminants

OBSERVATION

Conversation dans le brouillard

Dans le brouillard londonien, des meurtres sont commis par un mystérieux assassin qui laisse, sur le corps de ses victimes, une carte de visite signée « Mr Smith ». Le suspect est localisé dans une pension de famille, et le journaliste Ginger Lawson accepte de rencontrer l'un des trois pensionnaires soupçonnés.

Le promeneur se mit à rire à son tour, d'un rire contenu et violent qui s'acheva en toux sèche :

– Commenceriez-vous à regretter de vous trouver en ma compagnie, Mr Lawson ?… La rue est déserte. Le brouillard nous enveloppe de toutes parts…

Ginger n'était pas loin de le regretter, en effet. Il crâna :

– Non. Cette conversation me passionne.

– Mais votre méfiance à mon endroit croît de seconde en seconde !

– Non, répéta Ginger. Je vous soupçonne en bloc, vous et les deux autres pensionnaires dont je viens de parler.

– *Well*, vous avez tort !

– De quoi faire ?

– De soupçonner ces deux-là…

– Pourquoi ?

– Parce qu'ils sont innocents !

Ginger se sentit pris d'une étrange faiblesse. La grotte noire était en face de lui. Il pouvait s'en écarter encore… Il y poussa résolument la tête.

– Cela signifie que vous… ?

– *Oui.*

Stanislas-André Steeman, *L'assassin habite au 21*,
© Le Masque n° 284.

Questions

1. Peut-on déplacer ou supprimer les mots en couleur ?

2. Quelle est la nature de chaque groupe de mot introduit par les mots en couleur ?

3. Quelle est la particularité des mots en jaune ?

4. Peut-on remplacer les mots en vert par *du, de l'* ? Pourquoi ?

5. Peut-on remplacer les mots en bleu par *un, une* ? Pourquoi ?

6. Quelle information est donnée par les mots en orange ? en rose ? en mauve ? en rouge ?

7. Peut-on remplacer les mots en rose et en mauve par *un, une, des* ? par *le, la, les* ?

8. Quel mot est précédé de deux mots de couleur ? Lequel peut-on supprimer ?

LEÇON

- Le mot qui précède un nom pour constituer un groupe nominal et permettre à ce nom d'être utilisé dans le discours est un **déterminant**.

  → ***Le*** *promeneur se mit à rire à* ***son*** *tour, d'****un*** *rire contenu et violent.*

- La plupart des déterminants portent les marques du **genre** et du **nombre** du nom qu'ils introduisent : ***le*** *promeneur* – ***un*** *journaliste* – ***sa*** *peur* – ***la*** *nuit* – ***quelques*** *suspects.*

- Dans la grande majorité des cas, le déterminant ne peut être **ni supprimé ni déplacé**, sinon le texte devient incompréhensible.

1. Les catégories de déterminants

Les déterminants jouent **deux rôles** dans le **discours** ou le **texte** :

- certains déterminants renvoient à un élément de la situation de communication ou à un élément du contexte : les **articles**, les **déterminants démonstratifs**, **possessifs**, **interrogatifs** et **exclamatifs**. Ce sont des déterminants **essentiels.** Ils ne peuvent pas se combiner entre eux :

  → *****la cette*** *maison* – *****une sa*** *voiture.*

- Certains déterminants déterminent le nom **sans établir de relation** avec la situation de communication ou le contexte : ce sont les **déterminants numéraux** et **indéfinis.** Ils indiquent une quantité nulle *(aucun)*, une quantité positive indéfinie *(plusieurs, quelques)* ou chiffrée *(deux)* :

  → ***deux*** *ou trois passants* – ***quelques*** *amis.*

Ces déterminants peuvent s'employer **seuls** *(plusieurs)*, **se combiner entre eux** ou avec les déterminants de la catégorie précédente :

→ ***ces quelques*** *amis* – ***les deux*** *jours* – ***les mêmes*** *trois jours* – ***tous les trois*** *jours* mais non **mes plusieurs amis.*

2. Les déterminants essentiels

Les articles

- L'**article défini** *(le, la, l', les)* introduit des **noms connus de tous** *(le Soleil, la Terre)* ou des noms dont l'identification ne pose aucun problème dans la situation ou le contexte.

- L'**article indéfini** *(un, une, des)* introduit des noms **qui ne sont pas encore connus de l'interlocuteur**. Il s'emploie quand un nom est présenté pour la première fois.

- L'**article partitif** *(du, de la)* s'emploie devant un nom désignant une **réalité non dénombrable** (c'est-à-dire qu'on ne peut diviser en unités).

  → *Veux-tu* ***du*** *chocolat ? Préfères-tu* ***de la*** *confiture ?*

Formes de l'article			
	Singulier		Pluriel
	Masculin	Féminin	Masculin OU féminin
Article défini	*le*	*la*	*les*
Article défini élidé	*l'*	*l'*	*les*
Article défini contracté	*au (à + le)* *du (de + le)*	*à la, de la* (non contractés)	*aux (à + les)* *des (de + les)*
Article indéfini	*un*	*une*	*des/de, d'*
Article partitif	*du*	*de la*	*des*
Article partitif élidé	*de l'*	*de l'*	

Le déterminant démonstratif

- Le déterminant démonstratif permet de **renvoyer** à un élément de la situation de communication : *allumez* ***cette*** *lampe. Prenez* ***ce*** *livre.*
- Il peut renvoyer à un **élément déjà connu** du contexte :

→ *Elle a préparé un goûter pour son anniversaire.* ***Cette*** *fête…*

- Il varie en **genre** seulement au singulier : ***ce*** *bavardage;* ***cette*** *conversation ;* ***ces*** *suspects –* ***ces*** *suspectes.*
- Il peut être renforcé par ***-ci*** ou ***-là***, placés après le nom : *cette lampe-****ci****; ce livre-****là****.*

Formes du déterminant démonstratif			
	Singulier		Pluriel
	Masculin	Féminin	Masculin OU féminin
Formes simples	*ce* devant consonne *cet* devant voyelle	*cette*	*ces*
Formes renforcées	*ce(t)…-ci/-là*	*cette…-ci/-là*	*ces…-ci/-là*

Le déterminant possessif

- Le déterminant possessif **introduit** un nom sur lequel il donne **deux renseignements.** Il détermine un **être**, une **chose**, et donne son **genre** et son **nombre**. Il détermine la **relation** de cet être ou de cette chose **avec une personne** :

→ ***ma*** *voiture = *la voiture de moi –* ***ton*** *chien = *le chien de toi.*

Formes du déterminant possessif									
	Singulier						Pluriel		
	Masculin			Féminin			Masculin OU féminin		
Personne	1re	2e	3e	1re	2e	3e	1re	2e	3e
Un seul possesseur	*mon*	*ton*	*son*	*ma* *mon* (devant voyelle)	*ta* *ton* (devant voyelle)	*sa* *ton* (devant voyelle)	*mes*	*tes*	*ses*
Plusieurs possesseurs	*notre*	*votre*	*leur*	*notre*	*votre*	*leur*	*nos*	*vos*	*leurs*

Les déterminants interrogatifs et exclamatifs

- Le déterminant **interrogatif** introduit un nom à propos duquel on pose une **question** : ***quel*** *cadeau aimerais-tu avoir pour Noël* **?**

● Le déterminant **exclamatif** introduit un mot à propos duquel on exprime un **sentiment** par une **exclamation** :

➜ ***Quelle*** *magnifique console de jeux !*

Formes des déterminants interrogatifs et exclamatifs				
	Singulier		Pluriel	
	Masculin	Féminin	Masculin	Féminin
Interrogatif	*quel (cadeau) ?*	*quelle (histoire) ?*	*quels (cadeaux) ?*	*quelles (histoires) ?*
Exclamatif	*quel (cadeau) !*	*quelle (histoire) !*	*quels (cadeaux) !*	*quelles (histoires) !*

3. Les déterminants numéraux et indéfinis

Le déterminant numéral cardinal

● Le déterminant numéral cardinal donne une **précision numérique exacte** sur le nom qu'il détermine :

➜ ***neuf*** *pensionnaires* – ***trois*** *suspects.*

● Il ne prend **pas de marque de nombre**, sauf *vingt* et *cent* lorsqu'ils sont précédés d'un nombre qui les multiplie et suivis d'aucun autre déterminant numéral cardinal *(neuf cents ≠ neuf cent un – quatre-vingts ≠ quatre-vingt-un).*

● Il est nécessairement suivi d'un **nom au pluriel** :

➜ ***quatre*** *journalistes* – ***quinze*** *policiers.*

Le déterminant indéfini

● Le déterminant indéfini donne une **information de quantité non précisée** sur le nom qu'il détermine : ***quelques*** *fleurs.*

Formes du déterminant indéfini		
	Formes simples	Formes composées
Quantité nulle	*aucun, aucune – nul, nulle*	*pas un, pas une*
Quantité égale à un		*n'importe quel* *je ne sais quel*
Quantité supérieure à deux	*quelques – différents – divers – certains, certaines – plusieurs – maint(e)s*	*beaucoup de – peu de – la plupart de – assez/ suffisamment de – tant de – trop de – combien de – que de*
Totalité	*tout, toute, tous, toutes*	
Distributif	*chaque*	
Sans indication de quantité	*tel, telle, tels, telles*	

Pour l'expression écrite

L'absence de déterminant

Dans certains cas, le déterminant ne s'emploie pas. Il **s'efface** :

– devant certains **noms propres** : *Dupond* et *Dupont* ; *Léa* et *Clément.*

– devant un **nom commun** précédé d'une préposition comme ***de, en, sans*** : *Ma peur grandit* ***de seconde en seconde.***

– dans une **énumération** : *Apportez* ***crayon, gomme, ciseaux...***

– devant un **attribut du sujet** s'il indique un simple **classement** : *Cécile est* ***professeur.***

– devant certains **noms en apposition** : *David Douillet,* ***champion olympique de judo.***

– dans certaines **locutions verbales** : *avoir* ***faim****, avoir* ***sommeil...***

Retenons

1. Le déterminant est un mot qui **précède un nom** pour constituer un groupe nominal et permettre à ce nom d'être utilisé dans le **discours.**

2. Il existe **deux catégories** de déterminants :
– les déterminants **essentiels** qui permettent de **renvoyer à un élément de la situation de communication** ou à un élément **du contexte** : articles, déterminants démonstratifs, possessifs, interrogatifs et exclamatifs;
– ceux qui indiquent une **quantité indéfinie ou chiffrée** : déterminants indéfinis et numéraux. Ils peuvent parfois se combiner avec certains déterminants essentiels.

EXERCICES

Identifier

1 Dans les phrases suivantes, identifiez les déterminants parmi les mots en gras.

1. **Les** enfants sont allés jouer dans le jardin. Je **les** entends crier. – 2. **Quelques** livres m'ont marqué. **Certains** m'ont ennuyé. – 3. **Dès** qu'il est entré, je **l'**ai reconnu. – 4. Achetez **des** oranges; vous éviterez **ces** rhumes qui durent **trois** semaines. – 5. **Tous** les échantillons sont arrivés mais je n'arrive toujours pas à prendre **ma** décision. **Quelle** couleur choisir pour **notre** nouveau canapé?

2 Identifiez parmi les mots en gras les déterminants essentiels qui renvoient à la situation de communication et les autres déterminants.

Accident de trottinette

WASHINGTON – Mercredi 6 sept. 2000 – 16 h 54.

L'engouement pour la trottinette qui a envahi les États-Unis a déjà envoyé 9 400 personnes aux urgences **cette** année, pour la plupart âgées de moins de 15 ans, selon les informations **du** gouvernement. La Commission pour la sécurité des consommateurs (CPSC) a déclaré mardi que la trottinette a provoqué plus de 4 000 blessures pour le seul mois d'août, soit une augmentation de 700 % depuis mai. Près de 90 % des blessés ont moins de 15 ans. Selon **la** commission, 60 % des blessures pourraient être évitées ou amoindries si les fans de la trottinette portaient un casque et des protections aux genoux et aux coudes. « Les trottinettes sont la grande mode de **la** rentrée scolaire», a déclaré Ann Brown, présidente de **la** commission. « Hélas, elles conduisent souvent **les** enfants à **l'**hôpital plutôt qu'à **l'**école », a-t-elle ajouté.

3 Indiquez la nature des mots en gras : articles indéfinis, définis ou définis contractés.

La Belle **au** bois dormant

Le jour de ses quinze ans, il se trouva que **le** roi et **la** reine furent absents et que **la** jeune princesse resta toute seule **au** château, où elle se mit à errer çà et là, visitant **les** chambres et **les** galeries, **les** salons et **les** resserres[1] selon sa fantaisie et son humeur. Sa promenade la conduisit finalement dans **un** très vieux donjon, dont elle gravit marche à marche l'étroit escalier tournant pour arriver devant **une** petite porte, tout en haut.

J. et W. Grimm, *Contes*, trad. Armel Guerne, Flammarion, 1986.

1. **Resserre :** abri, réserve.

4 Relevez les articles et donnez leur nature : définis, indéfinis ou partitifs.

1. Tous les samedis, je vais au marché. – **2.** J'y achète des fruits et des légumes de saison. – **3.** Je prends aussi du poisson et des fromages. – **4.** Parfois, les marchands interpellent les passants par d'étranges cris. – **5.** La foule des acheteurs marche lentement, sans se presser.

5 Indiquez la nature des mots en gras : articles, déterminants possessifs, démonstratifs ou interrogatifs.

Rien n'était plus naturel qu'**un** habitant de Pompéi, sous le règne **du** divin empereur Titus, très puissant et très auguste, s'exprimât en latin, et pourtant Octavien tressaillit en entendant **cette** langue morte dans **une** bouche vivante. C'est alors qu'il se félicita d'avoir été fort en thème, et remporté des prix **au** concours général. **Le** latin enseigné par l'Université lui servit en **cette** occasion unique, et rappelant en lui **ses** souvenirs de classe, il répondit **au** salut du Pompéien en style de *De viris illustribus* et de *Selectæ e profanis*, d'une façon suffisamment intelligible, mais avec **un** accent parisien qui fit sourire **le** jeune homme.
« Il te sera peut-être plus facile de parler grec, dit le Pompéien; je sais aussi **cette** langue, car j'ai fait **mes** études à Athènes.
– Je sais encore moins de grec que de latin, répondit Octavien; je suis **du** pays **des** Gaulois, de Paris, de Lutèce.
– Je connais **ce** pays. Mon aïeul a fait la guerre dans **les** Gaules sous le grand Jules César. Mais **quel** étrange costume portes-tu? Les Gaulois que j'ai vus à Rome n'étaient pas habillés ainsi. »

Théophile Gautier, *Arria Marcella*.

6 Relevez les groupes nominaux, puis encadrez les déterminants et donnez leur nature.

Sa mère était laide et son père était laid, mais Shrek était plus laid que les deux réunis. Dès qu'il fut en âge de marcher, Shrek savait déjà cracher une flamme à quatre-vingt-dix mètres de distance et lâcher de la fumée par les deux oreilles. D'un regard, il terrorisait les reptiles du marais. Et tout serpent assez fou pour le mordre attrapait immédiatement des convulsions dont il mourait.

W. Steig, *Shrek*, Kaléidoscope.

Transformer

7 Écrivez les chiffres en toutes lettres.

[Le bâtiment de l'abbaye de Thélème] était 100 fois plus magnifique que Bonnivet, Chambord ou Chantilly, car il comptait 9 332 appartements, chacun comportant arrière-chambre, cabinet, garde-robe, oratoire et donnant dans une grande salle. Entre chaque tour, au milieu du corps de logis, se trouvait un escalier à vis interrompue [...] dont les marches étaient longues de 22 pieds; leur épaisseur était de 3 doigts, et on comptait 12 marches entre chaque palier.

Rabelais, *Gargantua*, Le Seuil, 1996.

8 Mettez les noms en gras au singulier et déterminez alors si *des* ou *de* est un article défini contracté ou un article indéfini.

Tout en mangeant de bon appétit, car rien ne dispose mieux que l'air vif des **montagnes**, j'examinais mes hôtes. J'ai dit un mot de M. de Peyrehorade; je dois ajouter que c'était la vivacité même. Il parlait, mangeait, se levait, courait à sa bibliothèque, m'apportait des **livres**, me montrait des **estampes**, me versait à boire; il n'était jamais deux minutes en repos. Sa femme, un peu trop grasse, comme la plupart des Catalanes lorsqu'elles ont passé quarante ans, me parut une provinciale renforcée, uniquement occupée des **soins** du ménage. Bien que le souper fût suffisant pour six personnes au moins, elle courut à la cuisine, fit tuer des **pigeons**, frire des ***milliasses***[1], ouvrit je ne sais combien de pots de confitures.

Prosper Mérimée, *La Vénus d'Ille*.

1. **Milliasse :** gâteau de farine de maïs.

9 Récrivez le texte en mettant les mots en gras au singulier et faites les transformations nécessaires.

On atteignit le fleuve aux belles **eaux** courantes. Les **lavoirs** étaient là, pleins en toute saison. Une eau claire sortait à flots de sous les **roches**, de quoi blanchir le linge le plus noir. Les **mules** dételées, on les tira du char et, les lâchant au long des **cascades** du fleuve, on les mit paître l'herbe à la douceur de miel. Les **femmes** avaient pris le linge sur le char et, le portant à bras dans les **trous** de l'eau sombre, rivalisaient à qui mieux mieux pour le fouler. On lava, on rinça tout ce linge sali; on l'étendit en ligne aux **endroits** de la grève où le flot quelquefois venait battre le bord et lavait le gravier.

Homère, *L'Odyssée*, © Librairie Armand Colin, trad. V. Bérard.

10 Replacez les déterminants manquants dans le texte suivant en respectant la cohérence. Certains sont utilisés plusieurs fois :
***le* (5 fois) – *la* (3 fois) – *l'*(2 fois) – *les* (2 fois) – *un* (3 fois) – *une* – *du* (2 fois) – *quelque* – *tout* – *son* – *deux* – *autre*.**

(1) menu tiraillement le rendait tout heureux, et puis voilà qu'il sentit tout à coup (2) chose de dur, d'incroyablement lourd : c'était (3) poisson qui pesait de (4) (5) poids. Il laissa (6) ligne filer, filer, filer, tout en déroulant (7) des (8) lignes de réserve. (9) fil descendait. Bien qu'il glissât légèrement entre (10) doigts (11) vieux, bien que (12) pression (13) pouce et de (14) index fût à peine sensible, il y avait toujours (15) poids formidable à (16) (17) bout.
– Pour (18) gros, c'est (19) gros, dit-il. Il l'a en long dans (20) bouche et il fout (21) camp avec.
« Il va tourner. Il va l'avaler », pensa-t-il. Il ne l'exprima point, parce que (22) chants de triomphe, ça risque de tout faire manquer. Il savait que c'était (23) poisson énorme.

Ernest Hemingway, *Le Vieil Homme et la Mer*,
© Gallimard, 1952, trad. J. Dutourd.

11 Retrouvez les déterminants manquants.

Nous étions en train de déjeuner (1) matin, (2) femme et moi, quand (3) bonne apporta (4) dépêche. Émanant de Sherlock, elle était ainsi libellée :
« Avez-vous (5) jours disponibles? On vient de me télégraphier de (6) ouest de (7) Angleterre (8) sujet de (9) tragédie de (10) vallée de Boscombe. Serais content si vous pouviez venir avec moi. Climat et sites parfaits. Pars de Paddington par train 11h15. »
– Qu'en dites-vous, chéri? dit (11) femme en me regardant. Irez-vous?
– Je ne sais trop. J'ai (12) liste de visites assez longue à présent.
– Oh! Amstruther ferait (13) travail. Vous avez l'air un peu pâle depuis (14) temps. Je pense que (15) changement vous sera bénéfique; et puis vous portez toujours tellement d'intérêt (16) enquêtes de M. Holmes!

Conan Doyle, *Le Mystère de la vallée de Boscombe*,
© L. Maricourt et A. Martel, 1948.

Écrire

12 À la manière de Philippe Soupault, inventez un poème sur les âges de la vie, en commençant à cinq ans.

Âges de l'humanité

Dix ans déjà
un sucre d'orge
vingt ans à peine
une canne et des gants
trente et quarante ans
de la barbe au menton
voici la cinquantaine
un miroir et des mitaines
pour les plus de soixante ans
des lunettes et des boutons
la fleur de l'âge soixante-dix
une fleur à la boutonnière
quatre-vingts ans quatre-vingt-dix
un sucre d'orge
c'est déjà trop

Philippe Soupault, *Chansons*,
© Ph. Soupault, 1973.

AUTOÉVALUATION

À la fin de cette leçon, je sais :

- **identifier** les déterminants (articles, déterminants démonstratifs, possessifs, interrogatifs et exclamatifs, numéraux et indéfinis);
- **utiliser** l'opposition article défini/article indéfini dans un texte;
- **reprendre** un énoncé antérieur avec des articles définis et des déterminants démonstratifs;
- **maîtriser** les emplois de l'article défini et du déterminant possessif.

8. Le nom et les reprises nominales

OBSERVATION

Concerto pour piano et camionnette

Nous poussâmes de toutes nos forces. Le pied du piano s'accrocha dans le rail de la fenêtre coulissante, le franchit, puis s'arrêta sur le bord de la corniche. Une nouvelle poussée et le piano sembla hésiter une fraction de seconde avant de basculer tout entier dans le vide.

Je peux le certifier à présent, les pianos à queue Bernstein[1] sont fabriqués sans aucun souci d'aérodynamique. Son envol fut un spectacle assez étonnant. Imaginez une énorme bête noire à trois pattes, dépourvue d'ailes, qui vola à peine deux secondes avant de s'écraser sur la camionnette en émettant un dernier arpège[2].

Quant à la camionnette, elle ne risquait plus de rouler un jour. Notre projectile ne l'avait pas totalement aplatie mais elle était mal en point. Une épaisse fumée sortait du radiateur, les roues s'étaient désolidarisées de la carcasse et roulaient toutes seules dans la rue, ravies de leur indépendance, une mare d'huile noire s'élargissait autour de l'épave, le tuyau d'échappement avait jailli comme une torpille et atterri à une centaine de mètres. Un amas de bois éclaté et de cordes ensevelissait la carcasse défoncée.

« Joli concert, mon chou, me félicita Lauren.

– Concerto pour piano et camionnette », murmurai-je.

Anthony Horowitz, *Le Faucon malté*,
© Hachette Jeunesse, « Vertige policier » , 1988.

Questions

1. Classez les mots en mauve en deux catégories, selon qu'ils sont précédés ou non d'un déterminant. Qu'en concluez-vous ?

2. Classez les mots en mauve en deux catégories : ceux qui désignent des êtres animés, ceux qui désignent des non-animés. Sur lequel peut-on hésiter ? Pourquoi ?

3. Dans la catégorie des non-animés que vous avez obtenue en **2**, distinguez les mots concrets et les mots abstraits.

4. Quels mots et expressions reprennent le groupe nominal en rose dans la suite du texte ?

LEÇON

1. Le nom

- Dans un message, les noms servent à **désigner** des **êtres**, des **objets**, des **idées** et des **phénomènes** qui sont nommés.
- Le nom précédé d'un déterminant constitue un **groupe nominal.**
- Le nom est le **noyau** du groupe nominal.

Nom commun et nom propre

- Le nom **commun** s'applique à tous les êtres, à toutes les choses d'une même espèce ou d'une même catégorie :

➜ ***une** camionnette – **le** piano.*

- Le nom **propre** désigne un individu, un lieu, un objet unique. Il commence par une **majuscule.** Il est employé **sans déterminant**, sauf certains noms géographiques (villes, régions, pays, fleuves, etc.) :

➜ *Lauren – Le Havre – le Nord – la Suisse – la Loire.*

Nom animé et nom non-animé

- Le nom **animé** désigne un **être humain** ou un **animal** : *la chanteuse – son chien.* On pose une question sur le nom animé humain avec le pronom interrogatif ***qui*** : *À **qui** penses-tu ? À **Frédéric.***
- Le nom **non-animé** désigne un **objet**, un **lieu**, une **idée** : *le piano – la rue – l'indépendance.* On pose une question sur le nom non-animé avec le pronom interrogatif ***quoi*** : *À **quoi** penses-tu ? Aux **vacances**.*

Nom concret et nom abstrait

- Le nom **concret** désigne ce que l'on peut percevoir par les **sens** (goût, toucher, odorat, ouïe, vue) :

➜ *le piano – l'arpège – le concert.*

- Le nom **abstrait** désigne des **idées**, des **sentiments,** tout ce que l'**on ne peut pas percevoir par les sens :**

➜ *le courage – l'indépendance – la peur.*

Remarque
Le nom abstrait peut être formé à partir d'un verbe : *aimer* → *l'amour* – *désirer* → *le désir.*

Les marques de genre et de nombre

- Le nom **commun** a un **genre** qui lui appartient. Il est **masculin** ou **féminin.** Le genre du nom est précisé dans le dictionnaire : *indépendance, n. f. :* nom féminin ; *projectile, n. m. :* nom masculin.
- Le nom commun a un **nombre** : il est **singulier** ou **pluriel.**

Les formes des noms communs

- Les noms **simples** sont formés d'un seul élément :

➜ *le piano.*

- Les noms **dérivés** sont formés d'un radical et d'un préfixe et/ou d'un suffixe :
  ➜ *une camion/**nette** – l'**in**/dépend/**ance**.*
- Les noms **composés** sont formés de plusieurs mots qui désignent un seul être ou une seule chose :
  ➜ *un piano à queue – un tuyau d'échappement– un tire-bouchon.*

2. Le groupe nominal et les reprises nominales

Dans le discours, pour varier les désignations, il existe plusieurs procédés de reprises nominales :

- **la reprise simple**, en reprenant le nom avec un simple changement de déterminant (l'article défini, ou un déterminant démonstratif ou possessif) :
  ➜ *un piano* → *le piano, ce piano, mon piano.*
- **la reprise avec réduction**, en réduisant le groupe nominal au nom noyau :
  ➜ *une énorme bête noire à trois pattes* → *la bête.*
- **la reprise lexicale :** elle reprend le groupe nominal par un **terme générique**, groupe nominal plus général :
  ➜ *le piano à queue* → *l'instrument de musique.*
- **la reprise indirecte :** elle reprend le groupe nominal par un groupe nominal qui lui est associé, une **périphrase**, qui désigne le même être ou la même chose en plusieurs mots :
  ➜ *Hergé* → *le dessinateur belge.*
- **une apposition :** le groupe nominal en apposition désigne le même être ou la même chose que le nom qu'il complète. Il permet une reprise, tout en apportant une **information complémentaire** :
  ➜ *le dessinateur Hergé, créateur de Tintin et Milou…*

Remarque
Attention ! lorsque l'on reprend un nom par un terme générique, il faut également remplacer le déterminant indéfini par un déterminant défini : *Le chat de ma grand-mère* → *l'animal, cet animal* et non **un animal.*

Pour l'expression écrite

Savoir utiliser la périphrase

- Pour être comprise, la périphrase suppose des **connaissances communes** aux interlocuteurs : *de Gaulle* → *le chef de la France libre, le fondateur de la Vᵉ République…*
- La périphrase peut apporter une **information** : *Victor Hugo, l'auteur des* Misérables.
- La périphrase peut être **marquée** positivement ou négativement : *Victor Hugo, le plus grand poète français.*
- La périphrase peut devenir un **cliché**, quand elle a été trop utilisée : *la lune, astre des nuits – le lion, roi des animaux…*

Retenons

1. Le **nom** est le **noyau du groupe nominal**. Il sert à désigner des êtres, des objets et des idées.

2. Le nom a un **genre** et un **nombre** qui lui sont propres.

3. On distingue **plusieurs catégories** de noms : noms communs, noms propres, animés, non animés, concrets, abstraits.

4. Dans le discours, plusieurs procédés de reprise permettent de varier les désignations; parmi ceux-ci : la **reprise simple**, la **réduction** du GN, la **reprise lexicale**, la **périphrase**.

EXERCICES

Identifier

1 Classez en deux colonnes les noms animés et les noms non-animés dans le texte suivant. Pour les noms animés, vous distinguerez les humains et les non humains.

Reptile express

HAUTMONT – vendredi 1er sept. 2000 – 13h43.
Un iguane enfermé par son propriétaire dans un colis en partance pour la Corse a semé l'émoi jeudi soir parmi les employés du bureau de poste d'Hautmont, près de Maubeuge (Nord), alors qu'il tentait de s'échapper. C'est en triant le courrier que les employés s'aperçoivent qu'un gros carton, percé de trous, est agité de soubresauts inquiétants. Ils s'approchent prudemment du colis suspect et découvrent à l'intérieur un iguane de 80 cm de long posé sur une serviette humide. Ils amènent aussitôt l'animal chez un vétérinaire voisin, mais ce dernier, visiblement effrayé par la taille du reptile, recommande d'en appeler aux services des pompiers, raconte Yvon Riou, chef d'établissement de la poste d'Hautmont.

© AFP, 2000.

2 Classez en deux colonnes les noms concrets et les noms abstraits du poème suivant. Que remarquez-vous?

Au petit bonheur

Rien qu'un petit bonheur, Suzette,
Un petit bonheur qui se tait.
Le bleu du ciel est de la fête;
Rien qu'un petit bonheur secret.
Il monte! C'est une alouette
Et puis voilà qu'il disparaît;
Le bleu du ciel est de la fête.
Il chante, il monte, il disparaît.
Mais si tu l'écoutes, Suzette,
Si dans tes paumes tu le prends
Comme un oiseau tombé des crêtes,
Petit bonheur deviendra grand.

Norge, *Eux les anges*, © Flammarion, 1978.

3 Cherchez les différentes reprises nominales des mots en gras.

Pour l'heure, **Lucien** écoute l'archet d'un **criquet** provenant d'une touffe de joubarbe[1] voisine. En cherchant l'insecte des yeux, le garçon découvre un **lézard** vert, attiré par la moulinette à musique, qui rampe sur la bordure de rocailles. [...] Lucien voit battre la gorge blanche de l'animal qui, par saccades, se rapproche de sa proie. Lorsqu'il est à bonne distance, il s'élance et sa gueule pourpre enfourne l'imprudent acridien[2] dont cesse la chanson.

Pierre Ferran, *Un lézard dans les résédas.*

1. Joubarbe : plante grasse.
2. Acridien : famille des insectes tels que le criquet, la sauterelle.

Transformer

4 Dans les phrases suivantes, remplacez le nom générique par un nom plus précis. Exemple : *Cette chanteuse* vient de sortir un nouvel album. → *Madonna* vient de sortir un nouvel album.

1. Cette fleur sent très bon. – **2.** Ce véhicule avance lentement. – **3.** Ce musicien est mort en pleine célébrité. – **4.** Ce film m'a fait très peur. – **5.** Cet écrivain a publié des pièces de théâtre et des romans.

5 Recherchez un terme générique pour chacun des noms suivants et employez-le dans une phrase que vous composerez.

Chat – sofa – mimosa – *Les Fourberies de Scapin* – blouson – symphonie – tracteur.

6 À partir des mots suivants, formez des groupes de trois termes de plus en plus généraux. Exemple : *roman historique/roman/livre.*

Vêtement – farine – mammifère – moyen de transport – kilt – table – cinéma – bicyclette – rongeur – *La Guerre des Étoiles* – meuble – rat – film – féculents – jupe – console – VTT – aliment.

7 Replacez les groupes nominaux suivants et relevez les procédés de reprise employés :
Fred* (3 fois) *– le petit garçon – son fils – une jeune enfant – la jeune actrice – sa maman.

Fred Tate « n'est pas comme les autres ». À un an, (1) savait lire. À quatre, il écrivait des poèmes. Aujourd'hui, à sept ans, il peint de superbes fresques, joue du piano comme un virtuose. Il possède aussi un véritable génie mathématique. (2) est un surdoué. Et son extraordinaire intelligence fait de lui un enfant solitaire, sans aucun copain d'école. Un enfant trop sensible, envahi d'émotions et effrayé par la violence du monde. Heureusement, Dede, sa mère, lui apporte l'amitié et le réconfort dont il a besoin.
Mais quand Jane Grierson, directrice d'un institut pour élèves surdoués, lui demande de lui confier (3), Dede accepte après hésitations. Les leçons seront, bien sûr, à la hauteur des dons de (4). Mais comment (5) pourrait-il être heureux loin de (6)? *Le Petit Homme* est le premier film de Jodie Foster en tant que réalisatrice. (7), qui joue aussi le rôle de Dede, fut elle-même (8) exceptionnelle : elle a commencé sa carrière à... trois ans.

© Estelle Warin, n° 96, février 1992, *Je bouquine*, Publications SA.

8 Replacez les groupes nominaux suivants aux endroits qui conviennent dans cet extrait d'une fable de La Fontaine. Aidez-vous des majuscules et du nombre de syllabes :
Le Renard – le Phénix des hôtes de ces Bois – Mon bon Monsieur – Maître Renard – le corbeau* (deux fois) *– Monsieur du Corbeau – Maître Corbeau.

Le Corbeau et le renard

(1), sur un arbre perché,
Tenait en son bec un fromage.
(2), par l'odeur alléché,
Lui tint à peu près ce langage :
« Eh, bonjour, (3)
Que vous êtes joli ! que vous me semblez beau !
Sans mentir, si votre ramage
Se rapporte à votre plumage,
Vous êtes (4). »
À ces mots (5) ne se sent pas de joie :
Et pour montrer sa belle voix,
Il ouvre un large bec, laisse tomber sa proie.
(6) s'en saisit, et dit : « (7),
Apprenez que tout flatteur
Vit aux dépens de celui qui l'écoute.
Cette leçon vaut bien un fromage sans doute. »
(8) honteux et confus
Jura, mais un peu tard, qu'on ne l'y prendrait plus.

Jean de La Fontaine, *Fables.*

Écrire

9 Quel sportif se cache sous le personnage désigné par X ? En vous inspirant de ce modèle, écrivez un texte sous forme de devinette.

Sacré X

On connaît bien des talents à X. On ignorait qu'il avait aussi celui de catcheur aérien ! L'âme des Bleus, le roi du dribble, le maître de la roulette, tout en ruse de pied et en finesse technique, démontre qu'il sait troquer son adresse contre un tempérament de lutteur, quand il s'agit de conquérir le ballon. Au corps à corps avec un arrière danois pendant l'Euro 2000, il n'a aucune peine à éloigner son adversaire de la trajectoire de la balle.

Okapi, n° 677, 2 sept. 2000, Bayard Jeunesse.

10 Écrivez un texte sur un personnage de votre choix, tiré d'un livre ou d'un film, en vous inspirant de l'exemple suivant :
Harpagon ⟶ le vieil avare – le vieillard amoureux – le prétendant de Mariane – le père d'Élise – ce grippe-sou égoïste.

AUTOÉVALUATION

À la fin de cette leçon, je sais :

- **distinguer** nom propre et nom commun ; nom animé et nom non-animé ; nom abstrait et nom concret ;
- **reprendre** un nom par un nom générique ; un nom par une périphrase.

GRAMMAIRE

9. Le nom et les pronoms

OBSERVATION

Atmosphère d'épouvante

« On se croirait dans la cave d'un alchimiste[1] du Moyen Âge », songea le commissaire, émerveillé. Il croyait tout connaître sur les ambiances d'épouvante, mais celle-ci le stupéfiait. Il observait avec intérêt les ombres qui se mouvaient près de la clé de voûte en ogive[2]. Il supposait des chauves-souris. Paul Landru se trompait. Son imagination débordait côté histoires de vampires, Dracula et tout le bataclan[3]. Il ne s'agissait en fait que de vastes toiles d'araignées que balançait probablement le souffle des anges.

– Je vous en prie, asseyez-vous ! proposa Hélène Brelot.

Le commissaire, d'après la direction de la voix, comprit que madame la Conservatrice était sous son bureau. Il en eut aussitôt confirmation puisqu'elle en jaillit, précédée d'un « merde » sonore que les murs répercutèrent religieusement en plusieurs exemplaires.

– Oh, veuillez excuser ma grossièreté, dit la conservatrice en découvrant Paul Landru. Je me suis pincé un doigt dans un piège à souris. Les maudites bêtes mangent les livres jusque sous mon bureau. [...]

La conservatrice vint s'asseoir, sans plus de façons, sur le bras du fauteuil, contre lui. C'était troublant. Genre d'attitude que ne prévoyait pas le règlement. Pas plus qu'il ne prévoyait les ravages qu'un parfum Chanel n° 5 exerce sur un mental masculin. Et encore moins le fait qu'Hélène Brelot s'emparait de sa main qu'elle pressait entre les siennes.

Jean-Paul Nozière, *Des crimes comme ci comme chat*,
Rageot, « Cascade Policier », 1992.

1. **Alchimiste :** savant qui cherche à fabriquer de l'or.
2. **Ogive :** arc brisé.
3. **Bataclan :** *familier*. Ensemble d'objets encombrants.

Questions

1. Quelle est la nature des mots ou groupes de mots en vert ?

2. Relevez les mots qui reprennent chaque mot ou groupe de mots en vert dans la suite du texte.

3. Dans les deux premières phrases, remplacez chacun des mots de reprise que vous avez relevés par les groupes de mots qu'ils reprennent. Quels changements observez-vous ? À quoi servent les mots de reprise ?

4. Que désignent les mots en orange ? Reprennent-ils des groupes de mots figurant antérieurement dans le texte ? À quoi servent-ils ?

LEÇON

● Le pronom est un mot qui **remplace** souvent un **nom** ou un **groupe nominal** pour reprendre une information déjà donnée :

→ *Le commissaire était émerveillé.* ***Il*** *croyait tout connaître sur les ambiances d'épouvante, mais* ***celle-ci*** *le stupéfiait.*

● Le pronom peut également désigner les **partenaires de la communication.** C'est le cas des pronoms personnels de la 1re et de la 2e personne :

→ ***Je vous*** *en prie, asseyez-****vous****! proposa Hélène Brelot.*

1. Les pronoms personnels

● Ils désignent les partenaires ou l'objet de la communication :
– la personne qui parle (1re personne) : *je, nous.*
– la personne à qui l'on parle (2e personne) : *tu, vous.*
– la personne ou la chose dont on parle (3e personne) : *il(s), elle(s)…*

● Les pronoms personnels de la **3e personne** : *il, elle, ils, eux, elles, en, y,* remplacent souvent un groupe nominal déjà présenté dans le contexte.

→ ***Paul Landru*** *supposait des chauves-souris.* ***Il*** *se trompait.*

● Seul le pronom personnel de la 3e personne varie en **genre** et en **nombre**. Il prend ceux du nom ou du groupe nominal qu'il remplace.
– 1re personne : *nous* n'est pas le pluriel de *je. Nous = Je +* les autres.
– 2e personne : *vous* n'est pas toujours le pluriel de *tu. Vous* peut désigner une seule personne (*vous* de politesse), ou plusieurs personnes : *tu + tu + elles + …*

→ *Un professeur à ses élèves : «* ***Vous*** *ferez l'exercice n° 2. »*

Formes du pronom personnel						
Personnes de la communication	**Singulier**			**Pluriel**		
1re personne (celle qui parle)	*je*	*me*	*moi*	*nous*		
2e personne (celle à qui l'on parle)	*tu*	*te*	*toi*	*vous*		
3e personne (celle dont on parle)	Masc. *il* Fém. *elle* *on*	*le* *la*	*lui* *lui* *en, y*	*ils* *elles*	*les*	*eux* *leur* *en, y*
Pronom réfléchi **(forme particulière de 3e personne)**	*se – soi*			*nous – nous* *vous – vous* *se – soi*		

2. Les pronoms possessifs

● Les pronoms **possessifs** : *le mien, le tien, le sien, les nôtres…* reprennent un groupe nominal **déjà cité** dans le contexte, en indiquant une **relation avec la personne correspondante** : **le – de moi, de toi,* etc.

→ *Hélène Brelot s'emparait de sa main qu'elle pressait entre* ***les siennes****. (les siennes =* les mains d'Hélène*)*

Attention
– Le **déterminant possessif** ne prend **pas** d'accent circonflexe : *notre famille; votre maison.*
– Le **pronom possessif** prend un accent circonflexe sur le *o* : *la nôtre; la vôtre.*

Formes des pronoms possessifs				
	Représentant un singulier		Représentant un pluriel	
	Masculin	Féminin	Masculin	Féminin
1re pers. du sing.	*le mien*	*la mienne*	*les miens*	*les miennes*
2e pers. du sing.	*le tien*	*la tienne*	*les tiens*	*les tiennes*
3e pers. du sing.	*le sien*	*la sienne*	*les siens*	*les siennes*
1re pers. du plur.	*le nôtre*	*la nôtre*	*les nôtres*	
2e pers. du plur.	*le vôtre*	*la vôtre*	*les vôtres*	
3e pers. du plur.	*le leur*	*la leur*	*les leurs*	

3. Les pronoms démonstratifs

- Les pronoms **démonstratifs simples** (*celui, celle, ceux, celles*) et **composés** (*celui-ci, celui-là, celle-ci, celle-là, ceux-là, celles-là*) peuvent désigner un **élément présent dans la situation de communication :**
  → *Je préfère* ***celui-ci*** (avec un geste qui montre).
- Ils reprennent également **un groupe nominal déjà cité :**
  → *Il croyait tout connaître sur les ambiances d'épouvante, mais* ***celle-ci*** *le stupéfiait (celle-ci* = une de ces ambiances*).*
- *Celui-ci, celle-ci et celui-là, celle-là* fonctionnent **seuls**, mais *celui, celle* s'emploient avec un **complément** ou une **subordonnée relative** :
  → *J'ai perdu mon stylo et j'ai emprunté* ***celui de Quentin****.*
- *Ce, cela, ça* peuvent représenter toute une **phrase précédente :**
  → *Le commissaire sait qu'elle est innocente,* ***ça****, il le jurerait.*

Ils peuvent aussi désigner un **élément présent dans la situation de communication :**
→ *Donnez-moi* ***ceci/cela/ça*** (avec un geste qui montre).

Formes du pronom démonstratif				
Singulier			Pluriel	
Masculin	Féminin	Neutre	Masculin	Féminin
celui	*celle*	*ce – c'*	*ceux*	*celles*
celui-ci	*celle-ci*	*ceci*	*ceux-ci*	*celles-ci*
celui-là	*celle-là*	*cela – ça*	*ceux-là*	*celles-là*

4. Les pronoms indéfinis

- Le pronom indéfini peut également avoir un rôle de **reprise**. Il désigne un être ou une chose **sans** donner d'**indication précise** de quantité ou d'identité:
  → *De tous les suspects qu'il a interrogés,* ***certains*** *ont un mobile,* ***plusieurs*** *étaient dans la bibliothèque, mais* ***aucun*** *n'a avoué.*

Tableau des formes des pronoms indéfinis		
Valeur des pronoms	**Formes simples**	**Formes composées**
Quantité nulle	*aucun, aucune – nul, nulle – personne, rien*	*pas un, pas une*
Quantité égale à un		*l'un, l'une, l'autre – quelqu'un, quelque chose – n'importe qui, quoi, n'importe lequel, laquelle*
Distributif	*chacun, chacune*	
Totalité	*tout*	
Quantité supérieure à deux	*certains, certaines – plusieurs, tou(te)s*	*les uns, les autres – quelques-uns, quelques-unes*
Sans indication de quantité	*autrui – tel(le), tel(le)s*	*autre chose – le (la) même, les mêmes*

5. Les pronoms relatifs

- Le plus souvent, ils remplacent un groupe nominal placé avant, qu'on appelle **l'antécédent**, et introduisent **une proposition relative** :
  → *Il observait avec les* ***ombres*** *[****qui*** *se mouvaient au plafond].*
- Il existe des pronoms **relatifs composés** qui prennent les marques de genre et de nombre du groupe nominal qu'ils remplacent :
  → *Le bateau [****sur lequel*** *il a navigué] était un paquebot.*

Pour l'expression écrite

Éviter les ambiguïtés

- La reprise par les pronoms personnels est délicate : il faut éviter les ambiguïtés, perceptibles dans les cas suivants :
  J'ai emmené les enfants au zoo et je les ai regardés manger. (qui mange ?) – *Marc a rencontré Jean. Je ne lui ai rien demandé.* (renvoi possible à *Marc* ou à *Jean*)
- Les ambiguïtés n'existent pas :

– si les noms présentent une **opposition** de **genre** ou de **nombre** :
→ *Marc a invité Anne. Elle me l'a dit.*
Marc a invité Jean et Sophie. Ils me l'ont dit.

– si les noms présentent une opposition **animé/non animé**, animé **humain**/animé **non humain** perceptible dans le vocabulaire :
→ *Frédéric ne supporte plus son chien. Il aboie toutes les nuits.*

- Pour éviter les ambiguïtés, il est important d'utiliser des **pronoms plus précis :** *celui-ci, celui-là, le sien…*
  → *Marc a invité* ***Jean. Celui-ci*** *me l'a dit.*
  Marc a rencontré ***Jean****. Je n'ai rien demandé à* ***celui-ci****.*

Retenons

1. Le pronom remplace souvent un nom ou un groupe nominal pour **reprendre une information** déjà **donnée** dans le contexte.

2. Le pronom peut aussi désigner les **partenaires de la communication :** *je, tu, nous, vous,* ou un **élément** de la **situation de communication.**

3. Dans un **discours**, pour éviter de répéter des noms ou des groupes nominaux déjà connus par le contexte, on utilise des **procédés de reprise**. Le plus souvent, ces reprises se font par des pronoms.

EXERCICES

Identifier

1 Relevez les pronoms employés dans les phrases suivantes et identifiez-les.

1. Chacun est libre de s'habiller comme il l'entend. – **2.** Toutefois, je trouve que Barbara n'a vraiment pas de goût. – **3.** Elle qui est un peu forte ne cesse de porter des vêtements aux couleurs criardes. – **4.** Pas du tout le genre de ceux que je mets. – **5.** Les miens sont invariablement noirs, en été comme en hiver. – **6.** Et toi? Quel type de vêtements portes-tu?

2 Donnez la nature des pronoms en gras : pronoms personnels, possessifs, démonstratifs, indéfinis ou relatifs.

– Bon, a dit la maîtresse. Voyons un peu **ce** que **vous** avez apporté. Mettez les objets devant vous, sur votre pupitre.
Alors **on** a **tous** sorti les choses **qu'**on avait apportées : Alceste avait amené un menu d'un restaurant où **il** avait très bien mangé avec ses parents, en Bretagne; Eudes avait une carte postale de la Côte d'Azur; Agnan, un livre de géographie que ses parents **lui** avaient acheté en Normandie; Clotaire a apporté une excuse, parce qu'il n'avait pas bien compris, il croyait qu'il fallait apporter des os; et Maixent et Rufus, ces imbéciles, ont apporté **chacun** un coquillage.

Sempé-Goscinny, *Le Petit Nicolas a des ennuis*, © Denoël, 1964.

3 Dans le texte suivant, relevez les pronoms personnels et classez-les dans un tableau semblable à celui de la leçon.

Je tiens à m'excuser auprès de mes lecteurs. La petite sœur d'Anne, qui ce mercredi-là n'allait pas à l'école, a voulu nous aider à faire nos découpages et nos collimages. Pendant que nous avions le dos tourné, elle a coupé et découpé et recoupé, collé, tourneboulé, elle a tout mélangé et boulangé et dérangé. Comme nous lui avions promis de « la mettre elle aussi dans *Enfantasques* », voici le résultat. On lui pardonnera : elle est vraiment petite. On nous pardonnera : ça lui fait tellement plaisir.

Claude Roy, *Nouvelles Enfantasques*, Gallimard, 1978.

4 Classez les mots en gras, selon qu'ils sont articles définis ou pronoms personnels.

Poil de Carotte sort de sa casquette une lettre. On lit sur **l'**enveloppe fermée : « À mes chers parents ». Elle ne porte pas d'adresse. Un oiseau d'espèce rare, riche en couleurs, file d'un trait dans un coin. Poil de Carotte **la** tend à Madame Lepic, qui **la** décachette. Des fleurs écloses ornent abondamment **la** feuille de papier, et une telle dentelle en fait **le** tour que souvent **la** plume de Poil de Carotte est tombée dans **les** trous, éclaboussant **le** mot voisin…

Jules Renard, *Poil de Carotte.*

Transformer

5 Choisissez le pronom qui convient parmi ceux qui sont proposés entre parenthèses.

Et [Athéna] vit les prétendants insolents qui jouaient aux jetons devant les portes, assis sur la peau des bœufs qu'(elles/ils) avaient tués (eux-mêmes/lui-même). Et des serviteurs s'empressaient autour (de lui/d'eux) ; et (les unes/les uns) mêlaient l'eau et le vin dans les cratères ; et (les autres/tout le monde) lavaient les tables avec les éponges poreuses ; et (les/leur) ayant dressées, partageaient les viandes abondantes.

Homère, *L'Odyssée.*

6 Replacez les pronoms de reprise suivants aux endroits qui conviennent :
***le – qui – elles – lui – elle* (2 fois) – *il* (5 fois).**

Perceval chevauche solitaire toute la journée. **(1)** passe la nuit dans la forêt. Dès le lever du jour, **(2)** est réveillé par le doux chant des oiseaux. Sans tarder davantage, **(3)** monte à cheval et reprend sa route.
Peu après, **(4)** parvient dans une clairière où se dresse une magnifique tente verte et rouge. **(5)** est surmontée d'un aigle doré **(6)** luit sous le soleil. Perceval attache son cheval à un poteau et se hâte de pénétrer dans le pavillon dressé devant **(7)**. **(8)** ne trouve, à l'intérieur, qu'une jeune fille endormie. **(9)** est toute seule. Toutes ses demoiselles sont parties cueillir des fleurs nouvelles pour en joncher le sol de la tente, comme **(10)** ont coutume de **(11)** faire chaque jour.

F. Johan et N. Vogel, *Perceval le Gallois*, © Casterman, 1980.

7 Remplacez les mots en gras par le groupe nominal qui convient et, pour chaque cas, expliquez pourquoi il est impossible de comprendre le texte en gardant le pronom de reprise *il*.

Alors, seulement, le petit Indien s'aperçut que le lama était blanc, sa blancheur immaculée luisait sous la lune; c'était le lama le plus beau qu'il ait jamais vu de sa vie.
Et, de nouveau, il pensa à sa mère et il se blottit contre le lama en pleurant. **Il** dressa sa tête et frotta doucement les cheveux de l'enfant avec son museau. **Il** cessa de pleurer, il s'enfouit dans la laine épaisse et chaude et tous deux s'endormirent.
L'aurore et le bonheur réveillèrent le petit Indien. **Il** le contemplait de ses gros yeux ronds et doux. **Il** entoura son long cou de ses deux bras.
– Nous ne nous quitterons jamais!

Nadine Garrel, *Au pays du grand Condor*, © Gallimard, 1977.

Écrire

8 Remplacez aux endroits qui conviennent le pronom personnel *il* par un groupe nominal de reprise, pris dans la liste ci-dessous, ou que vous inventerez :
le jeune reporter – le héros de Hergé – l'enquêteur intrépide – l'ami du Capitaine Haddock – le maître de Milou.

Les Cigares du Pharaon se décomposent ainsi en trois domaines distincts : la mer Rouge d'abord et les rives qui l'entourent, où Tintin, au propre comme au figuré, est mené en bateau [...]; pour reprendre l'initiative, il en est réduit à se jeter volontairement à l'eau. Avec son retour à la terre ferme commence une deuxième étape, où la liberté de Tintin s'exprime par le fait qu'au lieu de subir ses malheurs, il les provoque, mêlant courage et imprudence : cheminant dans le désert il retombe sur les Dupond/t, les prenant pour des Bédouins; déguisé, il est pris pour un Arabe, et mobilisé; victime de sa fausse identité, il se crée lui-même un piège qui le mène au peloton d'exécution. C'est l'épreuve de cette fausse mort qui sert de charnière avec la dernière partie : après avoir subi l'épreuve de l'eau, puis celle de la terre (il est effectivement inhumé), il ne lui reste plus que la voie des airs pour se libérer.

Pierre Masson, *On a marché sur la Terre*, © Presses universitaires de Lyon, 1989.

9 Dans ce poème, Jacques Charpentreau joue avec les pronoms indéfinis. Écrivez vous aussi un poème qui pourrait s'intituler « Le meilleur ».

Le Médiocre

J'aurais aimé être quelqu'un,
Mais, hélas, je ne suis personne.
Je veux dire, je suis quelqu'un
Qui n'est remarqué de personne,
Puisque je suis une personne
Qui n'est jamais vue par quelqu'un.
Si une quelconque personne,
N'importe qui, enfin quelqu'un,
Avait pu m'aider en personne,
Je crois que je serais quelqu'un.
Hélas, je n'ai trouvé personne
Qui m'aide à devenir quelqu'un!

Jacques Charpentreau, *Vous prendrez bien un vers!*, © Jacques Charpentreau, 1988.

AUTOÉVALUATION

À la fin de cette leçon, je sais :
- **identifier** les pronoms qui désignent les interlocuteurs;
- **identifier** un pronom personnel et le nom qu'il représente;
- **identifier** l'antécédent d'un pronom relatif;
- **reprendre** un nom par un pronom personnel, démonstratif ou possessif;
- **utiliser** les pronoms indéfinis et les pronoms relatifs.

GRAMMAIRE

10. L'adjectif qualificatif

OBSERVATION

Une princesse des Mille et Une Nuits

La princesse, la plus jeune des trois filles du roi, était l'adolescente la plus belle et la plus gracieuse de son temps, plus élégante que la tendre gazelle, plus douce et plus suave que la brise la plus caressante, et plus brillante que la lune en son plein ; elle était vraiment faite pour plaire ; elle se mouvait et le rameau flexible était confondu de ses balancements onduleux ; elle marchait et le chevreuil léger était confondu de sa gracieuse allure ; et sans conteste elle surpassait de beaucoup ses sœurs en beauté, en blancheur, en charmes et en douceur. Et telle elle était, en vérité.

Aussi lorsqu'elle vit le savant qui devait lui échoir en lot, elle courut à sa chambre et là se laissa tomber la face contre terre en se déchirant les habits, en se griffant les joues et en sanglotant et se lamentant.

Les Mille et Une Nuits, « Histoire du cheval d'ébène »,
trad. Mardrus, © Laffont, « Bouquins ».

Questions

1. Repérez les noms qui sont caractérisés par chacun des mots en bleu.

2. Remplacez les noms *princesse* et *adolescente* par *prince* et *adolescent*. Comment les mots en bleu varient-ils ?

3. Les mots en bleu peuvent-ils être déplacés par rapport au nom qu'ils caractérisent ? Justifiez vos réponses.

4. Avec l'aide de quels mots les mots en bleu peuvent-ils exprimer une comparaison ? Relevez tous les exemples du texte.

LEÇON

1. Définition

- L'**adjectif** est un mot qui **s'ajoute** à un nom auquel il apporte une précision de sens. Il exprime une **caractéristique** de l'être ou de la chose désignés par le nom ou le pronom auquel il se rapporte.
- Il s'accorde en **genre** et en **nombre** avec ce nom :
  → *le chevreuil **léger** était confondu de sa **gracieuse** allure.*
- On distingue :

– les adjectifs **qualificatifs** qui indiquent une **propriété** du nom, permanente ou momentanée :
→ *une adolescente **gracieuse** et **élégante**.*

– les adjectifs **relationnels** qui **précisent** le nom à la manière d'un complément de nom :
→ *les vacances **scolaires*** (= de l'école) – *l'étoile **polaire*** (= du pôle).

2. Fonctions de l'adjectif

- L'adjectif peut faire partie du **groupe nominal.** Il est alors **épithète.**

– L'adjectif **épithète liée** suit ou **précède** immédiatement le nom qu'il qualifie. Quand le nom a un complément, l'adjectif est obligatoirement **placé après** ce nom :
→ *la plus **belle** et la plus **gracieuse** adolescente.*
*l'adolescente la plus **belle** et la plus **gracieuse** de son temps.*

– Certains adjectifs épithètes **changent de sens** selon leur place dans le groupe nominal :
→ *un garçon **curieux*** (intéressé) ≠ *un **curieux** garçon* (étrange).

– L'adjectif **épithète détachée** dépend du groupe nominal tout en se trouvant détaché de lui par une ou deux virgules à l'écrit et par une ou deux pauses à l'oral. Il peut être déplacé ou supprimé :
→ ***Curieuse** et **intriguée**, la princesse s'approcha du coffret.*

- L'adjectif peut faire partie du **groupe verbal.** Il est alors **attribut du sujet** ou **attribut du COD.**

– L'adjectif **attribut du sujet** caractérise le sujet par l'intermédiaire des verbes attributifs : les verbes d'état *(être, paraître gai…)*, certains verbes intransitifs *(tomber amoureux)*, certains verbes passifs *(être jugé sympathique)*, certaines locutions verbales *(avoir l'air heureux)*.

– L'adjectif **attribut du COD** caractérise le COD par l'intermédiaire de verbes comme *croire, juger, estimer, nommer, trouver :*
→ *La princesse, je **la** trouve **adorable**.*

3. Degrés de l'adjectif qualificatif

- La qualité exprimée par l'adjectif peut varier en **degrés**, un peu comme la température.
- On peut apprécier cette variation en elle-même (dans son intensité : *une eau peu/très chaude*) ou par rapport à un autre élément (par comparaison : *l'eau est moins/ plus chaude que ce café*).

Le degré d'intensité

- Le degré d'intensité d'un adjectif peut être **apprécié en lui-même.** On distingue :

– l'intensité **faible** (*peu, modérément...* + adjectif) :
→ *un personnage* ***peu séduisant.***

– l'intensité **moyenne** (*assez, presque, moyennement...* + adjectif) :
→ *un documentaire* ***assez intéressant.***

– l'intensité **forte** (*très, fort, bien, si, archi, extra, super...* + adjectif; adverbe en *-ment* + adjectif) :
→ *un décor* ***magnifiquement baroque.***

– l'intensité **excessive** (*trop, extrêmement, hyper, ultra...* + adjectif) :
→ *un travail* ***trop intensif*** *– un climat* ***extrêmement humide.***

Le degré de comparaison

- Le degré de la qualité peut être évalué par **comparaison** à un autre élément, à l'aide d'un comparatif ou d'un superlatif.
- Le **comparatif** est un groupe formé de l'adjectif précédé d'un adverbe : *plus, aussi, moins.* Il peut être :

– d'**infériorité** (***moins*** + adjectif + ***que***) : ***moins suave que*** *la princesse.*
– d'**égalité** (***aussi*** + adjectif + ***que***) : ***aussi légère qu'****un nuage.*
– de **supériorité** (***plus*** + adjectif + ***que***) : ***plus tendre que*** *la tendre gazelle.*

- Le **superlatif relatif** est un groupe formé de l'adjectif précédé d'un déterminant et d'un adverbe ***(le moins, le plus) :***
→ *La princesse est* ***la plus jeune.***

Pour l'expression écrite

- Les adjectifs *bon, mauvais, petit* ont pour comparatif *meilleur, pire, moindre* + *que*, et pour superlatif *le meilleur, le pire, le moindre.*
→ *Pierre est* ***le meilleur*** *en géographie,* mais non **Pierre est le plus bon en géographie.*
On peut dire : *Pierre est* ***le pire*** *en maths* ou *Pierre est* ***le plus mauvais*** *en maths,* mais non ** Pierre est le plus pire.*
- Certains adjectifs n'admettent **pas de degrés de comparaison :**

– ceux dont le sens exprime déjà un degré : *extrême, suprême.*
– ceux dont le sens est entier : *carré, triangulaire, circulaire, double.*
– les adjectifs relationnels : **du coton très hydrophile.*

Retenons

1. L'adjectif exprime une **caractéristique** de l'être ou de la chose désignés par le nom auquel il se rapporte. Il s'accorde en **genre** et en **nombre** avec ce nom. Il peut être **qualificatif** ou **relationnel.**

2. L'adjectif peut être **épithète** (liée ou détachée) ou **attribut** (du sujet ou du COD).

3. L'adjectif qualificatif peut exprimer divers **degrés** d'intensité ou de comparaison ; il est alors modifié par certains adverbes. Le degré de comparaison s'exprime par le **comparatif** ou le **superlatif.**

EXERCICES

Identifier

1 Relevez les adjectifs qualificatifs dans le texte suivant et indiquez quels mots ils qualifient.

Compère Gredin

Compère Gredin avait une énorme barbe broussailleuse qui lui couvrait la figure, sauf le front, les yeux et le nez. Ses poils formaient des épis hérissés comme les poils d'une brosse à ongles. D'affreuses touffes lui sortaient même des oreilles et des narines. Compère Gredin avait l'impression que sa barbe lui donnait l'air particulièrement sage et noble. Mais en vérité, cela ne trompait personne. Compère Gredin était un gredin. Petit gredin dans son enfance, il était maintenant un vieux gredin de soixante ans.
Et combien de fois pensez-vous que Compère Gredin lavait sa figure hirsute[1] ?
JAMAIS ! Même pas le dimanche.
Il ne se lavait plus depuis des années.

Roald Dahl, *Les Deux Gredins,* trad. R. Farré,
© Gallimard/R. Dahl Nominee Ltd.

1. Hirsute : ébouriffé.

2 Précisez la fonction des adjectifs qualificatifs en gras : épithète, épithète détachée ou attribut du sujet.

1. « **Légère** et court **vêtue**, elle allait à **grands** pas ». – **2.** Tout était **calme, paisible,** comme endormi dans un sommeil **interminable.** – **3.** Les piétons, **nombreux,** se pressaient dans les magasins **décorés** pour Noël. – **4.** Le **dernier** concurrent, qui me semblait **le meilleur**, n'a pourtant pas gagné. – **5.** L'éruption de ce volcan, **soudaine** et **inattendue**, a provoqué des dégâts **matériels** qui ont l'air **importants.**

3 Classez en deux colonnes les attributs du sujet et les attributs du complément d'objet.

1. Cet homme passe pour original. – **2.** L'orage s'approche, les nuages se font plus noirs et plus menaçants. – **3.** Je la vois passer chaque matin, belle, rêveuse. – **4.** Il considère cette solution comme inespérée. – **5.** Les vacanciers reviennent d'une année sur l'autre car ils trouvent ce coin tranquille et reposant.

4 Relevez les adjectifs qualificatifs qui expriment des nuances de degré, soit de comparaison (comparatif ou superlatif), soit d'intensité.

Les bois étaient beaux, tout en futaies de chênes blancs, qui sont la plus belle espèce. Les ruisseaux, dont ces bois étaient coupés et ravinés en mille endroits, formaient des places plus humides, où poussaient des vergnes[1], des saules et des trembles[2], tous arbres grands et forts, dont n'approchent point ceux de notre pays. J'y vis aussi, pour la première fois, un arbre blanc de sa tige et superbe de son feuillage, qui ne pousse point chez nous, et qui s'appelle le hêtre. Je crois bien que c'est le roi des arbres après le chêne, et s'il est moins beau on peut dire quasiment qu'il est plus joli. Ils étaient encore assez rares dans cette forêt, et Huriel me dit qu'ils n'étaient foisonnants que dans le mitan[3] du pays Bourbonnais.

George Sand, *Les Maîtres sonneurs.*

1. **Vergne :** sorte d'aulne.
2. **Tremble :** peuplier à écorce lisse.
3. **Mitan :** *régional.* Milieu.

Transformer

5 Transformez les expansions des noms (compléments du nom ou propositions relatives) en adjectifs. Pouvez-vous mettre les adjectifs que vous avez trouvés au comparatif ? Qu'en concluez-vous ?

1. J'ai vu un reportage sur le voyage du président en Allemagne. – **2.** Mélanie a beaucoup apprécié la choucroute d'Alsace. – **3.** Les mystères sont des pièces de théâtre du Moyen Âge. – **4.** C'est une information que donne une étude de la géographie du pays.

6 Relevez les adjectifs que vous pouvez mettre au superlatif. Qu'en concluez-vous ?

1. La mise en scène de la pièce est remarquable, les costumes somptueux. – **2.** Sa chute, spectaculaire pourtant, n'a pas été mortelle. – **3.** Les élèves volontaires accueilleront leurs correspondants italiens du 8 au 15 mars. – **4.** Qui donnera une réponse précise à cette question ? – **5.** La garde impériale de Napoléon Ier lui est restée fidèle jusqu'à la fin.

7 Accordez les adjectifs qualificatifs entre parenthèses.

Ça faisait plusieurs jours maintenant que Lullaby allait du côté de la maison (grec). Elle aimait bien le moment où, après avoir sauté sur tous les rochers, bien (essoufflé) d'avoir couru et grimpé partout, et un peu (ivre) de vent et de lumière, elle voyait surgir contre la paroi de la falaise la silhouette (blanc, mystérieux), qui ressemblait à un bateau (amarré). Il faisait très beau ces jours-là, le ciel et la mer étaient (bleu), et l'horizon était si (pur) qu'on voyait la crête des vagues.

J.-M.G. Le Clézio, « Lullaby », *Mondo et autres histoires,* © Gallimard, 1978.

8 Replacez les adjectifs qualificatifs suivants aux endroits qui conviennent. Comparez le texte de départ et le texte que vous avez reconstitué : ***sauvage – lourd – subtils – étouffé – forts – métallique – affreuse.***

Cette nuit-là, je ne parvenais pas à m'endormir. Un pressentiment me troublait. Je vous rappelle que nous étions jumelles, ma sœur et moi, et vous savez combien sont **(1)** et **(2)** ces liens que tresse la nature. C'était d'ailleurs un nuit **(3)** : le vent hurlait, la pluie battait les vitres. Soudain, parmi tout le vacarme de la tempête jaillit le hurlement **(4)** d'une femme dans l'épouvante. Je reconnus la voix de ma sœur. Je sautai à bas de mon lit, m'enveloppai d'un châle, et me précipitai dans le couloir. Au moment où j'ouvris ma porte, il me sembla entendre le sifflement **(5)** que ma sœur m'avait décrit, puis une ou deux secondes plus tard un son **(6)** comme si un **(7)** objet de métal était tombé.

Conan Doyle, *Le Ruban moucheté,* © R. Laffont.

Écrire

9 Récrivez le texte d'observation (p.82) en utilisant des adjectifs antonymes pour faire la caricature d'une princesse de conte de fées.

10 Lisez ce poème de Charles Cros et écrivez à votre tour un poème suivant le même principe. Vous pourriez commencer par : « Elle était debout – belle, belle, belle… »

Le hareng saur

Il était contre un grand mur blanc – nu, nu, nu,
Contre le mur une échelle – haute, haute, haute,
Et, par terre un hareng saur – sec, sec, sec.
Il vient, tenant dans ses mains – sales, sales, sales,
Un marteau lourd, un grand clou – pointu, [pointu, pointu,
Un peloton de ficelle – gros, gros, gros.

Alors il monte à l'échelle – haute, haute, haute,
Et plante le clou pointu – toc, toc, toc,
Tout en haut du grand mur blanc – nu, nu, nu.
[…]

Charles Cros, *Le Coffret de santal.*

AUTOÉVALUATION

À la fin de cette leçon, je sais :

- **reconnaître** les adjectifs dans un texte ;
- **analyser** la fonction d'un adjectif ;
- **repérer** et **utiliser** les degrés d'intensité de l'adjectif qualificatif ;
- **identifier** et **utiliser** les degrés de comparaison de l'adjectif ;
- **accorder** les adjectifs dans un texte ;
- **enrichir** un texte avec des adjectifs (qualificatifs et relationnels).

11. Le complément du nom et de l'adjectif qualificatif

OBSERVATION

Petite recette pour fabriquer un *Guignol de l'Info*

Une blouse blanche s'affaire sur le modèle d'argile pour confectionner le moule sur mesure en résine et fibre de verre. Au coin d'un établi, du latex mijote. La recette du succès : fouetter le liquide visqueux comme blancs en neige, envoyer la sauce laiteuse dans le moule et faire dorer trois heures au four à 100 °C. Au démoulage, le masque fumant sort bien rose et bien souple comme une peau de bébé.

Refroidi, il passe de main en main pour un coup de peinture, une transplantation de cheveux, une pose de sourcils. On lui fait avaler une planchette de bois pour lui rigidifier la mâchoire. Le voilà fin prêt à en prendre plein la vue. Un bricoleur lui fiche une paire d'yeux sous les paupières. Un ingénieux mécanisme de câbles reliés à une poignée permet de remuer les mirettes, de droite à gauche, et de papillonner des cils.

Reste à asseoir la caboche sur le buste en mousse à matelas. Samy, les ciseaux frénétiques, taille, dans la masse, carrure de bûcheron ou taille de guêpe. D'autres affublent la silhouette d'une paire de bras en mousse plus rigide. Des mains en latex, paluches de charpentier ou menottes manucurées, complètent la panoplie. Prêt ? Alors, en voiture ! Direction : l'entrepôt de la rue des Bergers, une véritable caverne d'Ali Baba, à un jet de pierre de Canal Plus…

Science et Vie Junior, n° 76, déc. 1995, © B. Mamane et C. Pouilloux.

Questions

1. Quels sont les noms caractérisés par chaque groupe de mots en bleu ?

2. Les groupes de mots en bleu peuvent-ils être déplacés ? supprimés sans nuire à la compréhension du texte ?

3. Quels mots sont complétés par les groupes de mots en vert ?

4. Les groupes de mots en vert peuvent-ils être déplacés ? supprimés ?

5. Peut-on ajouter un complément aux groupes nominaux en orange ? Qu'en concluez-vous ?

LEÇON

1. Le complément du nom

- Le complément du nom est une expansion du nom. C'est un mot ou un groupe de mots qui **complète un nom ou un pronom** :

  → *un coup* ***de peinture*** *– une peau* ***de bébé*** *– celui* ***de droite.***

- Le complément du nom apporte un **complément d'information** :

– la **possession**, l'**appartenance** : *une carrure* ***de bûcheron*** *– une taille* ***de guêpe*** *– la caverne* ***d'Ali Baba;***
– la **matière** : *un modèle* ***d'argile*** *– une planchette* ***de bois;***
– la **manière** : *un atelier* ***à l'ancienne;***
– le **lieu** : *l'entrepôt* ***de la rue des Bergers*** *– les gens* ***d'ici;***
– la **date** : *le réveillon* ***de Noël***, etc.

Nature

- Le complément du nom peut être :

– un **nom** ou un **groupe nominal** : *un buste* ***en mousse à matelas;***
– un **pronom** : *un cadeau pour* ***toi;***
– un **verbe à l'infinitif** : *un fer* ***à repasser;***
– un **adverbe** : *le jour* ***d'avant.***

Construction

- Il est toujours **placé après le nom** qu'il complète.
- Il est relié à ce nom par une **préposition** : *de, à, en, avec, sans, par, pour;* mais il peut être **également** construit **sans préposition** :

  → *une assurance* ***vie*** *– la façade* ***nord*** *– un steak* ***frites.***

Nombre

- Le complément du nom **sans article** peut être au **singulier** ou au **pluriel**, selon le sens :

  → *une gerbe* ***d'étincelles*** *– un feu* ***de paille*** *– un feu* ***de brindilles.***

2. Le complément de l'adjectif qualificatiff

- Le complément de l'adjectif **complète et précise un adjectif** de la même manière que le complément du nom complète le nom.

Nature

- L'adjectif peut être accompagné :

– d'un **groupe nominal** : *fier* ***de sa fille;***
– d'un **pronom** : *prêt* ***à tout****; jaloux* ***de lui;***
– d'un **infinitif** : *prêt* ***à peindre;***
– d'une **proposition subordonnée** : *Je suis heureux* ***que vous soyez réunis.***

Construction

- Le complément de l'adjectif est toujours placé **après l'adjectif** qu'il complète.
- Quand il s'agit d'un **groupe nominal** ou d'un **infinitif**, il est toujours **relié** à l'adjectif qu'il complète **par une préposition** : *de, à, en, avec, sans, par, pour, contre…* :
  → *vert **de peur** – rouge **comme une tomate** – prêt **à cuire**.*
- Quand le complément de l'adjectif est une **proposition subordonnée,** le mot subordonnant est toujours ***que*** :
  → *ton père est certain **que tu seras sur le podium.***
- Après certains adjectifs comme *content, anxieux, soucieux,* etc., le verbe de la subordonnée se met au mode **subjonctif** :
  → *Anne est ravie que tout **aille** bien.*
- Le complément de l'adjectif se reprend par les **pronoms *en*** et ***y*** :
  → *Manon est apte **à comprendre** → elle **y** est apte.*
  *Dounia est fière **de sa réussite** → elle **en** est fière.*

Pour l'expression écrite

- Les **noms correspondant à des verbes** peuvent avoir des compléments aussi variés que les verbes :
  → *son départ pour le Yémen; les bagages par avion; une arrivée par surprise; la participation à la fête; son divorce avec Clara; l'occupation par les Romains.*
- Un complément du nom ou de l'adjectif introduit par ***de*** peut être repris par le pronom personnel ***en*** ou par le pronom relatif ***dont*** :
  → *Caroline est la déléguée **des élèves de 5e D.**/Caroline **en** est la déléguée./Les élèves de 5e D **dont** Caroline est la déléguée…*
  *Maëlle est contente **du cadeau.**/Elle **en** est contente./Le cadeau **dont** elle est contente…*
- Rôle du complément de nom dans un texte : **les nominalisations**

Une **phrase** peut être **transformée** en un groupe nominal. Le verbe de la phrase devient alors un nom et le sujet ou l'objet du verbe devient un complément de nom introduit par ***de***. Dans un texte, ce groupe nominal peut reprendre un énoncé antérieur :

→ *On construit une nouvelle tour dans le quartier.*
***La construction de la tour** rend les riverains furieux.*

Le verbe *construit* donne le nom *construction*; le COD de *construit* est devenu complément du nom *construction*.

Retenons

1. Le **complément du nom** est une **expansion du nom** qui apporte une **information** sur le nom noyau du groupe nominal. Il est **le plus souvent** rattaché au nom par une **préposition.** Il peut être un **nom**, un **pronom**, un **infinitif**, un **adverbe.**

2. Le **complément de l'adjectif** dépend d'un **adjectif.** Il peut être un **groupe nominal**, un **pronom**, un **infinitif** ou une **proposition subordonnée.** Il est toujours relié à l'adjectif par une **préposition** ou par le **subordonnant** *que*.

EXERCICES

Identifier

1 Relevez les compléments du nom et de l'adjectif dans les phrases suivantes. Vous préciserez la préposition qui les introduit.

1. Le surnom de Bayard est le « chevalier sans peur et sans reproche ». – **2.** Les fours à pain sont souvent électriques. – **3.** Les passagers du train 2202 à destination de Venise sont priés de monter en voiture. – **4.** Cet aspirateur est simple à utiliser et d'un entretien facile. – **5.** Combien as-tu d'argent de poche tous les mois?

2 Relevez dans le texte suivant les compléments du nom et précisez le mot qu'ils complètent.

À travers les grilles de fer des entrées cochères, cela sentait le cuir des carrosses et la poudre des perruques des pages, et par-dessus leurs grands murs, les jardins exhalaient le parfum des buis et des rosiers et des troènes fraîchement taillés. C'est là aussi que, pour la première fois, Grenouille sentit des parfums au sens propre du terme : des simples eaux de lavande ou de rose qu'on mêlait à l'eau des fontaines lorsqu'on donnait des fêtes dans ces jardins, mais aussi des senteurs plus complexes et plus précieuses, musc mélangé à l'huile de néroli[1] et de tubéreuse[2], jonquille, jasmin ou cannelle, qui flottaient le soir comme un lourd ruban à la suite des équipages.

P. Süskind, *Le Parfum*, © Librairie A. Fayard, 1986 pour la trad. fr.

1. Néroli : fleur du bigaradier, arbre qui donne les oranges amères.
2. Tubéreuse : fleur originaire du Mexique, à l'odeur suave.

3 Relevez les compléments du nom et les compléments de l'adjectif.

Il fait bon au soleil en ce début d'après-midi. Thomas, assis sur un tronc moussu, regarde sur la colline toute proche le château du comte qui élève dans le ciel clair ses deux tours et son donjon. Manon, sa sœur de quatorze ans, au visage mutin piqué de taches de rousseur, tresse un panier d'osier. De temps à autre, elle lève la tête pour surveiller les trois vaches qui paissent paisiblement.
« Thomas, va chercher la roussette. Elle est déjà au bout du pré.
– Vas-y, toi. J'ai assez couru ce matin derrière cette sacrée vache. »
Manon lui lance un regard plein de malice.

O. Weulersse, H. Luxardo, *Les Vagabonds de la Bastille*, © Hachette, « Le Livre de Poche jeunesse », 1989.

4 Relevez les compléments du nom et indiquez quel type d'information ils apportent aux noms qu'ils complètent (possession, matière, lieu).

Je me souviens de chaque détail : la salle de classe avec ses tables et ses bancs massifs, l'aigre odeur de quarante manteaux d'hiver humides, les mares de neige fondue, les traces jaunâtres sur les murs gris là où, avant la révolution, étaient accrochés les portraits du Kaiser Guillaume et du roi du Wurtemberg. En fermant les yeux, je vois encore le dos de mes camarades de classe, dont un grand nombre périrent plus tard dans les steppes russes ou dans les sables d'Alamein.

Fred Uhlmann, *L'Ami retrouvé*, © Gallimard, 1978.

Transformer

5 Les phrases suivantes comportent des compléments du nom construits sans préposition. Repérez-les puis rétablissez le groupe nominal complet : nom + préposition + déterminant + nom.

1. Ce célèbre couturier présente sa collection Automne-Hiver dans les salons d'un grand hôtel. – **2.** La cuisson vapeur préserve mieux le goût des aliments. – **3.** Les chemises velours sont passées de mode. – **4.** J'ai commandé par correspondance un meuble télé-hi-fi-vidéo pour mon salon. – **5.** Le lot de 12 mouchoirs homme à carreaux est vendu 120 F. – **6.** Prenez une assurance maladie, c'est plus prudent. – **7.** Quand mettras-tu ton chemisier col officier ?

6 Remplacez les adjectifs en gras par des groupes nominaux de même sens comprenant des compléments du nom. Le registre de langue est-il le même après la transformation ?

1. Il m'a offert une marionnette **sicilienne.** – **2.** Ce temps **hivernal** me plaît beaucoup. – **3.** La Comédie-Française présente souvent une tragédie **racinienne** par saison théâtrale. – **4.** Les jeunes ont-ils une culture **plus médiatique que livresque?** – **5.** Les mines **aurifères** sont exploitées de façon intensive. – **6.** L'équipe **américaine** a très bien joué.

7 Replacez les compléments du nom et de l'adjectif aux endroits qui conviennent :
de ramilles de pin – de rouille – à grives – du thym et des lavandes – des vacances – de laiton.

Appuyé sur mes mains posées derrière moi, le buste penché en arrière, je respirais, les yeux fermés, l'odeur brûlante (1), lorsque je sentis sous ma paume, à travers le tapis (2), quelque chose de dur qui n'était pas une pierre. Je grattai le sol, et je mis au jour un piège (3), un piège (4) tout noir (5) : sans doute l'un de ceux que nous avions perdus le jour de l'orage, à la fin (6)…

Marcel Pagnol, *Le Temps des secrets*, © Bernard de Fallois.

8 Remplacez les adjectifs qualificatifs par des compléments du nom de même sens, pour avoir des expressions imagées.

Exemple : ***une faim féroce = une faim de loup.***

1. Avoir un cœur infidèle. – **2.** avoir un cœur dur. – **3.** avoir les jambes faibles. – **4.** faire une tête sinistre. – **5.** avoir des mains habiles. – **6.** avoir un œil perçant.

Écrire

9 Complétez les adjectifs qualificatifs de la liste 1 par des compléments introduits par *comme* et suivis d'un nom propre de la liste 2. Cherchez l'origine de ces expressions.

Exemple : ***riche comme Crésus = Crésus, roi de Lydie, avait accumulé de fabuleuses richesses.***

Liste 1 : a. pauvre. – **b.** beau. – **c.** vieux. – **d.** bon.
Liste 2 : 1. Hérode. – **2.** Job. – **3.** un Apollon. – **4.** le Samaritain.

10 Trouvez les adjectifs qualificatifs dont les compléments sont les suivants puis construisez une phrase avec chacune des expressions.

1. … comme l'air. – **2. …** comme un cachet d'aspirine. – **3. …** comme un agneau. – **4. …** comme un i. – **5. …** comme trois pommes. – **6. …** comme de l'eau de roche. – **7. …** comme un citron. – **8. …** comme un roc. – **9. …** comme un ver. – **10. …** comme les blés.

11 À la manière de Max Jacob, faites, vous aussi, une liste de cadeaux en employant le plus de compléments du nom possible.

Je te donne

Je te donne pour ta fête
Un chapeau couleur noisette
Un petit sac en satin
Pour le tenir à la main
Un parasol en soie blanche
Avec des glands sur le manche
Un habit doré sur tranche
Des souliers couleur orange :
Ne les mets que le dimanche.
Un collier, des bijoux
  Tiou !

Max Jacob, *Œuvres burlesques et mystiques de Frère Matorel*, © Gallimard, 1922.

AUTOÉVALUATION

À la fin de cette leçon, je sais :

- **distinguer** complément du verbe et complément du nom et de l'adjectif ;
- **donner** la nature du complément du nom et de l'adjectif ;
- **identifier** l'information donnée par le complément du nom ou de l'adjectif ;
- **utiliser** les prépositions pertinentes pour relier le complément au mot qu'il complète ;
- **enrichir** un texte en employant des compléments du nom ou de l'adjectif.

GRAMMAIRE

12. La proposition subordonnée relative

OBSERVATION

Quasimodo pape des fous

Le pape des fous était élu.

– Noël ! Noël ! Noël ! criait le peuple de toutes parts.

C'était une merveilleuse grimace, en effet, que celle qui rayonnait en ce moment au trou de la rosace. […] Maître Coppenole lui-même applaudit, et Clopin Trouillefou, qui avait concouru, et Dieu sait quelle intensité de laideur son visage pouvait atteindre, s'avoua vaincu. […]

L'acclamation fut unanime. On se précipita vers la chapelle. On en fit sortir en triomphe le bienheureux pape des fous. Mais c'est alors que la surprise et l'admiration furent à leur comble. La grimace était son visage.

Ou plutôt toute sa personne était une grimace. Une grosse tête hérissée de cheveux roux ; entre les deux épaules une bosse énorme dont le contrecoup se faisait sentir par devant ; un système de cuisses et de jambes si étrangement fourvoyées qu'elles ne pouvaient se toucher que par les genoux, et, vues de face, ressemblaient à deux croissants de faucilles qui se rejoignent par la poignée ; de larges pieds, des mains monstrueuses ; et, avec toute cette difformité, je ne sais quelle allure redoutable de vigueur, d'agilité et de courage ; étrange exception à la règle éternelle qui veut que la force, comme la beauté, résulte de l'harmonie. Tel était le pape que les fous venaient de se donner.

On eût dit un géant brisé et mal ressoudé.

Victor Hugo, *Notre-Dame de Paris*, V.

Questions

1. Repérez chacun des mots complétés par les groupes de mots en rose et donnez leur nature.

2. Quels mots introduisent les groupes de mots en rose ?

3. Quels groupes de mots en rose ne peuvent pas être supprimés ? Pourquoi ?

4. À l'intérieur des groupes de mots en rose, repérez les verbes conjugués.

5. Quel est le sujet de chacun de ces verbes ?

LEÇON

1. Définition

- La proposition subordonnée relative est une **expansion du groupe nominal** qui comporte un **verbe conjugué**, et qui commence par un **mot reprenant** un nom ou un pronom précédent.
- Ce mot est appelé **pronom relatif.**
- Le nom ou le pronom repris par le **pronom relatif** s'appelle **l'antécédent** du pronom relatif :

→ *Le pape* ***que les fous venaient de se donner****...*

(Le pape : antécédent ; que : pronom relatif ; que les fous venaient de se donner : proposition subordonnée relative)

- La proposition subordonnée relative peut souvent être **supprimée**, mais **jamais déplacée** : quand elle est indispensable, elle détermine (comme une **épithète liée**). Quand elle peut être supprimée, elle apporte une explication (comme une **épithète détachée**).

2. Rôle et fonction de la proposition relative

- Le rôle de la subordonnée relative est d'**ajouter une précision ou une explication** à un nom :

→ *Clopin Trouillefou s'avoua vaincu.* (information principale)
Clopin Trouillefou avait concouru. (information complémentaire)
→ *Clopin Trouillefou, **qui avait concouru,** s'avoua vaincu.*

- La proposition subordonnée relative est une **expansion du groupe nominal.** Sa fonction est de **compléter l'antécédent** :

→ *Deux croissants de faucilles* ***qui se rejoignent par la poignée****...*

(Deux croissants de faucilles : antécédent ; qui se rejoignent par la poignée : complément de l'antécédent)

3. Les pronoms relatifs

Définition

- Les **pronoms relatifs simples** *(qui, que, quoi, dont, où)* sont **invariables.** Ils ne donnent pas de renseignement de genre et de nombre sur le nom qu'ils reprennent.
- Les **pronoms relatifs composés** *(lequel, laquelle, lesquels...)* s'accordent en genre et en nombre avec le nom qu'ils reprennent.

Rôles

- Le pronom relatif a **deux rôles** :

– il **introduit une proposition** pour la subordonner à un nom ;

– il **représente un groupe nominal** (dit **antécédent**) de la proposition principale et il a une fonction dans la proposition subordonnée relative : sujet, attribut, COD…

Fonctions des pronoms relatifs

- Seul le pronom relatif ***qui*** représente un groupe nominal **sujet**.
- Le pronom relatif ***que*** représente un groupe nominal **complément d'objet direct**.
- Le pronom relatif ***où*** représente un groupe prépositionnel introduit par la préposition *à*.
- Le pronom relatif ***dont*** représente un groupe prépositionnel introduit par la préposition *de*. Il peut être :

– complément indirect du verbe :

→ *La skieuse se rapproche* ***de*** *la corniche. / La corniche* ***dont*** *la skieuse se rapproche.*

– complément du nom :

→ *J'envie le nouveau surf* ***de*** *Fabien. / Fabien,* ***dont*** *j'envie le nouveau surf…*

– complément de l'adjectif :

→ *Anne est ravie* ***de*** *ses rollers. / Les rollers* ***dont*** *Anne est ravie…*

Formes du pronom relatif			
Fonction dans la relative	**Sujet**	**Complément direct et attribut**	**Complément prépositionnel (COI, compl. de lieu, de temps…)**
relatifs simples	*qui*	*que*	*à, de + qui, quoi* *dont* *où*
relatifs composés	*lequel, laquelle, lesquelles, lesquelles*		*auquel (auxquels, auxquelles) – duquel (desquels, desquelles)*

Pour l'expression écrite

Économiser les reprises

- Le pronom relatif ***où***, comme le pronom ***y***, reprend un groupe prépositionnel introduit par *à*. Il est donc inutile d'employer les deux pronoms à la fois pour la même reprise :

→ *La file d'attente est longue* ***au télésiège.*** */ La file d'attente* ***y*** *est longue. / Le télésiège* ***où*** *la file d'attente est longue…*
Et non : **Le télésiège* ***où*** *la file d'attente* ***y*** *est longue.*
(erreur courante)

- Le pronom relatif ***dont*** reprend un groupe nominal prépositionnel introduit par la préposition *de*. Cependant, si ce groupe nominal contient un déterminant possessif, celui-ci n'est pas repris :

→ *Anne a acheté des skis d'occasion. Anne est contente* ***de ses*** *nouveaux skis. / Anne,* ***dont les*** *nouveaux skis ont été achetés d'occasion, est contente.*
Et non : **Anne,* ***dont ses*** *nouveaux skis ont été achetés d'occasion, est contente.*

Retenons

1. La proposition subordonnée relative est une **expansion du groupe nominal.**

2. La subordonnée relative **suit** l'antécédent. Elle fait partie d'un groupe nominal qui a une fonction dans la principale.

3. Elle commence par un **pronom relatif** *(qui, que, quoi, dont, où, lequel...)* qui représente l'antécédent.

4. Le **pronom relatif** est un mot **subordonnant.** Il exerce une fonction **dans la proposition subordonnée relative** (sujet, attribut, COD...).

EXERCICES

Identifier

1 Parmi les phrases suivantes, relevez celles qui contiennent une proposition subordonnée relative. Pour chacune d'elles, vous préciserez le pronom relatif qui l'introduit ainsi que l'antécédent.

1. Lis le livre dont je t'ai parlé. – **2.** Je pense qu'il te plaira. – **3.** En effet il aborde, à travers une intrigue policière, des questions qui se posent dans certains pays en voie de développement. – **4.** Qui est l'auteur de ce roman? – **5.** Je ne me rappelle que le titre : *Lambada pour l'enfer.* – **6.** Je vais aller tout de suite à la bibliothèque où je suis inscrite. – **7.** J'espère qu'il ne sera pas déjà emprunté.

2 Même exercice dans le texte suivant.

Brontë (Charlotte). – Poétesse et romancière britannique (Thorton, Yorkshire 1816 – Haworth 1855). Comme ses sœurs, elle eut une enfance et une jeunesse difficiles qui lui inspirèrent (outre l'œuvre enfantine des *Juvenilia* écrite avec son frère Branwell) des romans semi-autobiographiques : la brutalité du directeur d'un pensionnat, où elle passa un an et où moururent ses deux sœurs aînées, est évoquée dans *Jane Eyre* qu'elle publia en 1847, sous le pseudonyme de Currer Bell. L'histoire de cette orpheline, gouvernante dans une riche famille, remporta un vif succès. *Le Professeur* (posth., 1857) et *Villette* (1853) trouvent leur origine dans l'expérience de Charlotte à Bruxelles (1842) où elle apprit le français afin de fonder une école en Angleterre. Emily lui servit de modèle pour *Shirley* (1849), tableau de mœurs où les pasteurs protestants sont peints avec une ironie subtile.

Le Petit Robert, Dictionnaire universel des noms propres,
© Le Robert, 1994.

3 Dans le texte suivant, relevez les pronoms relatifs simples et les pronoms relatifs composés dont vous expliquerez l'accord.

C'était en Alsace, au mois de décembre 18, détaché avec une compagnie au village de L..., près du Rhin, je vivais dans l'isolement le plus complet, n'ayant, hors de mon service, que la conversation de Monsieur et Madame B. chez lesquels j'étais logé, et qui s'absorbaient dans un deuil récent... Il arriva que le Rhin déborda, et prit par endroits jusqu'à quatre kilomètres de large. L'eau venait jusqu'au village, préservé par un système de digues par lesquelles on avait accès à l'arrière-pays. L'une de ces digues, parallèle au fleuve, traversait les bois dépouillés qui le bordent et menait vers un poste de chasseurs, près duquel un grand projecteur, surpris par la crue subite, avait été noyé.

Aragon, « Notes pour un collectionneur »,
in *Les Aventures de Télémaque*, © Gallimard.

Transformer

4 Remplacez les points de suspension par le pronom relatif qui convient.

1. Ce chat ... j'aime la couleur est par ailleurs insupportable. – 2. Le voyage scolaire ... il se rappelle le plus est celui qu'il a fait en Cinquième à Rome. – 3. Le rap est une musique ... les paroles sont aussi importantes que le rythme. – 4. Je fais tous les efforts ... je suis capable. – 5. Le jour ... ils se souviennent est celui de leur arrivée dans l'île. – 6. Gulliver s'est retrouvé ligoté sur une plage sur ... il avait échoué. – 7. Bruno, ... les parents sont partis pour trois jours, viendra chez moi.

5 Même exercice pour le texte suivant.

À Pompéi

[Octavien] regardait d'un œil effaré ces ornières[1] de char creusées dans le pavage cyclopéen des rues et (1) paraissent dater d'hier tant l'empreinte en est fraîche, ces maisons aux toits effondrés laissant pénétrer en un coup d'œil tous ces mystères d'intérieur, tous ces détails domestiques (2) négligent les historiens et (3) les civilisations emportent le secret avec elles; ces fontaines à peine taries, ce forum surpris au milieu d'une réparation par la catastrophe, et (4) les colonnes, les architraves[2] toutes taillées, toutes sculptées, attendent dans leur pureté d'arête qu'on les mette en place; ces temples voués à des dieux passés à l'état de mythologie et (5) alors n'avaient pas un athée; ces boutiques (6) ne manque que le marchand; ces cabarets (7) se voit encore sur le marbre la tache circulaire laissée par la tasse des buveurs; cette caserne aux colonnes peintes d'ocre et de minium[3] (8) les soldats ont égratignée de caricatures de combattants…

Théophile Gautier, *Arria Marcella*.

1. **Ornière :** trace de roue.
2. **Architrave :** en architecture, partie située au-dessus des colonnes.
3. **Minium :** peinture rouge.

6 Replacez les pronoms relatifs suivants aux endroits qui conviennent : *qui – que – dont – où – auquel* (à accorder). Certains sont repris plusieurs fois.

Une belle cuisine

J'ai vu à Sainte-Menehould une belle chose, c'est la cuisine de l'*Hôtel de Metz*.

C'est là une vraie cuisine. Une salle immense. Un des murs occupé par les cuivres, l'autre par les faïences. Au milieu, en face des fenêtres, la cheminée, énorme caverne (1) emplit un feu splendide. Au plafond, un noir réseau de poutres magnifiquement enfumées, (2) pendent toutes sortes de choses joyeuses, des paniers, des lampes, un garde-manger, et au centre une large masse à claire-voie (3) s'étalent de vastes trapèzes de lard [...]. Si j'étais Homère ou Rabelais, je dirais : « Cette cuisine est un monde (4) cette cheminée est le soleil. » C'est un monde en effet. Un monde (5) se meut toute une république d'hommes, de femmes et d'animaux. Des garçons, des servantes, des marmitons, des rouliers[1] attablés, des poêles sur des réchauds, des marmites (6) gloussent, des fritures (7) glapissent, des pipes, des cartes, des enfants (8) jouent, et des chats et des chiens, et le maître (9) surveille.

Victor Hugo, *Le Rhin*.

1. **Roulier :** au XIXe siècle, voiturier qui transportait des marchandises.

7 À partir des deux phrases, vous en ferez une seule : l'une des deux phrases deviendra alors une proposition subordonnée relative.

Exemple : ***Ce cheval a été soigné par le vétérinaire. / Ce cheval s'est blessé sur un obstacle.***
→ Ce cheval, qui s'est blessé sur un obstacle, a été soigné par le vétérinaire.

1. Aucun automobiliste n'aime conduire dans le brouillard. / Il gêne la visibilité. – 2. Ce rouge-gorge revient toujours se poser sur le rebord de ma fenêtre. / Je dépose des graines sur ma fenêtre. – 3. La seule solution, c'est de partir tout de suite. / J'envisage une seule solution. – 4. Il écrira à sa tante. / Il a pu partir en voyage grâce à sa tante. – 5. Le film a été interrompu par une

publicité à un moment. / L'enquêteur allait découvrir le meurtrier à ce moment. – **6.** Beaucoup d'Irlandais ont émigré aux États-Unis. / Ils se sont installés aux États-Unis.

8 Récrivez le texte suivant en transformant les groupes nominaux en gras en pronoms relatifs.

La maison était en fait une bâtisse construite sur le même bout de terrain que la maison des propriétaires. Audren avait retenu **cette maison**. Trois pièces en rez-de-chaussée et un appentis. Les propriétaires, les Jaffrenou, avaient une villa à étage. Jaffrenou était un ancien gendarme colonial. **Jaffrenou** avait surtout fait Cayenne. Il s'était enrichi **à Cayenne** dans quelques affaires peu claires et **Jaffrenou**, à moins de cinquante ans, avait donné sa démission à l'administration pour se retirer à Trentemoult.

D'après Jean Randier, *Un mousse au cap Horn*, © Gallimard, 1990.

Écrire

9 Voici des débuts de définitions. Complétez-les en utilisant des propositions subordonnées relatives. Consultez un dictionnaire.

1. Tigre : animal qui… et dont… – **2.** Rizière : terrain où… – **3.** Gabelle : impôt que… – **4.** Aspirateur : instrument avec… – **5.** Râteau : outil dont… – **6.** Christophe Colomb : explorateur qui… et que… – **7.** 1789 : date à….

10 Des auteurs de l'Oulipo (Ouvroir de Littérature Potentielle) se sont amusés à remplacer des mots d'une phrase par leurs définitions dans le dictionnaire et ont continué l'opération à partir de la nouvelle phrase créée. Voici le résultat à partir de la phrase suivante : *Le chat* a bu le lait.

Le mammifère carnivore digitigrade domestique a avalé un liquide blanc, d'une saveur douce fournie par les femelles des mammifères.
Celui qui a des mamelles, mange de la viande, marche sur l'extrémité de ses doigts et concerne la maison, a fait descendre par le gosier dans l'estomac un état de la matière sans forme propre, de la couleur du lait, d'une impression agréable sur l'organe du goût et procuré par les animaux de sexe féminin qui ont des mamelles.

Oulipo, *La Littérature potentielle*, © Gallimard, 1973.

Essayez de faire de même avec les phrases suivantes :

1. *La boulangère* vend du pain. – **2.** *L'élève* apprend sa leçon. – **3.** *Le réalisateur* tourne un film.

11 Écrivez un poème dont la structure reprendra celle de la « Chanson de l'oiseleur » de Jacques Prévert. Il commencera par « La fleur que…, c'est ton sourire… »

Chanson de l'oiseleur

L'oiseau qui vole si doucement
L'oiseau rouge et tiède comme le sang
L'oiseau si tendre l'oiseau moqueur
L'oiseau qui soudain prend peur
L'oiseau qui soudain se cogne
L'oiseau qui voudrait s'enfuir
L'oiseau seul et affolé
L'oiseau qui voudrait vivre
L'oiseau qui voudrait chanter
L'oiseau qui voudrait crier
L'oiseau rouge et tiède comme le sang
L'oiseau qui vole si doucement
C'est ton cœur jolie enfant
Ton cœur qui bat de l'aile si tristement
Contre ton sein si dur si blanc.

Jacques Prévert, *Paroles*, © Gallimard, 1949.

AUTOÉVALUATION

À la fin de cette leçon, je sais :
- **identifier** les propositions relatives et leur antécédent ;
- **repérer** le double rôle du pronom relatif ;
- **écrire** une définition en employant une proposition relative ;
- **réunir** deux phrases simples en une phrase avec une proposition relative ;
- **employer** les pronoms relatifs avec pertinence ;
- **ne pas doubler** le pronom relatif par un autre pronom ;
- **enrichir** un texte avec des propositions relatives.

ORTHOGRAPHE

Le genre et le nombre des noms

LEÇON

1. Le genre des noms

Pour les noms qui désignent des êtres animés, le féminin se forme généralement en ajoutant un -e au masculin.

→ *le dauphin / la dauphine.*

Cas particuliers

Masculin	Féminin	Exemples
-er	-ère	le boulang**er** / la boulang**ère**
-en, -on -ien	-enne, -onne -ienne	le chi**en** / la chi**enne** – le li**on** / la li**onne** le Paris**ien** / la Paris**ienne**
-p, -f, -x	-ve, -ve, -se	le lou**p** / la lou**ve** – le veu**f** / la veu**ve** – l'épou**x** / l'épou**se**
-eur	-euse	le vend**eur** / la vend**euse**
-teur	-teuse ou -trice	le chan**teur** / la chan**teuse** l'institu**teur** / l'institu**trice**
-e	-e ou -esse	le flûtiste / la flûtiste le prince / la princ**esse**
changement total		le **taureau** / la **vache**

Autres cas

Les noms qui désignent des **objets** ou des **idées** ne peuvent changer de genre : *le muguet / la rose.*

Les noms qui se terminent par un **-e** ne sont **pas tous féminins.**

→ *la table / le meuble.*

2. Le pluriel des noms

Le pluriel se forme le plus souvent en ajoutant un -s au singulier. Cette marque du pluriel ne s'entend pas souvent à l'oral.

→ *un livre/ des livres.*

Cas particuliers

Singulier	Pluriel	Exemples	Exceptions
-au	-aux	un tuy**au** / des tuy**aux**	landaus, sarraus
-eau	-eaux	un bat**eau** / des bat**eaux**	
-eu	-eux	un **jeu** / des **jeux**	bleus, pneus.
-ou	-ous	un verrou / des verrous	bijoux, cailloux, choux, genoux, hiboux, joujoux, poux.
-ail	-ails	un chand**ail** / des chand**ails**	baux, coraux, émaux, soupiraux, travaux, vitraux.
-al	-aux	un journ**al** / des journ**aux**	bals, carnavals, chacals, festivals, récitals, régals.
-s	-s	une sour**is** / des sour**is**	
-x	-x	un sil**ex** / des sil**ex**	
-z	-z	un ga**z** / des ga**z**	

Attention : *madame, monsieur, mademoiselle → **mes**dame**s**, **mes**sieur**s**, **mes**demoiselle**s***

Le pluriel des noms composés

- Lorsque le nom composé est formé d'**un adjectif** et d'**un nom** ou de **deux noms**, les deux se mettent généralement **au pluriel**, si le sens le permet.

  → *une grand-mère* → *des grand**s**-mère**s***
  un wagon-citerne → *des wagon**s**-citerne**s**.*

- Lorsque le nom composé est formé d'**un verbe et d'un nom**, le verbe reste toujours invariable. Le nom se met au pluriel si le sens le permet.

  → *un tire-bouchon* → *des tire-bouchon**s***
  un chasse-neige → *des chasse-neige.*

EXERCICES

1 Faites précéder les noms suivants de l'article indéfini qui convient.

1. Mesure – **2.** balai – **3.** choix – **4.** haine – **5.** singe – **6.** amie – **7.** éclair – **8.** cour – **9.** cours – **10.** sortilège – **11.** conte – **12.** parchemin.

2 Donnez le masculin des noms suivants.

1. La bouchère – **2.** la biche – **3.** l'Italienne – **4.** la marraine – **5.** la fleuriste – **6.** la duchesse – **7.** la jalouse – **8.** la villageoise – **9.** la baronne – **10.** la dessinatrice – **11.** la belle-sœur – **12.** la menteuse.

3 Donnez le féminin des noms suivants.

1. Un Anglais – **2.** un Africain – **3.** un Moscovite – **4.** un Londonien – **5.** un Suédois – **6.** un Grec – **7.** un Russe – **8.** un Allemand – **9.** un Luxembourgeois – **10.** un Argentin – **11.** un Vietnamien – **12.** un Turc.

4 Relevez les noms au féminin.

1. Sentinelle – **2.** épisode – **3.** autoroute – **4.** arôme – **5.** artère – **6.** amnistie – **7.** ivoire – **8.** indice – **9.** armistice – **10.** réglisse – **11.** orbite – **12.** emblème.

5 Mettez l'article qui convient devant les noms suivants dont vous préciserez le genre.

1. ... poste de radio est en panne. – **2.** Il ne faut juger d'après ... physique des personnes. – **3.** Ne te baigne pas ici : ... vase est profonde. – **4.** Qui a cassé ... vase de Soissons ? – **5.** ... physique est une science qui étudie les propriétés des corps. – **6.** J'attends de ses nouvelles par ... poste. – **7.** ... greffe du foie a été un succès. – **8.** ... greffe d'un tribunal est chargé de garder les copies des jugements.

6 Donnez le pluriel des noms suivants.

1. Un bateau – **2.** une souris – **3.** un bal – **4.** un chou – **5.** un journal – **6.** un portail – **7.** un pneu – **8.** un bout – **9.** un dieu – **10.** un travail – **11.** un drapeau – **12.** une perdrix.

7 Donnez le singulier des noms suivants. Quels sont les noms qui sont obligatoirement au pluriel ?

1. Amiraux – **2.** planètes – **3.** avis – **4.** intrus – **5.** soucis – **6.** gaz – **7.** joujoux – **8.** poteaux – **9.** accès – **10.** carnavals – **11.** messieurs – **12.** tragédies.

8 Accordez les mots entre parenthèses.

Combien font 99 puissance 5 ? Rüdiger Gamm n'a besoin que d'une seconde, sans calculette, pour donner le résultat : 9 509 900 499. Il ne lui en faut pas davantage pour extraire une (racine carré), et il est capable de trouver le quotient de deux (nombre premier) avec une précision de soixante (chiffre) après la virgule. Ce surdoué du (calcul mental), vingt-six (an), est allemand. Il met à profit ses (étonnant aptitude cérébral) à l'occasion de (jeu télévisé). Ses (faculté) hors du commun ne seraient restées qu'un (gagne-pain) si elles n'avaient retenu l'intérêt des deux (équipe), l'une (français), l'autre (belge) qui publient leurs (travail) dans le (numéro) de janvier du (mensuel britannique) *Nature Neuroscience.*

Pierre Le Hir, in *Le Monde*, 29 déc. 2000, p. 1.

L'accord de l'adjectif dans le groupe nominal

LEÇON

Les adjectifs s'accordent avec le nom auquel ils se rapportent.
→ *Voici un repas abondan**t** et déli**cieux**.*
*Voici des boissons abondan**tes** et déli**cieuses**.*

1. Le féminin des adjectifs

- **On forme généralement le féminin d'un adjectif en ajoutant un -e au masculin** : *un repas amical / une réunion amica**le**.*
- **Les adjectifs qui se terminent par un -e au masculin ne changent pas** : *un paquet fragil**e** / une fleur fragil**e**.*

Cas particulier

Masculin	Féminin	Exemples	Particularité
-er	-ère	lég**er**/lég**ère**	accent **grave** sur le premier **e**
-eil, -el -en, -et -on, -ot	-eille, -elle -enne, -ette -onne, -otte	verm**eil** / verm**eille,** habitu**el** / habitu**elle** austral**ien**/austral**ienne,** maigrel**et**/maigrel**ette** b**on** / b**onne** pâl**ot** / pâl**otte**	doublement de la consonne finale
-eau -eur -eux -if -teur	-elle -euse -esse -euse -ive -trice	b**eau** / b**elle** ri**eur** / ri**euse** veng**eur** / venger**esse** préci**eux** / préci**euse** chét**if** / chét**ive** mo**teur** / mo**trice**	changement du suffixe

Autres cas

- **Certains adjectifs ont des féminins irréguliers.**

→ *blanc, sec, frais ⟶ blanche, sèche, fraîche – turc, grec ⟶ turque, grecque – vieux ⟶ vieille – aigu ⟶ aiguë – mou ⟶ molle – favori ⟶ favorite – malin ⟶ maligne.*

2. Le pluriel des adjectifs

- **On forme généralement le pluriel des adjectifs en ajoutant un -s au singulier** : *une dinde rôtie ⟶ des dindes rôtie**s**.*
- Les adjectifs qui se terminent en **-s** ou **-x au singulier** ne changent pas :

→ *un soir gris et orageux ⟶ des soirs gris et orageux.*

Cas particuliers

Singulier	Pluriel	Exemples	Exceptions
-eau	-eaux	b**eau** / b**eaux**	
-al	-aux	mond**ial** / mond**iaux**	banals – bancals – fatals – finals – glacials – natals – navals

▶ 3. L'accord des adjectifs de couleur

● **Les adjectifs de couleur, employés seuls, s'accordent avec le nom auquel ils se rapportent** : *une robe bleue / des robes bleu**es**.*

Cas particuliers

● Lorsque la **couleur** est indiquée par **deux adjectifs** ou par **un adjectif et un nom**, les deux restent **invariables**.

→ *des robes **bleu foncé** – des chaussettes **jaune citron**.*

▶ 4. L'accord des adjectifs numéraux cardinaux

● **Les adjectifs numéraux cardinaux,** sauf *vingt* et *cent,* **sont invariables** : ***quatre** enfants – **deux mille** pages.*
● Il faut mettre un **trait d'union** entre les unités et les dizaines, sauf lorsqu'elles sont reliées par *et* : *mille neuf cent trente-trois – trente **et** un.*

Cas particuliers

● *Vingt* et *cent* prennent un **-s**, lorsqu'ils indiquent des vingtaines et des centaines **entières**.

→ *quatre vingt**s** ≠ quatre vingt-trois.*
*trois cent**s** ≠ trois cent un.*

EXERCICES

1 Mettez les groupes nominaux suivants au féminin.

1. Un docteur consciencieux – **2.** un roi heureux – **3.** un maître sévère – **4.** un Australien sportif – **5.** un secouriste pressé – **6.** un patient fou – **7.** un père fondateur – **8.** un chat joueur – **9.** un boulanger jaloux.

2 Reliez les adjectifs aux noms qui conviennent. Aidez-vous des accords.

Noms : **1.** Des vents – **2.** une nouvelle – **3.** les jours – **4.** un canard – **5.** les fleurs – **6.** des tissus – **7.** un film – **8.** les prévisions.

Adjectifs : **a.** Passionnant – **b.** derniers – **c.** artificielles – **d.** surprenante – **e.** météorologiques – **f.** laqué – **g.** glacials – **h.** vert émeraude.

3 Accordez les adjectifs de couleur entre parenthèses lorsque c'est nécessaire.

1. J'aime les pêches (blanc). – **2.** Pour leur salon, ils ont choisi une peinture (bleu sombre) pour les murs. – **3.** Ils mettront une moquette (vert prairie) et des rideaux (rouge). – **4.** Pourquoi ne pas choisir des meubles (rose bonbon) ? – **5.** Les nuages étaient soudain devenus (noir). – **6.** Les fleurs (bleu) sont assez rares.

4 Écrivez en toutes lettres les nombres suivants.

34 – 84 – 478 – 700 – 1482 – 2001 – 48 590 – 70 080.

5 Accordez les adjectifs entre parenthèses aux noms auxquels ils se rapportent.

Si Virginie m'avait paru (charmant) en toile (bleu) du Bengale, avec un mouchoir (rouge) autour de sa tête, ce fut encore tout autre chose quand je la vis parée à la manière des dames de ce pays. Elle était vêtue de mousseline (blanc) doublée de taffetas (rose). Sa taille (léger et élevé) se dessinait parfaitement sous son corset, et ses cheveux (blond), tressés à (double) tresse, accompagnaient admirablement sa tête (virginal). Ses (beau) yeux (bleu) étaient remplis de mélancolie ; et son cœur (agité) par une passion (combattu) donnait à son teint une couleur (animé), et à sa voix des sons (plein) d'émotion. Le contraste même de sa parure (élégant), qu'elle semblait porter malgré elle, rendait sa langueur encore plus (touchant).

Bernardin de Saint-Pierre, *Paul et Virginie.*

ORTHOGRAPHE

Les accords dans la proposition subordonnée relative

LEÇON

Tous les pronoms relatifs (simples ou composés) ont une fonction dans la proposition subordonnée relative.

▶ 1. Accord avec *qui*

● **Le pronom relatif *qui* est toujours sujet du verbe de la proposition relative. Le verbe de cette proposition s'accorde avec l'antécédent de *qui*.**

➜ *J'appelle les enfants [**qui** jou**ent** dans la cour de l'immeuble].*
antécédent de *qui* = *enfants* → accord du verbe *jouer* à la 3e pers. du plur.

Cas particulier

● Lorsque l'antécédent de *qui* est un **pronom personnel**, il faut accorder le verbe de la proposition relative avec la **personne** de ce pronom.

➜ *Toi [**qui** pense**s** toujours à tout], pourquoi as-tu oublié cela ?*
antécédent de *qui* = *toi* → accord du verbe *penser* à la 2e pers. du sing.
*Ceux [**qui ont** encore un peu de force] doivent m'aider.*
antécédent de *qui* = *ceux* → accord du verbe *avoir* à la 3e pers. du plur.

▶ 2. Accord avec *que*

● **Le pronom relatif *que* est complément d'objet direct du verbe de la proposition relative. Le verbe ne s'accorde donc pas avec lui.**

➜ *Les fruits [**que** j'achète] sont de bonne qualité.*
que = COD du verbe *acheter*. – *j'* = sujet du verbe *acheter*.

Cas particulier

● Lorsque le verbe de la proposition relative est à un **temps composé** formé avec l'auxiliaire ***avoir***, le participe passé **s'accorde** avec l'antécédent de *que*.

➜ *Les fruits [**que** nous avons acheté**s**] sont de bonne qualité.*
achetés s'accorde avec le COD *que*, mis pour *fruits*, masc. plur.

▶ 3. Accord des pronoms relatifs composés

Le pronom relatif composé s'accorde en genre et en nombre avec son antécédent. Il faut donc le repérer avec soin.

➜ *Les associations [**auxquelles** je pense] t'apporteront de l'aide.*
auxquelles s'accorde avec son antécédent *associations*, fém. plur.

Les pronoms relatifs composés			
Singulier		Pluriel	
Masculin	Féminin	Masculin	Féminin
lequel	laquelle	lesquels	lesquelles
auquel	à laquelle	auxquels	auxquelles
duquel	de laquelle	desquels	desquelles

EXERCICES

1 Dans les phrases suivantes, relevez les pronoms relatifs et expliquez les accords qu'ils entraînent.

1. Voici les cédéroms que tu m'avais prêtés la semaine dernière. – **2.** Organisez donc une grande fête, vous qui avez un grand jardin ! – **3.** Les enfants qui viendront pourront s'amuser à courir sans trop déranger les adultes. – **4.** Les dépenses auxquelles j'ai dû faire face m'obligent à retarder l'achat d'une nouvelle voiture. – **5.** Les vacances que j'ai toujours préférées sont celles que je passe chez mes grands-parents, dans le Limousin.

2 Accordez le verbe de la proposition relative en le conjuguant au temps qui convient.

1. J'ai envie d'aller voir tous les films qui (sortir) en ce moment. – **2.** Vous qui (lire) les critiques, lequel me conseillez-vous en priorité ? – **3.** Ceux qui (aimer) les voyages vont au Salon du Tourisme pour avoir des idées originales. – **4.** Toi qui (être) curieuse mais qui n'(aime) pas voyager, tu devrais y aller. – **5.** Tu trouverais peut-être une proposition qui te (faire) changer d'avis.

3 Accordez les verbes entre parenthèses au temps composé qui convient.

1. Nous pourrions nous arrêter pour déjeuner à l'auberge que nous (voir) tout à l'heure. – **2.** Je viens de recevoir les huîtres que nos amis nous (envoyer) de Marennes. – **3.** Les arbres que la tempête (abattre) en décembre 1999 ont tous été débités. – **4.** Le manteau que vous (vouloir) acheter en solde est déjà vendu. – **5.** Pourquoi ne mets-tu pas la robe que je t'(offrir) à ton anniversaire ?

4 Remplacez les points de suspension par le pronom relatif simple qui convient *(qui, que, dont, où)* et conjuguez le verbe entre parenthèses au passé composé.

1. Vous n'êtes pas de ceux **...** (apprécier) le dernier film de Woody Allen. – **2.** La photographie **...** je (garder) dans mon portefeuille est celle **...** je (prendre) au bord de la mer l'été dernier. – **3.** Il a fait tous les efforts **...** il (être) capable. – **4.** Les salles de cinéma **...** (se contruire) dernièrement s'appellent des multiplexes. – **5.** Qui se souvient de l'endroit **...** nous (pique-niquer) début septembre ? – **6.** Ceux **...** (trouver) la solution de ma devinette ne disent rien aux autres.

5 Remplacez les points de suspension par le pronom relatif composé qui convient.

1. La seule solution à **...** je pense est difficile à mettre en place. – **2.** Les villes dans **...** j'aimerais habiter ne sont pas nombreuses. – **3.** Il a acheté hier un ordinateur, auprès **...** le mien est archaïque. – **4.** Les personnes **...** j'ai envoyé des cartes postales de Prague ne m'ont toujours pas répondu. – **5.** Les mousses au chocolat dans **...** on met du sucre sont un peu écœurantes.

6 Remplacez les parenthèses par le pronom relatif qui convient parmi ceux qui vous sont proposés dans la liste suivante :
***qui* (2 fois) – *que* (2 fois) – *dont* – *lequel*.**

Mais le corps du docteur s'engourdit à peine une heure ou deux dans l'agitation d'un sommeil troublé. Quand il se réveilla, dans l'obscurité de sa chambre chaude et fermée, il ressentit, avant même que la pensée se fût rallumée en lui, cette oppression douloureuse, ce malaise de l'âme **(1)** laisse en nous le chagrin sur **(2)** on a dormi. Il semble que le malheur, **(3)** le choc nous a seulement heurté la veille, se soit glissé, durant notre repos, dans notre chair elle-même, **(4)** il meurtrit et fatigue comme une fièvre. Brusquement le souvenir lui revint, et il s'assit dans son lit.
Alors il recommença lentement, un à un, tous les raisonnements **(5)** avaient torturé son cœur sur la jetée pendant que criaient les sirènes. Plus il songeait, moins il doutait. Il se sentait traîné par sa logique, comme par une main **(6)** attire et étrangle, vers l'intolérable certitude.

Guy de Maupassant, *Pierre et Jean.*

EXPRESSION ORALE
Présenter un fait comme probable

OBSERVATION

Questions

1. De quel fait part le dialogue ? Ce fait est-il certain ou non ?

2. Les explications données à ce fait sont-elles absolument certaines ?

3. Distinguez dans chaque phrase les mots et tournures qui l'indiquent.

4. Quels sentiments peut éprouver chacun des interlocuteurs, selon vous ?

LEÇON

1. Exprimer la probabilité

- Un fait **probable** est un fait qui, sans être absolument certain, peut ou doit être **tenu pour vrai** plutôt que pour faux.
- Quand il **présente un fait comme probable,** l'émetteur a évalué par un calcul la vraisemblance de ce fait.
- Pour présenter un fait comme **probable**, on emploie :
– **des verbes :** *sembler – avoir l'air – donner l'impression de – devoir* + infinitif *(il doit être malheureux)*, etc. ;
– **des temps verbaux : le conditionnel** *(on dirait… – un concurrent de la course aurait fait naufrage)* et **le futur antérieur** *(il aura été retardé, il sera arrivé en retard)* indiquent à eux seuls que le fait présenté est probable ;
– **des constructions impersonnelles :** *il paraît / semble que – semble-t-il – à ce qu'il semble – il semble bien que – il est probable / vraisemblable que* (+ indicatif ou subjonctif selon l'intention de l'émetteur) – *il y a des chances, de fortes chances pour que* (+ subjonctif), etc. ;
– **certaines expressions :** *à mon avis – à vue de nez – en gros – c'est du moins l'impression que… ;*
– **des adverbes et locutions adverbiales :** *presque – à peu près – sans doute – probablement – vraisemblablement – apparemment*, etc.

2. Exprimer l'improbabilité

- Pour présenter un fait comme **improbable**, on emploie les expressions suivantes : *il ne semble pas que – il est improbable / invraisemblable que – il est (bien) peu probable / peu vraisemblable que* (+ subjonctif) – *il y a (bien) peu de chances pour que…*

PRENONS LA PAROLE

1 Présentez les faits suivants comme probables, en faisant varier les moyens d'expression.

1. Nous aurons de la pluie ce week-end. – **2.** On trouvera un vaccin contre le sida. – **3.** L'accès à l'Internet sera réglementé. – **4.** Le bac sera supprimé.

2 Présentez les faits suivants comme improbables.

1. Les sportifs de haut niveau ne se dopent plus. – **2.** La vente des armes est interdite aux États-Unis. – **3.** Les extraterrestres existent. – **4.** Mon père cesse de fumer. – **5.** Les déserts deviendront cultivables. – **6.** La majorité sera fixée à quinze ans.

3 Vous êtes détective. Après le cambriolage d'une villa, vous faites des déductions, en variant les degrés de probabilité *(peu probable, probable, fort probable)*, à partir des faits suivants.

1. Il y a des traces de pas dans le jardin. – **2.** Les empreintes digitales ont été effacées. – **3.** Le système d'alarme a été débranché. – **4.** Seul le bureau a été fouillé. – **5.** Il y a des traces de brûlé sur la moquette. – **6.** Les domestiques étaient en congé ce soir-là. – **7.** Les propriétaires s'absentent souvent. – **8.** Les propriétaires sont en instance de divorce. – **9.** Le propriétaire affirme que le coffre-fort a été vidé.

BILAN

1 10 points

Indiquez la nature des mots en gras : articles définis, indéfinis, déterminants possessifs, démonstratifs, interrogatifs, exclamatifs.

1. Quelles sont **ses** intentions ? – **2.** Quand **ce** magasin a-t-il commencé à solder **les** manteaux d'hiver ? – **3.** Il ne reste plus que **des** grandes tailles. – **4.** Je n'aimerais pas porter **une** écharpe verte sur **un** manteau jaune. – **5.** Avec **cette** combinaison de couleurs, j'aurais l'impression d'être **un** canari. – **6. Quel** humour !

2 10 points

Complétez le texte avec les déterminants possessifs et démonstratifs manquants.

Certaines personnes perdent toujours **(1)** affaires. D'après les médecins, **(2)** gens travaillent trop. **(3)** emploi du temps est surchargé et ils se révoltent inconsciemment contre **(4)** chef, **(5)** enfants. Cependant, **(6)** calamité quotidienne fait rire l'entourage qui regarde les distraits fouiller **(7)** poches ou **(8)** sac plusieurs fois par jour. Parfois on se demande si **(9)** dose quotidienne de stress n'est pas nécessaire à **(10)** équilibre !

3 10 points

Dans le texte suivant, remplacez les groupes de mots en gras par un pronom.

J'ai une console de jeux neuve et je joue tous les jours **de cette console**. J'ai choisi **cette console** parmi une bonne demi-douzaine **d'autres consoles** dans une grande surface spécialisée. Nous avons comparé **cette console** avec **la console** de Marc. D'après **Marc**, **cette console** est aussi rapide et puissante que **la console de Marc**. Et **ma console** est tout de même deux fois moins chère que **la console** dont tu m'as parlé l'autre jour.

4 10 points

Accordez les adjectifs entre parenthèses.

« Il y a une porte (dérobé) », songe Ida.
En un instant elle se trouve près de la tapisserie à la licorne, la soulève et se glisse derrière. Dans l'obscurité (total), Ida tâtonne contre le mur, sent un (petit) morceau de bois au bout de ses doigts et appuie. Sans bruit, une porte (masqué) dans le mur s'entrouvre. La clarté (vacillant) d'une torche (accroché) au mur de pierre, en contrebas, permet de discerner un (étroit) escalier qu'Ida emprunte aussitôt. En bas, de part et d'autre d'un (large) couloir, deux (épais) portes de bois avec de (gros) ferrures se font vis-à-vis.

O. Weulersse, *Les Vagabonds de la Bastille*, © Hachette Livre, « Le Livre de Poche Jeunesse », 1989.

5 10 points

Donnez la fonction des adjectifs en gras.

1. Jean-Pierre, mon **meilleur** ami, trouve ce projet **intéressant**. – **2.** Qui s'occupera de mon chat **siamois** pendant que je ferai ce voyage en Hongrie ? – **3. Effrayé**, le chien s'enfuit en aboyant. – **4.** Son état de santé devient **préoccupant**.

6 5 points

Remplacez les adjectifs qualificatifs en gras par des compléments du nom de même sens.

1. La cuisine **hongroise** utilise beaucoup le paprika. – **2.** *Le Chevalier à la charrette* de Chrétien de Troyes est l'une des œuvres **médiévales** les plus connues. – **3.** Le club **bordelais** n'a pas remporté de match depuis plusieurs mois. – **4.** Pour les fêtes de fin d'année, la ville a été décorée de guirlandes **multicolores**. – **5.** Les élections **municipales** auront lieu bientôt.

7 5 points

Complétez les phrases avec les pronoms relatifs manquants.

Une bande internationale de faux-monnayeurs sous les verrous

Sous bonne garde, les cinq malfaiteurs vont prendre place dans la voiture cellulaire **(1)** va les emmener à Édimbourg, **(2)** ils seront jugés.
Le célèbre reporter Tintin, **(3)** l'audace et la ténacité ont permis à la police de mettre la main sur une bande internationale de faux-monnayeurs, a ramené de l'île noire le gorille **(4)** se servaient les bandits pour terroriser les pêcheurs de la région. On voit ici Tintin faisant ses adieux à l'animal **(5)** il a fait don au zoo de Londres.

Hergé, *L'Île noire*, Hergé-Moulinsart, 1996.

4 Types et formes de phrases

OBJECTIFS

Savoirs
- Identifier l'intention de l'émetteur : donner une information, donner un ordre, poser une question
- Identifier les trois types de phrases qui traduisent ces intentions
- Distinguer les différentes formes de phrases
- Reconnaître les présentatifs

Savoir-faire
- Utiliser les types de phrases et l'exclamation dans un dialogue
- Varier l'expression d'un ordre
- Effacer une information en employant une phrase passive sans complément d'agent
- Mettre en relief un élément de la phrase neutre
- Se servir des présentatifs pour donner une information nouvelle

GRAMMAIRE

13. Les types de phrases

OBSERVATION

Le retour du père

Le père d'Octave rentre de voyage avec l'intention de marier richement son fils. Or, celui-ci vient précisément d'épouser une jeune fille pauvre. Octave se confie à son ami Sylvestre.

OCTAVE. – Conseille-moi, du moins, et dis-moi ce que je dois faire dans ces cruelles conjonctures.

SYLVESTRE. – Ma foi ! je m'y trouve autant embarrassé que vous, et j'aurais bon besoin que l'on me conseillât moi-même.

OCTAVE. – Je suis assassiné par ce maudit retour.

SYLVESTRE. – Je ne le suis pas moins.

OCTAVE. – Lorsque mon père apprendra les choses, je vais voir fondre sur moi un orage soudain d'impétueuses réprimandes.

SYLVESTRE. – Les réprimandes ne sont rien ; et plût au Ciel que j'en fusse quitte à ce prix ! mais j'ai bien la mine, pour moi, de payer plus cher vos folies, et je vois se former de loin un nuage de coups de bâton qui crèvera sur mes épaules.

OCTAVE. – Ô Ciel ! par où sortir de l'embarras où je me trouve ?

SYLVESTRE. – C'est à quoi vous deviez songer, avant que de vous y jeter.

OCTAVE. – Ah ! tu me fais mourir par tes leçons hors de saison !

SYLVESTRE. – Vous me faites bien plus mourir par vos actions étourdies.

OCTAVE. – Que dois-je faire ? Quelle résolution prendre ? À quel remède recourir ?

Molière, *Les Fourberies de Scapin*, I, 1.

Questions

1. Relevez les phrases qui donnent une information.

2. Relevez une phrase qui cherche à faire agir l'interlocuteur. Qui est l'émetteur de cette phrase ? Quelle est son intention ? Qui est le récepteur ?

3. Quelles phrases demandent une information ?

4. Peut-on répondre par *oui* ou par *non* à ces questions ?

5. Imaginez des réponses à ces questions.

6. Relevez une phrase qui exprime vivement un sentiment. Quelle ponctuation l'indique ?

LEÇON

- À l'**oral**, une **phrase** est une suite de mots émise entre deux pauses fortes. L'intonation permet de reconnaître différents types de phrases.
- À l'**écrit**, la **phrase** est une suite de mots commençant par une majuscule et se terminant par une ponctuation forte : le plus souvent un point, mais également un point d'exclamation, un point d'interrogation, des points de suspension.
- Il existe **trois types** de phrases fondamentaux. Toute phrase française appartient obligatoirement à **l'un de ces trois types** de phrases. Elle est :

– soit **déclarative** : *Mon père est furieux.*
– soit **injonctive** : *Conseille-moi.*
– soit **interrogative** : *Que dois-je faire?*

1. La phrase déclarative

- La phrase **déclarative** est le type de phrase par lequel l'émetteur **constate** un fait, **transmet** une information ou **exprime** une opinion, un jugement :

→ *Mon père revient pour me marier.* (information) *Je ne suis pas d'accord.* (opinion)

Caractéristiques

- À l'**oral**, elle est marquée par une **montée** puis une **descente de l'intonation** en fin de phrase. À l'**écrit**, elle s'achève le plus souvent par un **point**.
- La phrase déclarative peut être **affirmative** ou **négative** :

→ *Les réprimandes ne sont rien.*

- L'**ordre des mots** habituel est sujet – verbe – complément :

→ *Mon père apprendra ces choses.*

2. La phrase injonctive

- La phrase **injonctive** est un type de phrase par lequel l'émetteur **cherche à faire agir** le récepteur : *Conseille-moi. Qu'il vienne !*
- Elle appartient au **discours direct** et peut être **affirmative** ou **négative** : ***Ne*** *me dis* ***pas*** *ce que je dois faire.*
- Selon la situation ou le contexte, la phrase injonctive prend des valeurs particulières : elle peut exprimer une **demande**, un **conseil**, un **souhait**, un **ordre**…

→ *Viens. – Viens vite, je t'en prie. – Viens si tu veux.*

Remarque
– Dans une phrase impérative **affirmative**, les pronoms COD ou COI du verbe se placent **après** le verbe et se joignent à lui par un **trait d'union** : *Prête ta console à Carole. Prête-**la-lui**.*
– Dans une phrase impérative **négative**, ils restent devant le verbe : *Ne **la lui** donne pas.*

Caractéristiques

● Au mode **impératif**, la phrase injonctive ne comprend pas de sujet exprimé. La personne à qui l'on s'adresse est connue par la situation ou le contexte. Pour attirer son attention, on peut employer une **apostrophe** : ***Alice et Aurélien***, *allez vous laver les mains.*

▶ 3. La phrase interrogative

● La phrase **interrogative** est un type de phrase par lequel l'émetteur demande une information en posant une question : *Que dois-je faire ?*

Caractéristiques

● La phrase **interrogative** appartient au **discours direct**.

● À l'**oral**, elle est marquée par une **intonation** particulière.

● À l'**écrit**, elle s'achève par un **point d'interrogation**.

Les deux formes d'interrogation

● **L'interrogation totale** appelle une réponse qui sera *oui, si,* ou *non* :

➜ *Mon père est-il revenu ?* Réponse : *oui* ou *non.*
Mon père n'est-il pas rentré ? Réponse : *si* ou *non.*

Elle peut se construire de quatre manières différentes :
– par l'**intonation seule**, à l'**oral** : *Il revient aujourd'hui ?*
– par l'**intonation** et la formule ***est-ce que*** qui évite l'inversion : ***Est-ce qu'****il revient aujourd'hui ?*
– par l'**intonation** et l'**inversion du sujet**, dans le registre soutenu : ***Revient-il*** *aujourd'hui ?*
– par l'**intonation** et un **pronom de reprise**, placé après le verbe, quand le sujet est un GN : ***Mon père*** *revient-**il** aujourd'hui ?*

● **L'interrogation partielle porte** sur **un des éléments** de la phrase, représenté en tête par un **mot interrogatif** :

➜ ***Où*** *mon père est-il allé ? Il est allé **à Tarente**.*

Elle est introduite par un **mot interrogatif** :
– un **adverbe** interrogatif *(où, quand, comment, pourquoi, combien)* : ***Comment*** *vas-tu ?*
– un **déterminant** interrogatif : ***Quelle*** *couleur préfères-tu ?*
– un **pronom** interrogatif : ***Qui*** *est là ?* ***Que*** *veux-tu ?*

▶ 4. L'exclamation

● Lorsqu'une phrase déclarative, impérative ou interrogative exprime également une émotion, un sentiment, elle est dite exclamative. L'exclamation **s'ajoute** à l'un des trois types fondamentaux :
– **déclaratif :** *Mon père est furieux.* + exclamation : *Il est furieux !*
– **impératif :** *Conseille-moi.* + exclamation : *Conseille-moi !*
– **interrogatif :** *Que dois-je faire ?* + exclamation : *Que dois-je faire ?!*

Caractéristiques

- À l'**oral**, c'est l'**intonation** qui permet de reconnaître l'exclamation.
- À l'**écrit**, cette intonation se traduit par un **point d'exclamation.**

Pour l'expression écrite

D'autres moyens d'agir sur autrui

- L'impératif n'est pas la seule construction grammaticale qui traduit l'intention de faire agir l'interlocuteur.
- Voici d'autres constructions possibles :

la phrase nominale *(Défense d'entrer)*; l'infinitif *(Ne pas stationner)*; le présent de l'indicatif *(Tu restes ici, et tu te tais)*; le futur de l'indicatif *(Tu iras chercher le pain)*; le participe *(Interdit de fumer)*; le subjonctif *(Qu'il vienne à neuf heures)*; une fausse phrase interrogative *(T'as pas dix cents?)*.

Retenons

1. La **phrase déclarative** constate un fait, transmet une information ou exprime une opinion.
2. La **phrase injonctive** met en présence un émetteur qui cherche à faire agir un récepteur. Le verbe n'a pas de sujet exprimé quand il est au mode impératif.
3. La **phrase interrogative** pose une interrogation totale ou une interrogation partielle.
4. Une phrase appartient obligatoirement à **un de ces trois types.**
5. Une phrase de l'un de ces trois types peut **également** être **exclamative** si elle exprime un sentiment, une émotion.

EXERCICES

Identifier

1 Déterminez le type des phrases suivantes (déclaratif, injonctif ou interrogatif) et ajoutez le signe de ponctuation qui convient.

1. Silence ... – **2.** Où va-t-il ... – **3.** Je me demande ce qu'il fait ... – **4.** Quelle sottise ... – **5.** Octave s'interroge sur l'attitude de son père ... – **6.** Ta sœur viendra-t-elle avec nous au cinéma ...

2 Dites si les phrases suivantes sont des interrogations totales ou partielles.

1. Ne penses-tu pas qu'il faudrait lui en parler? – **2.** Quand pourrons-nous le voir? – **3.** Quelle attitude aurez-vous lorsqu'il arrivera? – **4.** Octave attend-il avec appréhension le retour de son père? – **5.** Sylvestre essaie-t-il de le rassurer? – **6.** Que faire?

3 Dans le texte suivant, identifiez les phrases déclaratives, interrogatives et injonctives.

LISETTE. – Que voulez-vous donc faire, Monsieur, de quatre médecins? N'est-ce pas assez d'un pour tuer une personne?
SGANARELLE. – Taisez-vous. Quatre conseils valent mieux qu'un.
LISETTE. – Est-ce que votre fille ne peut pas bien mourir sans le secours de ces messieurs-là?

SGANARELLE. – Est-ce que les médecins font mourir?
LISETTE. – Sans doute; et j'ai connu un homme qui prouvait, par bonnes raisons, qu'il ne faut jamais dire : « Une telle personne est morte d'une fièvre et d'une fluxion de poitrine »; mais « Elle est morte de quatre médecins et de deux apothicaires[1]. » [...]

Molière, *L'Amour médecin*, II, 1.

1. **Apothicaire :** *vieux.* Pharmacien.

Transformer

4 Transformez les phrases déclaratives suivantes en interrogations totales.

1. Vous êtes prêts à partir. – **2.** Le vol dure trois heures. – **3.** Il ne prend pas le train pour partir en vacances. – **4.** Il préfère voyager en voiture. – **5.** La haie a bien poussé depuis le printemps. – **6.** Elle n'est pas allée au théâtre la semaine dernière.

5 Dans le texte suivant, posez à Zlata des questions dont les réponses correspondraient aux groupes en gras.

Mardi 18 août 1992.

Dear[1] Mimmy,

C'est **maman** qui rapporte l'eau. C'est dur, mais comment faire autrement? **L'eau est coupée.** Et l'électricité aussi. Je ne t'ai pas dit, Mimmy, j'ai oublié **ce que c'était d'avoir de l'eau qui coule au robinet, de pouvoir prendre une vraie douche.** Nous nous servons d'une cruche **qui remplace la douche.** Et pour la vaisselle et la lessive, c'est comme au Moyen Âge. On retourne dans l'ancien temps **avec cette guerre.** Mais on s'y fait, **on le supporte.** Combien de temps encore, **on ne sait pas.**

Zlata.

Zlata Filipovic, *Le journal de Zlata*, © Fixot et Laffont, 1993.

1. **Dear :** en anglais, « cher, chère ».

Écrire

6 Imaginez les questions de Florindo à partir des réponses d'Arlequin.

FLORINDO, *montrant l'hôtellerie.* – ...
ARLEQUIN. – Si c'est une bonne maison, monsieur? Je pense bien. De bons lits, de beaux miroirs, une cuisine magnifique et dont l'odeur vous réjouit le cœur. J'ai parlé au garçon : vous serez servi comme un roi.
FLORINDO. – ...
ARLEQUIN. – Celui de valet.
FLORINDO. –...
ARLEQUIN. – Non, je ne suis pas Vénitien, mais je suis tout de même citoyen de la Sérénissime. Bergamasque[1], pour vous servir.

Carlo Goldoni, *Arlequin valet de deux maîtres*, trad. M. Arnaud, © L'Arche, 1961.

1. **Bergamasque :** habitant de Bergame, ville proche de Venise.

7 Récrivez les conseils donnés par une sorcière sans utiliser de phrases injonctives.

Conseils donnés par une sorcière

(À voix basse, avec un air épouvanté, à l'oreille du lecteur.)

Retenez-vous de rire
dans le petit matin!

N'écoutez pas les arbres
qui gardent les chemins!

Ne dites votre nom
à la terre endormie
qu'après minuit sonné!

À la neige, à la pluie
ne tendez pas la main!

N'ouvrez votre fenêtre
qu'aux petites planètes
que vous connaissez bien!

Confidence pour confidence :
vous qui venez me consulter,
méfiance, méfiance!
On ne sait pas ce qui peut arriver.

Jean Tardieu, *Monsieur, Monsieur*, in *Le fleuve caché*, © Gallimard, 1951.

AUTOÉVALUATION

À la fin de cette leçon, je sais :

- **identifier** l'intention de l'émetteur : donner une information, donner un ordre, poser une question;
- **identifier** les trois types de phrases qui traduisent ces intentions;
- **distinguer** interrogation totale et interrogation partielle;
- **varier** l'expression d'un ordre;
- **conjuguer** le présent de l'impératif;
- **utiliser** les types de phrases et l'exclamation pour écrire un dialogue.

14. Les formes de phrases

OBSERVATION

Il vaut mieux être marié qu'être mort

ARGANTE. – Que me viens-tu conter ? Il n'a pas tant de tort de s'aller marier de but en blanc avec une inconnue ?

SCAPIN. – Que voulez-vous ? Il y a été poussé par sa destinée. […] Que vouliez-vous qu'il fît ? Il voit une jeune personne qui lui veut du bien (car il tient cela de vous, d'être aimé de toutes les femmes). Il la trouve charmante. Il lui rend des visites, lui conte des douceurs, soupire galamment, fait le passionné. Elle se rend à sa poursuite. Il pousse sa fortune. Le voilà surpris avec elle par ses parents, qui, la force à la main, le contraignent de l'épouser.

SYLVESTRE, *à part*. – L'habile fourbe que voilà !

SCAPIN. – Eussiez-vous voulu qu'il se fût laissé tuer ? Il vaut mieux encore être marié qu'être mort.

ARGANTE. – On ne m'a pas dit que l'affaire se soit ainsi passée.

SCAPIN, *montrant Sylvestre*. – Demandez-lui plutôt : il ne vous dira pas le contraire.

ARGANTE, *à Sylvestre*. – C'est par force qu'il a été marié ?

SYLVESTRE. – Oui, Monsieur.

SCAPIN. – Voudrais-je vous mentir ?

ARGANTE. – Il devait donc aller tout aussitôt protester de violences chez un notaire.

SCAPIN. – C'est ce qu'il n'a pas voulu faire.

ARGANTE. – Cela m'aurait donné plus de facilité à rompre ce mariage.

SCAPIN. – Rompre ce mariage !

ARGANTE. – Oui.

SCAPIN. – Vous ne le romprez point.

Molière, *Les Fourberies de Scapin*, I, 4.

Questions

1. Transformez les phrases en bleu pour qu'elles disent le contraire de ce qu'elles énoncent.

2. Transformez de la même manière les phrases en rouge. Que constatez-vous ?

3. Transformez la phrase en orange en la commençant par « sa destinée ». Quels changements constatez-vous ?

4. Construisez la phrase en vert en supprimant *c'est... que*. Commentez les changements.

LEÇON

- Toute phrase de type déclaratif, injonctif ou interrogatif peut se présenter sous l'une ou plusieurs des **formes** suivantes : **affirmative** ou **négative** ; **active** ou **passive** ; **neutre** ou **emphatique**.
- Toutes les combinaisons ne sont cependant **pas possibles**.

▶ 1. Forme affirmative et forme négative

Remarques
1. Deux négations combinées peuvent exprimer une **affirmation** :
→ *Vous* ***n'ignorez pas*** *que Scapin est rusé* = *Vous* ***savez*** *que Scapin est rusé.*
(négation + verbe de sens négatif)
2. Ne confondez pas :
Ce n'est pas vrai (phrase négative) et ***C'est faux*** (phrase affirmative comportant un mot de sens négatif). Le sens n'est pas le même.

- La phrase **négative** est le plus souvent le résultat de la **transformation d'une phrase affirmative** à l'aide d'un adverbe ou d'un adverbe composé de négation : *ne… pas, ne… plus, ne… guère, ne… jamais,* etc.
- Cette transformation peut s'appliquer à une phrase de type **déclaratif, impératif** ou **interrogatif :**

  → *Argante veut rompre le mariage de son fils.* → *Argante* ***ne*** *veut* ***pas*** *rompre le mariage de son fils.*
  Avez-vous vu mon fils ? → ***N'****avez-vous* ***pas*** *vu mon fils ?*
  Rompez ce mariage ! → ***Ne*** *rompez* ***pas*** *ce mariage !*

- Les **différents moyens de nier** sont :

– le **mot-phrase** négatif : ***Non,*** *Monsieur.*
– deux **mots négatifs** dans la phrase verbale : *Scapin* ***ne*** *ment* ***guère.*** ***Personne ne*** *ment.*

▶ 2. Forme active et forme passive

- Toute phrase **passive** est le résultat de la **transformation d'une phrase active** dont le verbe est suivi d'un COD.

Forme active :	*Scapin* (sujet)	*trompe* (verbe)	*Argante.* (COD)
Forme passive :	*Argante* (sujet)	*est trompé* (verbe)	*par Scapin.* (compl. d'agent)

- Le **sujet du verbe actif** devient le **complément d'agent de la phrase passive** introduit par les prépositions *par* ou *de.*
- Le **COD** du verbe actif devient le **sujet** du verbe passif.
- La transformation ne modifie pas le **temps** du verbe.
- À la forme passive, le **verbe** se conjugue avec l'auxiliaire ***être.*** Il ne faut pas le confondre avec un verbe à un temps composé :

  → *Florent* ***est sorti*** *par la fenêtre.* (passé composé + compl. de lieu) ≠ *Florent* ***est sorti*** *par l'arbitre.* (présent + compl. d'agent)

● Cependant, la transformation passive n'est **pas toujours possible.** C'est le cas des phrases comportant :
– le verbe ***avoir*** : *Youssef* ***a*** *un sac à dos neuf.*
– un **pronom sujet** : ***Je*** *choisis le ballon de foot.*
– certains **déterminants** : *Pascal mange* ***sa*** *brioche.*
– un verbe au **sens figuré** : *Cette affaire* **regarde** *le patron.*

3. Forme neutre et forme emphatique

● La phrase **neutre** est une phrase dont l'ordre des mots est sujet – verbe – complément : *Ces touristes adorent le surf.*

● La phrase **emphatique** permet de **mettre en évidence** un des éléments de la phrase neutre. On peut ainsi insister sur tous les éléments de la phrase, sauf sur le verbe.

● Elle peut se construire de **deux manières** :
– en **détachant** l'élément mis en valeur, en tête ou en fin de phrase, avec un pronom qui le redouble : ***Ces touristes, ils*** *adorent le surf. /* ***Ils*** *adorent le surf,* ***ces touristes.***
– en **encadrant** l'élément mis en valeur par ***c'est… qui*** (sujet) ; ***c'est… que*** (autres fonctions) :

➜ ***C'est*** *Octave* ***qui*** *s'est marié hier sans l'accord de son père.*
C'est *sans l'accord de son père* ***qu'****Octave s'est marié hier.*
C'est *hier* ***qu'****Octave s'est marié sans l'accord de son père.*

Ne confondez pas
– la phrase construite avec un **présentatif** :
➜ ***C'est*** cet après-midi. ***Voici / voilà*** Gaëlle.
– la phrase **emphatique**, résultant de la transformation d'une phrase neutre :
➜ *Je vais chez Estelle cet après-midi.* → ***C'est*** *cet après-midi* ***que*** *je vais chez Estelle.*

Pour l'expression écrite

Gommer une information

La phrase **passive incomplète** (sans complément d'agent exprimé) est beaucoup plus fréquente que la phrase passive complète :

➜ *Argante a été trompé.*

Elle permet d'**effacer** une information :
– soit parce que cette information est ignorée :

➜ *M. Y a été assassiné.*

– soit parce que l'information est évidente :

➜ *M. X a été arrêté [par la police].*

– soit parce que l'on veut laisser dans l'ombre l'origine et les motifs de l'action :

➜ *Votre candidature n'a pas été retenue.*
Le tarif du stationnement au centre-ville a été augmenté.

Retenons

1. La phrase **négative** résulte de la transformation de la phrase **affirmative** au moyen d'un adverbe composé de négation : *ne... pas, ne... plus, ne... guère, ne... jamais*, etc.

2. La phrase **passive** résulte de la transformation d'une phrase **active** dont le verbe a un COD :
- le sujet de la phrase active devient le complément d'agent de la phrase passive, introduit par les prépositions *par* ou *de* ;
- le COD devient le sujet de la phrase passive ;
- le verbe de la phrase passive est conjugué avec l'auxiliaire *être*.

3. La phrase **emphatique** résulte de la transformation de la phrase neutre. On peut détacher l'élément pour le mettre en valeur ou employer *c'est... que, c'est... qui.*

EXERCICES

Identifier

1 Identifiez les phrases à la forme négative.

M. SMITH. – Un médecin consciencieux doit mourir avec le malade s'ils ne peuvent pas guérir ensemble. Le commandant d'un bateau périt avec le bateau, dans les vagues. Il ne lui survit pas.
Mme SMITH. – On ne peut comparer un malade à un bateau.
M. SMITH. – Pourquoi pas ? Le bateau a aussi ses maladies ; d'ailleurs ton docteur est aussi sain qu'un vaisseau ; voilà pourquoi encore il devait périr en même temps que le malade comme le docteur et son bateau.
Mme SMITH. – Ah ! Je n'y avais pas pensé... C'est peut-être juste et alors, quelle conclusion en tires-tu ?
M. SMITH. – C'est que tous les docteurs ne sont que des charlatans. Et tous les malades aussi. Seule la marine est honnête en Angleterre.
Mme. SMITH. – Mais pas les marins.
M. SMITH. – Naturellement.

Eugène Ionesco, *La Cantatrice chauve*, sc. 1, © Gallimard, 1954.

2 Identifiez les phrases à la forme passive et donnez le temps du verbe.

1. Les délégués de classe n'ont pas encore été élus. – **2.** Nous avons été surpris d'apprendre que David ne se présentait pas. – **3.** Mathilde et Samira sont allées dans la galerie commerciale pour profiter des soldes. – **4.** Cette photographie est prise d'avion. – **5.** La tempête avait été annoncée par la météo mais elle a été plus forte que prévu. – **6.** Ils se sont égarés par mégarde.

3 Dans cette chanson, identifiez les formes emphatiques.

C'est la mèr' Michel

C'est la mèr' Michel qui a perdu son chat,
qui crie par la fenêtr' à qui le lui rendra.
C'est le pèr' Lustucru qui lui a répondu :
Allez, la mèr' Michel, vot' chat n'est pas perdu.
Refrain
Sur l'air du tralala *(bis)*
Sur l'air du tradéridéra,
Et tralala.
C'est la mèr' Michel qui lui a demandé :
Mon chat n'est pas perdu, vous l'avez donc trouvé.
C'est le pèr' Lustucru qui lui a répondu :
Donnez une récompense, il vous sera rendu. [...]

Transformer

4 Transformez les phrases négatives en phrases affirmatives qui garderont le même sens. Employez pour cela des préfixes de valeur négative. Exemple : *Cette transaction n'est pas légale. = Cette transaction est illégale.*

1. Cette maison va être détruite : elle n'est pas salubre. – **2.** Cette publicité n'est pas honnête car la photographie ne donne pas une idée juste de l'article. – **3.** Son témoignage ne peut être remplacé. – **4.** Il n'est pas normal qu'il soit absent. – **5.** Ce gâteau est beaucoup trop dur : il n'est pas mangeable. – **6.** Ce chien doit être attaché car il n'est pas bienveillant avec des inconnus.

5 Mettez les phrases suivantes à la forme passive.

1. La documentaliste m'a conseillé la lecture des *Fourberies de Scapin*. – **2.** Scapin défend Octave face à son père. – **3.** Octave, fils d'Argante, aimait depuis longtemps Hyacinte. – **4.** On a représenté pour la première fois *Les Fourberies de Scapin* le 24 mai 1671. – **5.** Molière interprétera le rôle de Scapin pendant toutes les représentations.

6 Relevez les phrases à la forme passive et mettez-les à la forme active. Pourquoi l'auteur de l'article a-t-il employé le passif ?

La vieille dame indigne et les éclairs au chocolat

Lundi 6 janvier à Lyon, les enquêteurs de la sûreté urbaine interpellent Marie-Madeleine P., soixante-huit ans, habitante du plateau de la Croix-Rousse. Le lendemain, elle est mise en examen pour « empoisonnement et empoisonnement sur personne particulièrement vulnérable » et écrouée.

La vieille dame est en effet soupçonnée d'avoir introduit de la benzodiazépine, un puissant tranquillisant, dans deux éclairs au chocolat qu'elle aurait placés sur le palier de son voisin le jour du Réveillon. Soigneusement empaquetées, les petites pâtisseries semblent tomber du ciel en cette période de fête… Elles sont ramassées par l'infirmière de René M., soixante-dix ans, atteint de sclérose en plaques, quand elle arrive chez lui dans la soirée.

© *Le Monde*, 11 janv. 1997.

7 Dans le texte suivant, mettez en relief les éléments en gras par des tournures emphatiques.

Un jour que nous étions dans le secteur de Nieuport, **deux Français** portaient à manger aux soldats de première ligne. **Leur marmite à la main, malgré la canonnade,** ils continuaient leur chemin. Beaucoup de soldats des tranchées admiraient **le sang-froid des deux cuisiniers qui ne se tournaient même pas et ne se baissaient même pas sous les balles et les obus qui tombaient autour d'eux.**

L'Écho des gourbis, n° 17, juin 1916,
cité in J.-P. Turbergue, *Les Journaux de tranchées, 1914-1918*,
© Éd. Italiques, 1999.

Écrire

8 Complétez les phrases suivantes avec des formes passives, en fonction du règlement intérieur de votre collège, et poursuivez.

1. Toute absence… – **2.** Tout élève qui arrive en retard… – **3.** Tout élève en possession de… – **4.** Tout élève qui n'aurait pas un comportement…

9 Composez un poème sur le modèle suivant ; il commencera par : « Je ne suis pas… » et aura comme refrain : « Je ne suis que… »

Je ne suis qu'un cri

Je ne suis pas littérature
Je ne suis pas photographie
Ni décoration ni peinture
Ni traité de philosophie […]
Je ne suis pas saine lecture
Ni sirupeuse poésie
Je ne suis qu'un cri
Non je n'ai rien de littéraire
Je ne suis pas morceaux choisis
Je serais plutôt le contraire
De ce qu'on trouve en librairie
Je ne suis pas guide ou bréviaire
Ni baratin ni théorie
Qu'on range entre deux dictionnaires
Ou sur une table de nuit
Je ne suis qu'un cri

J. Ferrat, Guy Thomas, *Je ne suis qu'un cri*,
© Productions Musicales Alléluia, 1985.

AUTOÉVALUATION

À la fin de cette leçon, je sais :

- **distinguer** les phrases de forme affirmative et les phrases de forme négative ;
- **distinguer** les phrases à la forme active et les phrases à la forme passive ;
- **distinguer** le passé composé actif et le présent passif ;
- **mettre en relief** un élément de la phrase neutre ;
- **effacer** une information en employant une phrase passive sans complément d'agent.

GRAMMAIRE

15. L'emploi des présentatifs

OBSERVATION

Des aveux difficiles

SCAPIN. – Oui, Monsieur, il est vrai qu'il y a trois semaines que vous m'envoyâtes porter, le soir, une petite montre à la jeune Égyptienne que vous aimez. Je revins au logis mes habits tout couverts de boue, et le visage plein de sang, et vous dis que j'avais trouvé des voleurs qui m'avaient bien battu, et m'avaient dérobé la montre. C'était moi, Monsieur, qui l'avais retenue.

LÉANDRE. – C'est toi qui as retenu ma montre ?

SCAPIN. – Oui Monsieur, afin de voir quelle heure il est.

LÉANDRE. – Ah ! ah ! j'apprends ici de jolies choses, et j'ai un serviteur fort fidèle vraiment. Mais ce n'est pas encore cela que je demande.

SCAPIN. – Ce n'est pas cela ?

LÉANDRE. – Non, infâme : c'est autre chose encore que je veux que tu me confesses.

SCAPIN, *à part*. – Peste !

LÉANDRE. – Parle vite, j'ai hâte.

SCAPIN. – Monsieur, voilà tout ce que j'ai fait.

LÉANDRE, *voulant frapper Scapin*. – Voilà tout ?

OCTAVE, *se mettant au-devant*. – Eh !

SCAPIN. – Hé bien ! oui, Monsieur : vous vous souvenez de ce loup-garou, il y a six mois, qui vous donna tant de coups de bâton la nuit, et vous pensa faire rompre le cou dans une cave où vous tombâtes en fuyant.

LÉANDRE. – Hé bien ?

SCAPIN. – C'était moi, Monsieur, qui faisais le loup-garou.

Molière, *Les Fourberies de Scapin*, II, 3.

Questions

1. Dans les phrases en rose, pouvez-vous remplacer *voilà* par *il y a* ? par *c'est* ?

2. Dans les expressions en vert, pouvez-vous remplacer *il y a* par *voilà* ? par *c'est* ?

3. Supprimez *c'est… qui* ou *c'est… que* dans les phrases en bleu : quelles phrases obtenez-vous ? Quels changements constatez-vous ? Identifiez la forme des phrases obtenues (voir chapitre 14, p. 113-117).

4. Quels éléments pouvez-vous mettre en valeur par *c'est… qui* ou *c'est… que* dans la phrase : « J'ai un serviteur fort fidèle » ? Quel élément de la phrase ne peut pas être encadré par cette expression ?

LEÇON

1. Le thème et le propos

Souvent, dans une phrase, on peut distinguer le **thème** et le **propos**.

- Le **thème**, c'est ce dont on parle, l'information de départ dans un énoncé.
- Le **propos**, c'est l'information nouvelle par rapport à l'information de départ, ce que l'on dit du thème :

→ *Scapin* *a volé la montre de Léandre.*

thème (élément connu) — propos (information nouvelle)

- Certaines expressions permettent d'introduire une information nouvelle (le propos) sans partir d'un élément connu : ce sont les **présentatifs** : *voici, voilà, il y a, c'est.*
- Les présentatifs suivis d'un groupe nominal permettent d'obtenir une **phrase complète :**

→ ***Voilà** la montre de Léandre.*

2. *Voici, voilà*

- Ces deux présentatifs introduisent un **groupe nominal**.
- Ils s'emploient quand l'**émetteur** est **présent** : *ci* marque ce qui est proche de lui et *là*, ce qui est loin de lui. Cependant, *voilà* a tendance à s'employer de plus en plus fréquemment dans la langue courante.
- *Voici* et *voilà* sont essentiellement utilisés dans le **dialogue** :

→ ***Voici** mon aimable Hyacinte. **Voilà** Argante. Le **voilà**.*

3. *Il y a*

- Pour signaler l'existence d'une personne ou d'une chose, le français utilise la construction ***il y a*, toujours au singulier.**
- *Il y a* pose l'existence d'un fait, apporte une **information nouvelle** :

→ ***Il y a** un jardin au coin de la rue.*

- *Il y a* peut varier en **temps** : *il y a eu, il y eut, il y avait, il y aura…*

Emplois

- À la différence de *voici* et *voilà* qui peuvent être suivis d'un groupe nominal comportant n'importe quel déterminant, *il y a* s'emploie surtout avec un **article indéfini** ou un **déterminant** indiquant une **quantité** :

→ *Il y a **un** problème.* (et non **Il y a **le** problème*). *Il y a **trois** semaines. Il y a **quelques** mois.*

- *Il y a* peut introduire un **complément de temps** :

→ ***Il y a** six mois, Jacques est allé au Japon.*

- Comme n'importe quel complément de temps, *il y a* peut être précédé de la préposition *de* et peut être introduit par *c'est* :

  → *Des objets **d'**il y a un siècle. **C'était** il y a un siècle.*

- À la différence de *voici, voilà, il y a* n'est pas toujours lié au moment de l'énonciation. Il peut s'employer dans le récit au passé *(il y eut, il y avait, il y aura, il y aurait)* :

  → ***Il y avait** déjà longtemps qu'il vivait seul.*

4. *C'est*

Emplois

- À la différence de *voici, voilà, c'est* a un **double rôle :**

– il sert à **introduire** un élément nouveau :

  → *Qui est là ? **C'est** Scapin.*

– il peut **reprendre** un élément du contexte antérieur :

  → *Je t'ai raconté toute l'histoire : **c'est** tout ce que je sais.*

- Les éléments qui suivent *c'est* peuvent être :

– un **groupe nominal** : C'est ***Scapin***.
– un **pronom** : *C'est **moi**.*
– un **adjectif** : *C'est **épouvantable**.*
– un **adverbe** : *C'est **bien**.*
– un **infinitif** : *C'est **tromper son monde.***

- Comme *il y a*, et à la différence de *voici, voilà, c'est* peut se mettre à la **forme négative** : ***Ce n'est pas** cela que je te demande.*

- Comme *il y a, c'est* peut varier en temps *(ce fut, c'était, ce sera, ce serait...)* :

  → ***C'était** moi, Monsieur, qui faisais le loup-garou.*

Accord

- *C'est* peut varier en **nombre** et s'accorder avec le groupe de mots qui le suit : *C'**est** un valet. Ce **sont** des valets.*

- Cet accord n'est **pas toujours** effectué **à l'oral**, et il est **impossible** devant *nous* et *vous* : **Ce sont nous – *Ce sont vous.*

Pour l'expression écrite

La mise en relief par *c'est*

C'est est très souvent utilisé comme procédé de mise en relief :

– dans la mise en relief par **déplacement** :

  → *Scapin, **c'est** le responsable des mauvais coups.*

– dans la mise en relief d'un élément encadré par ***c'est*** + pronom relatif ***qui*** ou ***que*** :

  → *Scapin a fait **un mauvais coup.** → **C'est** un mauvais coup **qu'**a fait Scapin.*

Orthographe

Attention à l'accord dans la mise en relief :

→ *C'est **nous** qui **sommes**… / Ce sont **eux** qui **sont**…*
*C'est **moi** qui **suis**… et non *C'est moi qui est…*
*C'est **moi** qui **ai**… et non *C'est moi qui a…*

Cohérence

- *C'est, il y a,* et plus anciennement *il était (une fois),* permettent de commencer un récit en présentant un personnage, une situation dont on n'a jamais parlé. Leur position en début de récit est toute naturelle. Cependant, comme ces présentatifs introduisent toujours une information nouvelle, il ne faut pas en abuser au cours du récit, et les employer comme moyen de reprise pour des éléments déjà connus.
- *Il y a* sert pour les énumérations, dans certains poèmes qui jouent sur la répétition de la formule, mais jamais pour introduire chaque épisode d'un récit ou chaque élément de la description.

Retenons

1. Les présentatifs ***voici, voilà, il y a, c'est*** suivis d'un groupe nominal permettent d'obtenir une **phrase complète**.

2. Cette propriété les rend aptes à introduire une **information nouvelle (propos)**, sans la relier à un **élément déjà connu (thème)**.

EXERCICES

Identifier

1 Quelle est la nature grammaticale des éléments introduits par *c'est, ce sont*?

1. Qui a demandé à venir me voir? C'est lui. – **2.** C'est incroyable! – **3.** C'est en forgeant que l'on devient forgeron. – **4.** C'est tout! – **5.** C'est une vieille maison que j'aime beaucoup. – **6.** « C'est un beau roman, c'est une belle histoire, c'est une romance d'aujourd'hui. » – **7.** C'est bien fatigant! – **8.** C'est s'agiter pour rien. – **9.** Qui est intervenu en premier? Ce sont les sauveteurs. – **10.** Que c'est mal!

2 Identifiez les différents présentatifs dans le texte suivant. Quelles informations nouvelles introduisent-ils?

Les entrailles de la terre

La bonne et douce chaleur du métro
dehors il pleut il vente il neige
il y a du verglas il y a de la boue
il y a des ouatures qui veulent vous mordre
et puis voilà le métro qui attend la bouche ouverte
oh! la bonne la douce haleine
on descend gaiement l'escalier
il fait de plus en plus chaud
on oublie la pluie le vent la neige
le verglas la boue les ouatures […]
et vous voilà bien au chaud
dans la bonne et douce chaleur du métro

Raymond Queneau, *Courir les rues,* © Gallimard, 1967.

Transformer

3 Accordez au présent de l'indicatif les verbes entre parenthèses.

1. C'est elle qui (partir) toujours la première. – **2.** Est-ce que c'est moi qui (aller) chercher Luc à la gare ? – **3.** Ce sont les élèves de 5e F qui (interpréter) quelques scènes des *Fourberies de Scapin.* – **4.** C'est vous qui (se mettre) en colère chaque fois que l'on parle de ce projet d'autoroute. – **5.** C'est ton camarade et toi qui (dire) le plus de sottises ! – **6.** Ce sont toujours les mêmes qui (se faire) prendre. – **7.** Est-ce ton chat ou ton chien qui (renverser) toujours le récipient d'eau ?

4 Conjuguez les verbes aux temps indiqués entre parenthèses.

1. Ce sont des amies qui (venir, passé composé) à la maison. – **2.** C'était toi qui (répondre, plus-que-parfait). – **3.** Ce fut Molière qui (jouer, passé simple) Scapin. – **4.** C'est nous qui (prendre, futur antérieur) l'initiative de tout ranger. – **5.** C'est moi qui (insister, passé composé). – **6.** Est-ce toi et moi qui (devoir, futur simple) téléphoner ?

5 Mettez le présentatif au temps qui convient en fonction du reste de la phrase.

1. Ce **...** demain qu'il viendra. – **2.** Il y **...** huit ans qu'il n'avait pas revu sa tante. – **3.** Ce **...** un projet valable si tous étaient d'accord pour le réaliser. – **4.** À la montagne, ce **...** les perce-neige qui sortent en premier l'hiver. – **5.** Il y **...** beaucoup à dire sur son attitude mais je n'insisterai pas. – **6.** Ce **...** un cri déchirant qui nous alerta. – **7.** « Dieu appela la lumière "jour" et les ténèbres "nuit". Il y **...** un soir et il y **...** un matin : premier jour. »

6 Mettez en relief les éléments en gras à l'aide de *il y a* ou de *c'est ... qui/que*. Attention au temps !

1. Il marchait **depuis longtemps.** – **2.** Le promeneur décida de s'arrêter **au bord de la route** pour se reposer. – **3.** Toutefois, **les nuages menaçants** l'inquiétèrent. – **4.** Il se remit **lentement** en route. – **5. Il** voulait profiter des derniers rayons de soleil avant la pluie.

7 Inventez des phrases avec des présentatifs introduisant les informations suivantes et précisez la situation par une seconde phrase.

1. l'heure de partir – **2.** Rachid – **3.** le CD que je cherchais partout – **4.** trois mois — **5.** incroyable mais vrai – **6.** longtemps.

8 Dans le texte suivant, rétablissez les présentatifs qui conviennent.

FOLLAVOINE, *rappelant Rose au moment où elle va sortir.* – Au fait, dites donc, vous... !
ROSE, *redescendant.* – Monsieur ?
FOLLAVOINE. – Par hasard, les... les Hébrides... ?
ROSE, *qui ne comprend pas.* – Comment ?
FOLLAVOINE. – Les Hébrides ?... Vous ne savez pas où c'est ?
ROSE, *ahurie.* – Les Hébrides ?
FOLLAVOINE. – Oui.
ROSE. – Ah ! non ! non ! *(Comme pour se justifier)* **(1)** pas moi qui range ici. **(2)** madame.
FOLLAVOINE, *se redressant en refermant son dictionnaire sur son index de façon à ne pas perdre la page* – Quoi ! quoi, « qui range » ! les Hébrides ! **(3)** des îles ! bougre d'ignare ! **(4)** de la terre entourée d'eau... vous savez ce que c'est ?
ROSE, *ouvrant de grands yeux.* – De la terre entourée d'eau ?
FOLLAVOINE. – Oui ! de la terre entourée d'eau, comment ça s'appelle ?
ROSE. – De la boue ?
FOLLAVOINE, *haussant les épaules.* – Mais non, pas de la boue ! **(5)** de la boue quand **(6)** pas beaucoup de terre et pas beaucoup d'eau ; mais quand **(7)** beaucoup de terre et beaucoup d'eau, ça s'appelle des îles.
ROSE, *abrutie.* – Ah ?
FOLLAVOINE. – Eh bien ! les Hébrides, **(8)** ça ! **(9)** des îles ! par conséquence, **(10)** pas dans l'appartement.
ROSE, *voulant avoir compris.* – Ah ! oui ! **(11)** dehors !

Georges Feydeau, *On purge bébé !*

Écrire

9 Dans les phrases suivantes, remplacez *il y a* par des verbes plus précis et faites les transformations nécessaires. Exemple : *Il y a une tempête = Une tempête se déchaîne.*

1. Il y a une grande foule devant les vitrines au moment de Noël. – **2.** Il y aura un cri de surprise quand les invités verront la décoration du gâteau d'anniversaire. – **3.** Il y eut un silence pesant après le verdict. – **4.** Il y a un ruisseau au fond du jardin. – **5.** Autrefois, il y avait des jardins potagers ; maintenant il y a des immeubles. – **6.** Il y a des représentations tous les soirs sauf le mardi. – **7.** Il y a des papiers par terre.

10 Certains poètes choisissent volontairement d'utiliser *il y a*. Pour évoquer la salle à manger de son enfance, Francis Jammes énumère différents éléments qui la composent. Lisez ce poème puis décrivez une pièce que vous aimez selon le même procédé.

La salle à manger

Il y a une armoire à peine luisante
qui a entendu les voix de mes grands-tantes
qui a entendu les voix de mon grand-père,
qui a entendu les voix de mon père.
À ces souvenirs l'armoire est fidèle.
On a tort de croire qu'elle ne sait que se taire,
car je cause avec elle.
Il y a aussi un coucou en bois.
Je ne sais pourquoi il n'a plus de voix.
Je ne veux pas le lui demander.
Peut-être bien qu'elle est cassée,
La voix qui était dans son ressort,
Tout bonnement comme celle des morts.
Il y a aussi un vieux buffet
qui sent la cire, la confiture,
la viande, le pain et les poires mûres.
C'est un serviteur fidèle qui sait
qu'il ne doit rien nous voler. […]

Francis Jammes, *De l'Angélus de l'aube à l'Angélus du soir*,
© Mercure de France, 1898.

11 Guillaume Apollinaire écrit son poème alors qu'il est sur le front pendant la Première Guerre mondiale. Il énumère, par une succession de *Il y a*, ce qu'il a sous les yeux, mais aussi tout ce qui est important dans sa vie. Faites de même en mêlant des éléments de réel et des sentiments ou des souvenirs.

Il y a des petits ponts épatants
Il y a mon cœur qui bat pour toi
Il y a une femme triste sur la route
Il y a un beau petit cottage dans un jardin
Il y a des soldats qui s'amusent comme des fous
Il y a mes yeux qui cherchent ton image
Il y a un petit bois charmant sur la colline
Et un vieux territorial pisse quand nous passons.
Il y a un poète qui rêve au ptit Lou
Il y a un ptit Lou exquis dans ce grand Paris
Il y a une batterie dans une forêt
Il y a un berger qui paît ses moutons
Il y a ma vie qui t'appartient
Il y a mon porte-plume réservoir qui court qui
[court
Il y a un rideau de peupliers délicat délicat
Il y a toute ma vie passée qui est bien passée
Il y a des rues étroites à Menton où nous nous
[sommes aimés
Il y a une petite fille de Sospel qui fouette ses
[camarades
Il y a mon fouet de conducteur dans mon sac à
[avoine
Il y a des wagons belges sur la voie
Il y a mon amour
Il y a toute la vie
Je t'adore

Guillaume Apollinaire, *Poèmes à Lou*, © Gallimard.

12 Paul Fort a utilisé le présentatif *c'est* dans le poème suivant. Employez-le à votre tour pour composer librement un poème.

Chanson dans le vent ou les paroles sans suite

C'est l'oiseau qui vole bas, c'est l'hirondelle bleu
[noir.
C'est l'amour que je n'ai pas, c'est mon cœur au
[désespoir.
C'est comme à la fin des jours, c'est mon chagrin
[d'hier soir
C'est la fin de tout amour, c'est mon cœur au
[désespoir.
C'est l'hirondelle bleu noir, c'est l'oiseau qui vole
[bas.
C'est mon cœur au désespoir, c'est l'amour que je
[n'ai pas.

Paul Fort, *Ballades françaises*, © Gallimard.

AUTOÉVALUATION

À la fin de cette leçon, je sais :

- **identifier** les différents présentatifs ;
- **utiliser** des présentatifs pour donner une information nouvelle ;
- **écrire** une énumération ou un poème avec les présentatifs ;
- **éviter** la répétition de « il y a » dans une description ;
- **accorder** le verbe dans une mise en relief avec « *c'est… qui* ».

ORTHOGRAPHE
La ponctuation

LEÇON

La ponctuation donne des indications sur la façon dont un texte doit être lu et compris.

1. Les points

- **En fin de phrase,** on peut trouver :

– un **point** (.) : la phrase est déclarative (intonation descendante) : *J'ai reçu une lettre.*

– un **point d'interrogation** (?) : la phrase est interrogative (intonation montante) : *As-tu reçu une lettre?*

– un **point d'exclamation** (!) : la phrase est exclamative et exprime un sentiment : *Quelle histoire!*

– des **points de suspension** (...) : la phrase est laissée en suspens. Le lecteur la finit comme il veut : *Il ne m'a pas attendu...*

– les **deux-points** (:) : ils introduisent un dialogue qui commence par une majuscule : *Elle m'a dit : « J'ai reçu une lettre. »*

- Le mot qui suit ces points commence par une **majuscule**.
- **À l'intérieur d'une phrase**, on peut trouver :

– les **points de suspension** : le narrateur marque une hésitation : *J'ai reçu une lettre..., une longue lettre.*

– les **deux-points** : ils introduisent une explication ou une énumération :

➜ *J'ai reçu une longue lettre : trois pages de justifications.*
J'ai emprunté deux CD à Agathe : Alizée et Zazie.

- Le mot qui suit ces points commence par une **minuscule**.

2. Le point-virgule

- Il **sépare** deux propositions indépendantes liées par un rapport logique sous-entendu :

➜ *J'ai reçu une lettre de ma cousine; elle m'invitait chez elle.*
Rapport de but sous-entendu : *j'ai reçu une lettre de ma cousine parce qu'elle m'invite chez elle.*

3. La virgule

- Elle **isole** un groupe complément circonstanciel ou apposé en début ou en fin de phrase : *Hier matin, j'ai reçu une lettre. – J'ai reçu une lettre, après des semaines d'attente.*
- Elle **sépare** les différents éléments d'une énumération, sauf le dernier qui est introduit par *et* : *J'ai reçu des lettres de mon oncle, de ma correspondante* ***et*** *de Samir.*

- Une virgule ne peut **jamais** se mettre entre le groupe sujet et le verbe, ni entre le verbe et le COD.

4. Les autres signes de ponctuation

- Les **guillemets** signalent :

– le début et la fin de paroles rapportées directement : *Elle lui dit : « Écoute-moi bien. »*
– une citation : *Max accepte cette offre car, selon sa sœur, « c'est une affaire formidable ».*

- Dans un dialogue, le **tiret** marque un changement d'interlocuteur :

→ *– Je voulais juste vous demander…*
– Sortez !

- À l'intérieur d'une phrase, un groupe entre tirets apporte une précision, un commentaire : *Le CDI – ouvert tous les jours jusqu'à 17h – ferme aujourd'hui à 16h.*

- Les **parenthèses** isolent un groupe de mots qui donnent des informations ou un jugement sans interrompre la phrase : *Pour venir chez moi, le plus simple (à mon avis), c'est de prendre l'autobus.*

EXERCICES

1 Remplacez les points de suspension par les signes de ponctuation qui conviennent.

1. Dis-moi à qui tu penses je te dirai qui tu es… – **2.** À bon entendeur… salut… – **3.** Qui es-tu pour me parler ainsi… – **4.** Vite… allons le voir… – **5.** Écrivez sur vos cahiers… … jeudi 25 janvier … …

2 Précisez la valeur des points de suspension, guillemets, tirets, parenthèses des phrases suivantes.

1. Comme l'aurait dit ma grand-mère, « en avril ne te découvre pas d'un fil, en mai fais ce qui te plaît ». – **2.** Julien ne supporte pas – et je le comprends fort bien – qu'on se moque de sa petite sœur. – **3.** Je répondis avec assurance… enfin, j'essayai. **4.** Pour nos vacances, nous étudions le prix des différents moyens de transport (avion, train, bateau). – **5.** « Je cherche la rue Ampère. – Désolé, je ne suis pas du quartier. » – **6.** Quand je pense que notre voisin (celui qui habite à gauche) s'appelle monsieur Duvoisin !

3 Dans le texte suivant, complétez par les signes de ponctuation qui conviennent.

L'homme s'accroupit (1) L'ourson sortit de l'ombre de la grotte (2) le nez au vent (3) humant l'air prudemment (4)
(5) Allez (6) viens, mon petit (7) dit l'homme (8) Approche (9) on ne va pas te faire de mal (10)
Il tendit lentement le bras puis versa encore un peu de lait par terre (11) mais (12) cette fois (13) plus près de l'ourson (14)

M. Mopurgo, *Anya*, trad. d'A. Krief, Gallimard Jeunesse, « Folio junior », 2000.

4 Rétablissez la ponctuation dans le texte suivant aux endroits qui conviennent. Aidez-vous des majuscules et des alinéas.

Ma cousine très incrédule aussi souriait Le docteur Parent lui dit Voulez-vous que j'essaie de vous endormir, madame
Oui, je veux bien
Elle s'assit dans un fauteuil et il commença à la regarder fixement en la fascinant Moi je me sentis soudain un peu troublé le cœur battant la gorge serrée Je voyais les yeux de Mme Sablé s'alourdir sa bouche se crisper sa poitrine haleter Au bout de dix minutes elle dormait
Mettez-vous derrière elle dit le médecin
Et je m'assis derrière elle Il lui plaça entre les mains une carte de visite en lui disant Ceci est un miroir que voyez-vous dedans Elle répondit
Je vois mon cousin

Guy de Maupassant, *Le Horla*.

ORTHOGRAPHE
L'impératif

LEÇON

- L'impératif est un mode du verbe qui exprime l'**ordre**, la **défense**, le **conseil**, une **prière**. Il s'emploie dans des phrases de type **injonctif**.
- Il n'existe qu'à **trois personnes**, au **présent** ou au **passé** : 2e personne du singulier et du pluriel, 1re personne du pluriel : *Bois, buvons, buvez. – Aie bu, ayons bu, ayez bu.*

1. L'impératif présent

	Verbes du 1er groupe et quelques verbes du 3e groupe		Verbes du 2e groupe et du 3e groupe	
1re pers. du sing.	achète	cueille	finis	prends
1re pers. du plur.	achetons	cueillons	finissons	prenons
2e pers. du plur.	achetez	cueillez	finissez	prenez

- Les verbes du **1er groupe** ainsi que les verbes ***cueillir, offrir, couvrir, ouvrir, souffrir*** (3e groupe) se terminent par un **-*e* à la 2e personne du singulier :**

  → *Mang**e** ta soupe. – Off**re** des bonbons.*

Toutefois, pour prononcer plus facilement, on ajoute un **-s** au verbe lorsqu'il est suivi des pronoms *en* et *y* : *Mange**s**-en.*

- À la forme affirmative, les **pronoms compléments** se placent **après** le verbe à l'impératif. Ils sont reliés à lui par des **traits d'union** : *Écoute-les. – Demande-le-lui.*
- Les **verbes pronominaux** sont toujours suivis d'un pronom complément : *Rappelle-**toi**, rappelons-***nous**, *rappelez-***vous**.
- À la forme négative, les **pronoms compléments** se placent **entre l'adverbe de négation *ne* et le verbe** à l'impératif : *Ne **le lui** demande pas.*

Pour réviser l'impératif présent des principaux verbes irréguliers, reportez-vous aux tableaux de conjugaison, à la fin de votre manuel, p. 222-229.

2. L'impératif passé

- Il se forme avec l'**impératif présent de l'auxiliaire suivi du participe passé du verbe** : *Aie fini, ayons fini, ayez fini. – Sois levé, soyons levés, soyez levés.*
- L'impératif passé s'emploie pour exprimer une **action** qui doit être **finie à un moment donné : Ayez terminé** *votre travail avant 20 heures.*

EXERCICES

1 Complétez les réponses aux questions posées en reprenant le verbe en gras à l'impératif.

1. Est-ce que je peux **téléphoner** à Laura ? – Non, ... car elle n'est pas chez elle. – **2.** Est-ce que nous pouvons **boire** du jus d'orange ? – Bien sûr, ... autant que vous le souhaitez. – **3.** Est-ce que je peux **ouvrir** la dernière bouteille de lait ? – Oui, ..., j'en rachèterai demain. – **4.** Devons-nous lui **dire** la vérité ? – Non, ... car elle ne supporterait pas le choc. – **5.** Si tu veux y **aller**, ... mais ne me demande pas de venir te chercher. – **6.** Est-ce que je peux **acheter** un nouveau pantalon ? – ... mais tu le paieras avec ton argent de poche.

2 Conjuguez les verbes entre parenthèses à la 2e personne du singulier de l'impératif présent.

Circé donne des conseils à Ulysse pour aller au royaume des morts.

Au confluent du Pyriphlégéton et du Cocyte, là où les deux fleuves tonnants se jettent dans l'Achéron, s'élève un rocher. (S'approcher) et (creuser) une fosse d'une coudée en long et en large. (Faire) tout autour des libations aux morts : de lait miellé d'abord, puis de vin doux, et enfin d'eau. (Répandre) par-dessus la farine blanche. (Invoquer) alors longtemps les têtes sans force des morts et (promettre)-leur de sacrifier sur un bûcher, dès ton retour à Ithaque, ta meilleure vache stérile.

Homère, *L'Odyssée*, trad. de Leconte de Lisle.

3 Remplacez les groupes en gras par des pronoms compléments. Il faut parfois changer la terminaison du verbe à l'impératif.

1. Offre **des fleurs**, cela fait toujours plaisir. – **2.** Va **à la piscine** cet après-midi car il fait chaud. – **3.** Donne **ce pull à ta sœur** ; il est trop petit pour toi. – **4.** Raconte **ce qui t'est arrivé ce matin.** – **5.** Achète **deux tubes de colle.** Tu en auras un d'avance. – **6.** Explique **à ton frère à quel arrêt de bus il doit descendre.** – **7.** Pense **à tes vacances.**

4 Transformez les conseils du maître de philosophie sous forme de phrases à la 2e personne de l'impératif présent, au pluriel puis au singulier. Exemple : ***La voix A se forme en ouvrant fort la bouche. → Pour prononcer le A, ouvrez (ouvre) fort la bouche.***

MAÎTRE DE PHILOSOPHIE. – La voix A se forme en ouvrant fort la bouche : A.
MONSIEUR JOURDAIN. – A, A. Oui.
MAÎTRE DE PHILOSOPHIE. – La voix E se forme en rapprochant la mâchoire d'en bas de celle d'en haut : A, E.
MONSIEUR JOURDAIN. – A, E, A, E. Ma foi ! oui. Ah ! que cela est beau.
MAÎTRE DE PHILOSOPHIE. – Et la voix I en rapprochant encore davantage les mâchoires l'une de l'autre, et écartant les deux coins de la bouche vers les oreilles : A, E, I.
MONSIEUR JOURDAIN. – A, E, I, I, I, I. Cela est vrai. Vive la science !
MAÎTRE DE PHILOSOPHIE. – La voix O se forme en rouvrant les mâchoires, et rapprochant les lèvres par les deux coins, le haut et le bas : O.
MONSIEUR JOURDAIN. – O, O, il n'y a rien de plus juste. A, E, I, O, I, O. Cela est admirable ! I, O, I, O.
MAÎTRE DE PHILOSOPHIE. – L'ouverture de la bouche fait justement comme un petit rond qui représente un O.
MONSIEUR JOURDAIN. – O, O, O. vous avez raison. O. Ah ! la belle chose que de savoir quelque chose !

Molière, *Le Bourgeois gentilhomme.*

5 Mettez les verbes entre parenthèses à l'impératif passé.

1. (Partir) avant 8 heures ; nous aurons moins chaud pour rouler. – **2.** Pour le 15 décembre, (écrire) le scénario du court métrage que vous voulez réaliser. – **3.** Même si tu n'as pas beaucoup de temps, (déchiffrer) les dix premières mesures de cette partition pour le cours prochain. – **4.** (Revenir) à 18 h afin de pouvoir regarder votre émission favorite.

EXPRESSION ORALE
Exprimer une obligation

OBSERVATION

Questions

1. Par quelle phrase Grégory exprime-t-il une obligation qu'il se donne à lui-même ? Quel verbe emploie-t-il ?

2. Qu'expriment ses parents ? Quels mots emploient-ils ?

3. Quelle supposition fait Samira ?

4. Quel verbe, et à quel temps, exprime tantôt l'obligation tantôt la supposition ?

LEÇON

- L'**obligation** est une contrainte imposée à quelqu'un. Elle peut être :

– **extérieure** : elle est alors imposée par la loi, la morale, la société, un individu, un groupe :

➜ *Tu dois préparer ton match de judo de dimanche.* (obligation exercée sur quelqu'un, à la 2e personne)

– **intérieure** : dans ce cas, l'individu se l'impose lui-même (désir, volonté) :

➜ *Je dois préparer mon match de judo.* (obligation imposée par soi-même, à la 1re personne).

- Pour exprimer l'obligation, on utilise :

– des **tournures impersonnelles** : *Il (ne) faut (pas) – Il est nécessaire / obligatoire / interdit / défendu de – On n'a pas le droit de...*

– **des phrases nominales** : *Défense de fumer – Interdiction de chasser – Pêche interdite – Port du casque obligatoire...*

– des **tournures personnelles** : *Quelqu'un m'a demandé / ordonné / dit / interdit / défendu de ...*

– des **expressions imagées** de la contrainte : *Être tenu de – être pris à la gorge – être mis au pied du mur – avaler la pilule...*

PRENONS LA PAROLE

1 Exprimez l'obligation pour les faits suivants.

a. La vaccination contre l'hépatite B. – **b.** L'entraînement quotidien des athlètes. – **c.** Le développement de la recherche médicale. – **d.** Le contrôle technique des voitures.

2 Classez les faits suivants selon qu'ils expriment une obligation venant de l'extérieur ou une obligation intérieure

a. Je dois rendre mes devoirs à l'heure. – **b.** Il faut que tu ranges ta chambre. – **c.** Défense de fumer. – **d.** Il faut que j'arrête de me ronger les ongles. – **e.** Chaque commerçant doit afficher les prix en euros. – **f.** On m'a demandé de prendre le train de 8 heures.

3 Improvisez les scènes suivantes en exprimant l'obligation.

a. Par téléphone, vous donnez à un copain des instructions pour imprimer un fichier sur un ordinateur. – **b.** Vous essayez de réconcilier Zora et Louis, qui sont fâchés à mort. Vous vous adressez alternativement à l'un et à l'autre. – **c.** La mère de Youssef dispute son fils quand elle voit l'état de la maison après sa soirée d'anniversaire. – **d.** Vous prenez la parole au conseil municipal des enfants et vous réclamez des améliorations pour le quartier (rue piétonne, crèche, plantations, maison de quartier pour les jeunes, animations...). – **e.** Vous plaidez pour obtenir la majorité à quinze ans en insistant sur les droits et devoirs du citoyen.

4 Utilisez toutes les expressions qui conviennent selon le contexte :

Expressions soutenues : ***être contraint (de, à) – être tenu (de, à) – être astreint à.***
Expressions courantes : ***devoir – être obligé – être dans la nécessité de – être nécessaire de – être indispensable de – ne pouvoir faire autrement que de.***

a. Ce malade suit un régime. – **b.** Vous présenterez votre passeport à la police de l'air. – **c.** Les sportifs s'entraînent pour le championnat du monde. – **d.** Les ouvriers respectent les règles de sécurité sur le chantier. – **e.** Pour le contrôle, les élèves préparent avec soin leurs révisions. – **f.** Les fonctionnaires respectent un horaire strict pour accueillir le public.

BILAN

1 5 points

À quel type appartiennent les phrases suivantes ?

1. Aimez-vous les films d'horreur ? – **2.** Prête-moi une copie double. – **3.** Il n'est pas certain de gagner le slalom géant. – **4.** N'y a-t-il pas une place libre près de vous ? – **5.** Les associations de protection des animaux demandent l'interdiction totale du commerce de l'ivoire.

2 5 points

Dites si les questions suivantes expriment une interrogation totale ou partielle.

1. Peut-on avoir confiance en cette personne ? – **2.** Que faut-il lui dire pour qu'il arrête de chahuter ? – **3.** Pourquoi ne me l'as-tu pas dit plus tôt ? – **4.** Est-ce que tu crois aux fantômes ? – **5.** Les parents sont-ils plus ou moins sévères qu'avant ?

3 5 points

Transformez les phrases suivantes en conjuguant les verbes en gras à l'impératif présent.

1. Tu me l'**enverras** le plus tôt possible. – **2.** Nous vous **téléphonerons** tous les jours. – **3.** Vous **vous amuserez** bien. – **4.** Tu **te souviens** de cette rencontre. – **5.** Tu en **achètes** souvent.

4 5 points

Dites à quelle(s) phrase(s) affirmative(s) correspondent les phrases suivantes.

1. Cet enfant n'est guère agréable. – **2.** Stanislas ne pleure jamais. – **3.** Il ne pleut plus. – **4.** Le film n'est pas très réussi. – **5.** N'avez-vous pas vu mon petit frère ?

5 5 points

Mettez les phrases suivantes à la forme passive.

1. Le président de la République a reçu la reine d'Angleterre. – **2.** Au début de la cérémonie, le président a prononcé un discours de bienvenue. – **3.** On a applaudi la reine avec enthousiasme. – **4.** Un cordon de police bloquait le groupe de manifestants. – **5.** La garde républicaine a rendu les honneurs à la souveraine dans la cour de l'Élysée.

6 5 points

Mettez les phrases suivantes à la forme active.

1. Les pistes sont entretenues avec soin par des machines de damage. – **2.** Toute la montagne est recouverte de neige poudreuse. – **3.** Des risques d'avalanche ont été signalés dans toute la vallée. – **4.** Tous les skieurs seront prévenus par des panneaux d'affichage. – **5.** Des accidents seront ainsi évités.

7 5 points

Mettez en relief les groupes en gras par la forme emphatique.

1. Les copropriétaires se sont réparti les frais d'entretien. – **2.** J'ai trouvé **ce chien abandonné** en sortant de l'école. – **3.** La première ascension du Mont-Blanc a eu lieu **en 1786**. – **4.** Les remontées mécaniques sont fermées **parce que le vent souffle trop fort**. – **5. Elle** préfère le parapente à tout autre sport.

8 5 points

Remplacez *il y a* par des verbes plus expressifs et faites les transformations nécessaires.

1. Il y a des animaux sauvages dans cette forêt. – **2.** Il y a toujours des élèves en retard. – **3.** Il y a des étoiles dans le ciel. – **4.** Il y avait des voitures mal garées. – **5.** Il y a eu des protestations des riverains.

9 10 points

Posez les questions qui correspondent aux réponses suivantes.

1. Ce portefeuille a été trouvé à l'entrée du cinéma. – **2.** Je préfère les romans policiers. – **3.** Il y avait quatre personnes dans la voiture. – **4.** Oui, Sébastien a téléphoné. – **5.** Mes amis arriveront à vingt et une heures. – **6.** Mes grands-parents n'habitent pas loin d'ici. – **7.** Personne n'est venu. – **8.** Bien sûr. – **9.** Il ne reste que trois tartelettes. – **10.** Je n'ai pas trouvé la solution de ce problème.

10 10 points

Transformez les ordres suivants en interdiction, en les mettant à la forme négative.

1. Viens me voir. – **2.** Donne-m'en. – **3.** Allez voir ce film. – **4.** Dites-le-nous. – **5.** Prends exemple sur ta sœur.

11 10 points

Accordez au présent de l'indicatif les verbes entre parenthèses.

1. Ce sont toujours eux qui (arriver) en premier pour le déjeuner. – **2.** Vous et moi sommes ceux qui nous (connaître) depuis le plus longtemps. – **3.** C'est vous qui le (dire). – **4.** C'est toujours nous qui (payer) les pots cassés. – **5.** Ce sont elles qui (courir) le plus vite.

5 La phrase complexe

OBJECTIFS

Savoirs
- Analyser les propositions dans une phrase complexe
- Distinguer la juxtaposition, la coordination, la subordination
- Distinguer les subordonnées relatives complétives et circonstancielles
- Analyser la fonction des subordonnées

Savoir-faire
- Construire des phrases complexes
- Conjuguer et employer le subjonctif dans les subordonnées
- Transposer des paroles au discours indirect
- Réduire une surbordonnée à un groupe nominal, à un groupe infinitif ou à un participe

GRAMMAIRE

16. Phrase simple, phrase complexe

OBSERVATION

Arrivée de Lancelot à la cour d'Arthur

Un jour que le roi Arthur chassait dans la forêt avec son neveu Gauvain, Keu le sénéchal et plusieurs autres chevaliers, ils virent s'avancer vers eux un étrange cortège. Les montures des cavaliers qui le composaient, leurs armures, leurs vêtements, tout était d'un blanc brillant de neige. Ils escortaient un jeune homme et une dame, également vêtus de blanc, et tous deux d'une grande beauté. La dame, en voyant le roi, s'avança vers lui et le salua. Le roi répondit courtoisement à son salut et lui demanda qui elle était. Elle dit avec un sourire mystérieux :

– On me nomme la Dame du Lac. Vous m'avez connue sous un autre nom, mais là n'est pas la question. Je vous amène ce jeune homme pour que vous le fassiez chevalier quand il le demandera. Il a déjà ses armes.

Le roi était à la fois étonné de la demande et curieux de savoir qui pouvait être la Dame du Lac.

Toutefois, il accepta. La dame, sans plus rien ajouter, fit de brefs adieux au jeune homme et s'en alla, escortée de ses cavaliers. Le roi confia le nouveau venu à son neveu Gauvain qui, après la chasse, l'emmena chez lui et tenta d'en savoir plus, en vain. Le jeune homme ne répondit à aucune question. Mais après le repas, qu'ils avaient pris ensemble, il demanda tranquillement à être armé chevalier le lendemain – car c'était la fête de la Saint-Jean, et le roi Arthur devait, ce jour-là, adouber plusieurs chevaliers. Gauvain se récria. La préparation, d'ordinaire, était longue. Elle pouvait durer jusqu'à deux années… Mais le garçon se borna à répéter :

– Je n'ai besoin d'aucune préparation ; je suis prêt.

Contes et légendes des chevaliers de la Table Ronde, adapt. Jacqueline Mirande, © Nathan, 1994.

Questions

1. Comparez les phrases en bleu. Combien de verbes conjugués contiennent-elles ? Classez-les en deux groupes, selon le nombre de verbes.

2. Dans chacun de ces deux groupes, cherchez les phrases qui contiennent des mots de liaison.

3. Comptez les verbes conjugués de la phrase en orange. Quels mots pourriez-vous placer à la place du point-virgule ?

4. Récrivez la phrase en vert de manière à obtenir deux phrases qui ne contiennent plus chacune qu'un seul verbe conjugué. Quelles transformations avez-vous faites ?

LEÇON

Quel que soit son type (déclaratif, impératif, interrogatif), une **phrase** peut être **simple** ou **complexe**.

1. La phrase simple

- Une phrase qui ne comporte qu'**une seule proposition** (c'est-à-dire un seul verbe conjugué) est une phrase **simple** :

→ *La dame salua le roi Arthur.*
(La dame : GN sujet ; salua le roi Arthur : GV)

- Dans la phrase simple, le groupe nominal sujet et le groupe verbal peuvent être **étendus** : une phrase simple peut être longue :

→ *Les montures des cavaliers, leurs armures, leurs vêtements, étaient d'un blanc brillant de neige.*
(Les montures des cavaliers, leurs armures, leurs vêtements : GN Sujet ; étaient d'un blanc brillant de neige : GV)

2. La phrase complexe

- Une phrase qui comporte **plusieurs verbes conjugués,** donc plusieurs propositions, est une phrase complexe. Pour former une phrase **complexe**, il existe trois modes d'enchaînement des propositions :

La juxtaposition

- Elle consiste à poser côte à côte plusieurs propositions. Un signe de **ponctuation** sépare les propositions juxtaposées (virgule, point-virgule, deux-points).

→ *Je n'ai besoin d'aucune préparation ; je suis prêt.*

La coordination

- C'est la mise en relation de deux propositions d'importance égale. Une **conjonction de coordination** relie les propositions coordonnées.

→ *La dame fit de brefs adieux au jeune homme* ***et*** *s'en alla, escortée de ses cavaliers.*
Vous m'avez connue sous un autre nom, ***mais*** *là n'est pas la question.*
Il demanda tranquillement à être armé chevalier le lendemain, ***car*** *c'était la fête de la Saint-Jean.*

La subordination

- C'est la mise en relation de deux propositions dans un ensemble où l'une (appelée **subordonnée**) **dépend** de l'autre (appelée **principale**). La proposition subordonnée ne peut exister seule.

→ *Vous ferez ce jeune homme chevalier quand il le demandera.*
(Vous ferez ce jeune homme chevalier : proposition principale ; quand il le demandera : proposition subordonnée)

La proposition subordonnée *quand il le demandera* a été reliée à la proposition principale *Vous ferez ce jeune homme chevalier* à l'aide d'un mot subordonnant : la conjonction de subordination *quand.*

Un jour, vous ferez ce jeune homme chevalier.

Un jour, ce jeune homme demandera qu'on le fasse chevalier.

→ *Vous ferez ce jeune homme chevalier quand il le demandera.*

→ *Le roi confia le nouveau venu à son neveu Gauvain* (proposition principale) *qui l'emmena chez lui.* (proposition subordonnée)

Le roi confia le nouveau venu à son neveu Gauvain.

Gauvain l'emmena chez lui.

→ *Le roi confia le nouveau venu à son neveu Gauvain qui l'emmena chez lui.*

La proposition subordonnée *qui l'emmena chez lui* a été reliée à la proposition principale *Le roi confia le nouveau venu à son neveu Gauvain* à l'aide d'un mot subordonnant : le pronom relatif *qui.* Reportez-vous également à la leçon 12, p. 92-97.

- La proposition subordonnée exerce une **fonction,** dans la **phrase** ou dans le **groupe nominal**.

3. Relations de sens

La juxtaposition

- Elle n'exprime grammaticalement aucun rapport de sens **explicite** entre les deux propositions. Cependant, le destinataire reconstitue des rapports de sens **implicites** :

– l'**addition :** *Mamie viendra mardi, elle nous retrouvera avec plaisir.*
– la **succession :** *Je suis venu, j'ai vu, j'ai vaincu.*
– l'**opposition :** *Florence a beaucoup travaillé ; elle n'a pas réussi son examen.*
– la **cause :** *J'ai lavé mon pull : j'avais renversé du chocolat.*
– la **conséquence :** *Les parents boivent, les enfants trinquent.*

La coordination

- La coordination établit un lien entre deux propositions à l'aide d'une **conjonction de coordination** : *mais, ou, et, donc, or, ni, car.*
- Certains **adverbes** peuvent jouer le même rôle qu'une conjonction de coordination : *puis, ensuite, pourtant, cependant, toutefois, enfin.*

→ *La dame fit de brefs adieux au jeune homme* ***puis*** *s'en alla.*

- Les rapports de sens peuvent être :

– l'**addition** : *Il fait régulièrement du tennis* ***et*** *il joue au foot de temps en temps.*
– l'**addition négative** : *Je n'aime* ***ni*** *les sardines* ***ni*** *les harengs.*

– la **succession** : *Il est venu* ***et*** *il est reparti aussitôt.*
– l'**opposition** : *Elle est grippée* ***mais*** *elle est allée au collège.*
– la **cause** : *Ma mère est en colère* ***car*** *j'ai oublié de faire les courses.*
– la **conséquence** : *J'ai oublié mes clefs,* ***donc*** *ma mère est en colère.*
– l'**alternative** : *Réponds-moi* ***ou*** *je fais un malheur.*

La subordination

• La subordination peut exprimer le même rapport de sens que la coordination ou la juxtaposition :

→ *Je sors dans le jardin ; il ne pleut plus.*
car *il ne pleut plus.*
parce qu'*il ne pleut plus.* (cause)

Pour l'expression écrite

Il est possible de combiner plusieurs propositions dans une seule phrase complexe. Mais il faut prendre garde à la construction et à la lisibilité de la phrase complexe ainsi obtenue.

[Ma grand-mère] disait : « Enfin, on respire ! » et parcourait les allées détrempées — trop symétriquement alignées à son gré par le nouveau jardinier dépourvu du sentiment de la nature et auquel mon père avait demandé depuis le matin si le temps s'arrangerait — de son petit pas enthousiaste et saccadé, réglé sur les mouvements divers qu'excitaient dans son âme l'ivresse de l'orage, la puissance de l'hygiène, la stupidité de mon éducation et la symétrie des jardins, plutôt que sur le désir, inconnu d'elle, d'éviter à sa jupe prune les taches de boue sous lesquelles elle disparaissait jusqu'à une hauteur qui était toujours pour sa femme de chambre un désespoir et un problème.

Marcel Proust, *Du côté de chez Swann*, I, © Gallimard.

Retenons

1. La phrase **simple** ne comporte qu'un verbe conjugué. Elle consiste donc en une seule proposition.

2. La phrase **complexe** comprend plusieurs propositions, construites autour de plusieurs verbes conjugués.

3. Pour former une phrase complexe, il existe trois **modes d'enchaînement** :
– la **juxtaposition :** les propositions sont placées **côte à côte.** Elles sont séparées par une virgule, un point-virgule ;
– la **coordination :** les propositions sont **reliées** par une conjonction de coordination ou un adverbe de liaison ;
– la **subordination :** les propositions sont **reliées par un rapport de dépendance.** Une proposition subordonnée dépend de la proposition principale.

EXERCICES

Identifier

1 Recopiez le texte suivant en soulignant les verbes conjugués et en indiquant par des traits les limites des différentes propositions.

Cette année-là, ma mère vint me voir une seule fois à l'internat. Je me souviens de cette fois-là parce que c'était la fête de Hanoucca[1]. Je jouais le rôle du roi Antiochus, maman arriva comme elle me l'avait promis et m'apporta des sucreries dans une boîte à chaussures. Il y avait une tablette de chocolat, un sac de bonbons Topy, deux sucettes en forme de coq et un paquet de biscuits ronds. C'était le plus gros colis qu'elle m'ait jamais apporté ; même après avoir distribué une partie de ces sucreries aux filles de ma chambre, il m'en restait encore pour longtemps.

Gila Almagor, *L'été d'Aviya*, trad. de l'hébreu par M. Hadas-Lebel, © Nathan, « Bibliothèque internationale », 1990.

1. **Hanoucca :** fête des lumières, dans la religion juive.

2 Relevez les verbes conjugués, délimitez les propositions et indiquez ce qui les sépare (signe de ponctuation) ou ce qui les relie (mot).

Maman et moi, on est en face. Notre chambre est plus petite qu'une petite cuillère. Je dors par terre, et mes doigts de pied raclent contre le mur. Maman travaille au restaurant du rez-de-chaussée, à laver la vaisselle et à frotter par terre. Son patron s'appelle monsieur Félix ; il est gentil, et, le soir, il me laisse visiter les marmites, farfouiller les restes, lécher le fond des plats.

Mon copain Miloud adore compter et recompter, soustraire, additionner les choux, des carottes et des robinets de baignoire. Il m'aide pour mes devoirs.

Paul Thiès, *Pas de whisky pour Méphisto*, © Syros.

3 Distinguez les propositions dans les phrases complexes suivantes et indiquez leur relation : juxtaposition, coordination ou subordination.

1. Le bibendum de Michelin est né en 1898 ; il a connu tout de suite une grande popularité. – **2.** Un sondage réalisé en 2000 a montré que 72 % des personnes interrogées associent immédiatement le bibendum à la marque de pneus. – **3.** L'énorme personnage a toutefois évolué car dans la première publicité il était dessiné buvant un verre de clous et de débris. – **4.** Le slogan de la première affiche soulignait que les pneus Michelin sont très résistants. – **5.** Cette publicité a conquis le public, donc la marque n'a jamais changé de mascotte.

4 Dans les phrases complexes du texte suivant, identifiez le lien entre les propositions : juxtaposition, coordination ou subordination.

Je veux vous raconter une histoire véridique et je ne mentirai pas d'un mot, car il n'est nul besoin de mentir. Jadis, ainsi qu'on me l'a raconté, vivait dans la ville de Poitiers un homme riche et rempli de sagesse qui aimait beaucoup ses enfants. Il avait un fils qu'il adorait et je peux bien vous affirmer que jamais nul homme ne se dévoua autant pour son enfant. [...] Le garçon grandit et mûrit tant et si bien qu'il convint de le marier. Le bonhomme, pour assurer à ce fils une existence aisée, lui donna meubles et argent. Il se démit à son profit de tout ce qu'il possédait.

Fabliaux et contes du Moyen Âge, « La couverture partagée », © Hachette Livre, « Le Livre de Poche »,1987.

5 Soulignez les propositions principales dans les phrases complexes suivantes.

Les samouraïs de la pub

Acteurs ou sportifs, les stars planétaires arrondissent leurs fins de mois avec de juteux contrats publicitaires au Japon. Mais ces célébrités exigent que leurs pubs ne soient vues qu'en Asie. C'est sans compter sur le Web. Lorsqu'on n'entend plus parler d'une vedette en France, la rumeur court qu'elle est partie faire carrière au Japon. C'est souvent faux. En revanche, il est vrai qu'un certain nombre de stars américaines, parfois françaises, font un petit tour au pays du Soleil Levant et du yen[1] généreux. Elles sont alors peu regardantes sur les produits auxquels elles associent leur image.

Rémy Devèze, in *Culturepub*, n° 2, janv.-fév. 2001, p. 20.

1. **Yen :** monnaie japonaise.

Transformer

6 Dans les phrases suivantes, supprimez les mots de coordination ou de subordination et expliquez les rapports de sens qui sont établis entre les deux propositions juxtaposées.

1. Je t'apporte une part du gâteau pour que tu me donnes ton avis sur cette nouvelle recette. – **2.** Bien que l'orage menace, il sort sans blouson et risque de s'enrhumer. – **3.** Mon cousin n'a pas les mêmes dates de vacances que moi car il n'est pas dans la même académie. – **4.** Le concurrent a hésité un instant puis il a plongé dans l'océan et s'est mis à nager à toute vitesse. – **5.** Son équipe a trouvé en premier l'énigme si bien qu'elle a gagné.

7 Récrivez les phrases à l'aide d'une coordination, puis d'une subordination.
Exemple : **L'enfant s'est mis à pleurer ; il était tombé. → *L'enfant s'est mis à pleurer car il était tombé. – L'enfant s'est mis à pleurer parce qu'il était tombé.***

1. Je n'aime pas *Tristan et Iseult* ; cette histoire d'amour finit très mal. – **2.** Marion Jones a gagné la finale olympique ; elle saute de joie. – **3.** Tu finiras tes exercices de français ; tu apprendras ta leçon d'histoire. – **4.** Au cinéma, j'ai demandé à la personne devant moi de se décaler d'une place ; je verrai mieux l'écran. – **5.** Les baleines sont protégées ; elles sont de plus en plus rares. – **6.** Les côtés de ce triangle sont égaux ; il s'agit d'un triangle équilatéral. – **7.** Le commissaire continuait à interroger le suspect ; il ne parvenait pas à lui faire avouer le meurtre.

8 Replacez dans le texte suivant les mots de subordination qui conviennent : *quand* – *comme si* – *que* (3 fois) – *pour que* – *parce que*.

Tout à coup, elle tressaillit, **(1)** elle avait senti **(2)** quelqu'un arrivait. […] Il marchait sans faire de bruit, en s'arrêtant de temps en temps, **(3)** il cherchait quelque chose. Lullaby resta immobile contre le mur, le cœur battant, espérant **(4)** il ne l'avait pas vue. Sans comprendre bien pourquoi, elle savait **(5)** l'homme la cherchait, et elle retint sa respiration, **(6)** il ne l'entende pas. Mais, **(7)** l'homme fut à la moitié du chemin, il releva la tête tranquillement et il regarda la jeune fille.

J.-M. G. Le Clézio, « Lullaby », *Mondo et autres histoires*, © Gallimard, 1978.

Écrire

9 Observez bien la structure de ce poème. Repérez toutes les juxtapositions et écrivez à votre tour un texte pour dire tout ce que vous ferez quand vous n'irez pas à l'école, puis quand vous y reviendrez.

L'écolier

J'écrirai le jeudi j'écrirai le dimanche
quand je n'irai pas à l'école
j'écrirai des nouvelles j'écrirai des romans
et même des paraboles
je parlerai de mon village je parlerai de mes [parents
de mes aïeux de mes aïeules
je décrirai les prés je décrirai les champs
les broutilles et les bestioles
puis je voyagerai j'irai jusqu'en Iran
au Tibet ou bien au Népal
et ce qui est beaucoup plus intéressant
du côté de Sirius ou d'Algol
où tout me paraîtra tellement étonnant
que revenu dans mon école
je mettrai l'orthographe mélancoliquement

Raymond Queneau, *Battre la campagne*, © Gallimard, 1968.

10 Observez bien la photographie suivante. Imaginez maintenant que vous êtes la jeune femme. Racontez dans quelles circonstances vous êtes sortie sur le balcon et ce que vous voyez. Vous aurez soin d'employer des phrases complexes avec des juxtapositions, des coordinations et des subordinations (au moins deux de chaque sorte).

Émile Joachin Constant Puyo, *Montmartre*, 1905, © R.M.N., 2000.

AUTOÉVALUATION

À la fin de cette leçon, je sais :

- **repérer** les verbes conjugués et déterminer les propositions ;
- **distinguer** une phrase simple d'une phrase complexe ;
- **repérer** les propositions juxtaposées ;
- **distinguer** les propositions coordonnées et les propositions subordonnées ;
- **structurer** mes phrases en les coordonnant ;
- **transformer** deux phrases simples en une phrase complexe par subordination.

GRAMMAIRE

17. La proposition subordonnée complétive

OBSERVATION

Étrange rencontre

Messire Yvain, pensif, chemine au travers d'une profonde forêt jusqu'au moment où il entend par le bois un grand cri de douleur. Il se dirige du côté où il a entendu le cri et, en arrivant de ce côté, il voit dans une terre en friche un lion et un serpent qui le tenait par la queue et lui brûlait tout l'arrière-train d'une flamme ardente. Messire Yvain ne s'attarde pas à regarder ce prodige : il se demande auquel des deux il viendra en aide. Alors il se dit qu'il portera secours au lion, puisqu'à l'être venimeux et méchant on ne doit faire que du mal. Et le serpent est venimeux : de sa bouche jaillit du feu tant elle est pleine de méchanceté.

Aussi messire Yvain pense qu'il commencera par le tuer. Il tire l'épée, s'avance et met l'écu devant son visage pour que la flamme, que le serpent rejette par sa gueule plus large qu'une marmite, ne lui fasse aucun mal. Si le lion, après, l'attaque, la bataille n'est pas finie : mais, quoi qu'il arrive, pour le moment il veut l'aider parce que la pitié l'engage et l'invite à porter secours et aide à la bête vaillante et noble. [...]

Quand il eut délivré le lion, il imagina qu'il devrait le combattre, mais il ne le pensa jamais sérieusement. [...] Messire Yvain sait en vérité que le lion le remercie et s'humilie devant lui parce qu'il a tué le serpent et l'a sauvé de la mort. Voilà qui lui plaît beaucoup.

Chrétien de Troyes, *Yvain ou le Chevalier au lion,* © Gallimard, « Folio ».

Questions

1. Quels mots sont respectivement complétés par les groupes de mots en bleu ?

2. Posez directement la question contenue dans le groupe de mots en mauve. Quelles transformations sont nécessaires ?

3. Quels mots sont respectivement complétés par les groupes de mots en rose ? Peut-on supprimer ou déplacer ces groupes de mots ?

LEÇON

1. Les différentes propositions subordonnées

- Il existe **trois types** principaux de subordonnées :

– les propositions subordonnées **relatives**, introduites par un pronom relatif, et qui **complètent un nom** ou un groupe nominal (voir chapitre 12, « la proposition subordonnée relative », p. 92-97.)

→ *Yvain voit* ***un lion et un serpent qui le tenait par la queue.***
Sujet V GN COD contenant une proposition relative

– les propositions subordonnées **complétives**, qui **complètent le verbe** de la proposition principale. Elles sont introduites par la conjonction de subordination *que*.

→ *Messire Yvain pense* ***qu'il commencera par tuer le serpent.***

– les propositions subordonnées **circonstancielles, qui complètent la proposition principale.** Elles sont introduites par une conjonction ou une locution conjonctive : *quand, puisque, dès que.*

→ ***Quand il eut délivré le lion,*** *il se reposa.*

2. La proposition subordonnée complétive

- La proposition subordonnée complétive introduite par la conjonction de subordination *que* est un élément **essentiel** de la phrase. Elle ne peut être ni déplacée, ni supprimée.

Fonctions

- Elle peut avoir les mêmes fonctions que le groupe nominal.

– Le plus souvent, elle occupe la fonction de **COD** du verbe de la proposition principale :

→ *Messire Yvain pense* ***qu'il doit porter secours au lion.***
Sujet verbe COD

– Elle peut, plus rarement, être **attribut du sujet** :

→ *Le fait est* ***que le lion est en danger.***
Sujet verbe d'état attribut du sujet

– Plus rarement encore, elle peut être le **sujet** de la phrase. Dans ce cas, le verbe principal se met à la **troisième personne du singulier**. Le mode du verbe de la complétive est le **subjonctif.**

→ ***Que le lion soit en danger*** *[cela] n'étonnera personne.*
Sujet GV

3. Caractéristiques de la proposition subordonnée complétive

Transformations

- La subordonnée complétive ne peut **pas** être **supprimée** :

→ **Messire Yvain pense.*

- Elle ne peut **pas** être **déplacée** :

➜ ***Qu'il doit porter secours au lion** *Messire Yvain pense.*

- Elle peut être **remplacée** par un **pronom** : *le*, si la complétive est complément direct du verbe, *en* ou *y* si la complétive est complément indirect du verbe :

➜ *Messire Yvain souhaite* ***que le lion triomphe.***
→ *Messire Yvain* ***le*** *souhaite.*
Messire Yvain doute ***que le lion triomphe.***
→ *Messire Yvain* ***en*** *doute.*
Messire Yvain s'attend ***à ce que le lion triomphe.***
→ *Messire Yvain s'****y*** *attend.*

Le mode des verbes dans les complétives complément d'objet

- Le verbe de la proposition subordonnée conjonctive introduite par *que* est soit à l'**indicatif** (ou au **conditionnel**), soit au **subjonctif.** C'est le sens du verbe de la principale qui impose le mode du verbe de la subordonnée.

Le verbe de la proposition principale (déclarative, affirmative) exprime :	
– une déclaration : *dire, déclarer, écrire, avouer* – une perception : *voir, sentir* – une connaissance : *savoir, apprendre* – une opinion : *croire, penser, estimer*	– un ordre : *ordonner, interdire* – une demande : *demander* – un désir : *désirer, souhaiter* – une volonté : *vouloir* – un sentiment : *aimer, craindre, se réjouir*
Le mode du verbe de la proposition subordonnée est :	
l'**indicatif**	le **subjonctif**

4. Propriétés de la proposition subordonnée complétive

Types de phrases

- Seule la phrase de **type déclaratif** peut être transposée en une subordonnée complétive introduite par *que.*
- La phrase interrogative passe du discours direct au discours indirect :

➜ *Lancelot demande au roi : «* ***Me ferez-vous chevalier ?*** *»*
→ *Lancelot demande au roi* ***s'il le fera chevalier.***

- La phrase impérative subit la même transformation ou est réduite à l'infinitif :

➜ *Le roi ordonne à Lancelot : «* ***Allez combattre mes ennemis !*** *»*
→ *Le roi ordonne à Lancelot* ***d'aller combattre ses ennemis.***

- La subordonnée complétive introduite par *que* joue donc un **rôle fondamental** dans le passage du discours direct au discours indirect.

Remarque
La subordonnée interrogative indirecte est COD d'un verbe de sens interrogatif :
➜ *Yvain* (Sujet) *se demande* (V) ***si le lion a besoin d'aide.*** (COD)
La proposition interrogative indirecte est un élément **essentiel** de la phrase. Elle appartient au discours **indirect**. Au discours direct, on dirait :
➜ *Yvain se demande :* ***« Est-ce que le lion a besoin d'aide ? »***

Formes de phrases

● La subordonnée complétive accepte **toutes** les formes de phrases :
– **négative** : *Yvain sait* ***que le serpent n'est pas une bête loyale.***
– **passive** : *Yvain voit* ***que le lion est attaqué par le serpent.***
– **impersonnelle** : *Yvain dit* ***qu'il est difficile de se battre dans ces conditions.***
– **emphatique** : *Yvain pense* ***que c'est le lion qui gagnera le combat.***

Pour l'expression écrite

▪ Il est parfois possible de **transformer** la proposition subordonnée complétive en la réduisant :
– à un groupe nominal :
➜ *Le médecin souhaite* ***qu'Anne guérisse.***
→ *Le médecin souhaite* ***la guérison d'Anne.***

On obtient une phrase **simple**. Celle-ci est d'un niveau de langue plus **soutenu**, et d'un usage moins courant, que la phrase complexe correspondante.
– à un groupe comportant un verbe à l'infinitif :
➜ *J'entends* ***que les enfants crient dans le jardin.***
J'entends ***les enfants crier dans le jardin.***

Retenons

1. Il existe **trois** sortes de propositions subordonnées : les **relatives**, les **complétives**, les **circonstancielles**.

2. La subordonnée **complétive** est un élément **essentiel** de la phrase : elle ne peut être ni supprimée, ni déplacée.

3. Elle est le plus souvent **COD** du verbe de la proposition principale. Dans ce cas, le mode de la complétive dépend du sens du verbe de la principale.

4. Elle joue un rôle important dans la **transposition** du discours direct au discours indirect.

EXERCICES

Identifier

1 **Dans le texte suivant, relevez les propositions subordonnées et repérez celles qui peuvent être déplacées.**

C'est un merle qui évoque ses parents.

Mon père et ma mère étaient deux bonnes gens qui vivaient depuis nombre d'années, au fond d'un vieux jardin retiré du Marais. C'était un ménage exemplaire. Pendant que ma mère, assise dans un buisson fourré, pondait régulièrement trois fois par an et couvait, tout en sommeillant, mon père, encore fort propre et fort pétulant, malgré son grand âge, picorait autour d'elle toute la journée, lui apportant de beaux insectes qu'il saisissait délicatement par le bout de la queue pour ne pas dégoûter sa femme. La nuit venue, il ne manquait jamais, quand il faisait beau, de la régaler d'une chanson qui réjouissait tout le voisinage.

Jamais une querelle, jamais le moindre nuage n'avait troublé cette douce union.

Alfred de Musset, *Histoire d'un merle blanc.*

2 Parmi ces propositions subordonnées introduites par *que*, identifiez les propositions subordonnées complétives.

1. Il faut que nous soyons prudents pour traverser cette rue. – **2.** Le bulletin météorologique que je viens d'écouter est très pessimiste pour le week-end à venir. – **3.** Avoue que tu es toujours aussi perdue face à un ordinateur. – **4.** Je prendrai une baguette, à moins qu'il vous reste un petit pain de campagne.. – **5.** Ce que je préfère chez Raphaël, c'est sa bonne humeur. – **6.** Dire que les vacances sont bientôt finies !

3 Relevez les propositions introduites par *que* et déterminez s'il s'agit de propositions subordonnées relatives ou complétives.

Lorsqu'il s'engagea dans l'allée du numéro 4 de sa rue, la première chose que vit [Mr Dursley] – et qui n'améliora pas son humeur – ce fut le chat tigré qu'il avait remarqué le matin même. À présent, l'animal était assis sur le mur de son jardin. Il était sûr qu'il s'agissait bien du même chat. Il reconnaissait les dessins de son pelage autour des yeux.
– « Allez, ouste ! », s'exclama Mr Dursley. [...]
Mrs. Durley avait passé une journée agréable et parfaitement normale. Au cours du dîner, elle lui raconta tous les problèmes que la voisine d'à côté avait avec sa fille et lui signala également que Dudley avait appris un nouveau mot : « Veux pas ! »

J.-K. Rowling, *Harry Potter à l'école des sorciers*, trad. J.F. Ménard, © Gallimard Jeunesse, 1998.

4 Relevez les propositions subordonnées complétives et précisez pour chacune d'elles le mode du verbe conjugué.

Je n'aime pas les vacances. Il faut dire que, ne faisant rien de mes mains, je n'en ressens pas le besoin. Je ne sais même pas ce que c'est. Il paraît que c'est du repos, un changement de rythme et d'habitude. Je n'en ai pas envie. Mon rythme est ce qu'il est. Lent et sans surprise. Mes habitudes sont plutôt des manies et je crains de les perdre si je pars comme tout le monde au mois d'août. Elles me supportent et m'aident à me supporter. Elles sont simples et je ne demande qu'une chose : qu'on ne me dérange pas, qu'on me les laisse telles quelles...

Tahar Ben Jelloun, *Le premier amour est toujours le dernier*, © Le Seuil,1995.

Transformer

5 Remplacez le groupe nominal en gras par une proposition subordonnée complétive. Vous devrez souvent employer le subjonctif.
***Exemple* : Nous ne souhaitons pas <u>son départ</u>.**
→ *Nous ne souhaitons pas <u>qu'il parte</u>.*

1. Vous avez demandé **un agrandissement de cette photographie**. – **2.** Les associations de défense de l'environnement redoutent **le naufrage d'un autre pétrolier**. – **3.** Je m'étonne **de ton silence**. – **4.** Les policiers doutent **de la sincérité de son témoignage**. – **5.** On comprend **sa colère**. – **6.** Ce candidat malheureux a demandé **la relecture de sa copie**.

6 Remplacez chaque proposition subordonnée complétive par un groupe nominal.

Exemple* : Après sa défaite, le général a demandé <u>que les combats s'arrêtent</u>. → *Après sa défaite, le général a demandé <u>l'arrêt des combats</u>.

1. Je sens que la tempête arrive. – **2.** Les spectateurs brésiliens espèrent que leur équipe va gagner. – **3.** Beaucoup attendent que la guerre finisse pour revenir dans leurs maisons. – **4.** Le directeur de la colonie demande que les lumières soient éteintes à dix heures du soir. – **5.** J'attends qu'il gèle pour la première fois avant de rentrer certaines plantes.

7 Conjuguez le verbe à l'infinitif au temps et au mode qui conviennent. Identifiez les subjonctifs.

1. Il m'assure qu'il (recevoir) la commande hier et qu'il (envoyer) la pièce détachée immédiatement. – **2.** Je ne pense pas que le temps (s'améliorer) avant quelques jours et que nous (pouvoir) faire une grande promenade en bateau. – **3.** L'hôtesse demande que nous (attacher) nos ceintures car le décollage est imminent. – **4.** Souhaitez-vous que je (faire) un paquet cadeau ? – **5.** Sais-tu que le contrôle de mathématiques (être remis) ?

8 Pour chacune des phrases suivantes, transformez le discours direct en discours indirect.

1. Claire affirmait : « Je ne regarderai plus jamais cette série télévisée car elle est trop bête. » – **2.** Pourtant, tous les soirs, elle se demandait : « L'épisode d'aujourd'hui sera-t-il meilleur que celui d'hier ? » – **3.** Elle continuait en disant : « C'est la dernière fois que je me laisse prendre ! » – **4.** Sa mère se moquait d'elle et lui conseillait : « N'allume pas la télévision ! » – **5.** « La tentation est trop forte », murmurait Claire. – **6.** « Suis-je dépendante de mon feuilleton favori ? » se demandait-elle.

9 Pour chacune des phrases suivantes, transformez le discours indirect en discours direct.

1. L'arbitre a affirmé que le joueur était hors jeu. – **2.** Tu te demandes si c'est une raison pour ne pas écrire pendant une semaine. – **3.** Scapin réfléchit qu'il doit aider les enfants de son maître pour faire triompher l'amour. – **4.** Les responsables ont répété que les installations sportives sans surveillance seraient rapidement dégradées. – **5.** L'entraîneur de notre équipe a dit que nous devions absolument gagner ce match pour aller en finale. – **6.** Vous vous demandiez si ce roman d'aventures lui avait plu.

10 Trouvez, au discours direct, les questions posées par l'enquêteur. Vous commencerez par : « *Il me demanda : …* ».

Il me demanda comment je m'appelais, en quelle classe j'étais, quel était mon âge, si j'avais des frères et sœurs, quelles étaient mes occupations favorites, combien de temps j'y consacrais. Il me demanda ensuite si j'allais au collège à pied ou si je prenais un moyen de transport. Il finit en me demandant mes goûts musicaux.

Écrire

11 Complétez les phrases suivantes avec des propositions subordonnées complétives.

1. La dure réalité est que **…** . – **2.** Le journaliste se réjouit que **…** . – **3.** Le gardien de but a remarqué que **…** . – **4.** N'as-tu pas senti que **…** . ? – **5.** Ma chatte n'a pas vu que **…** . – **6.** Personne ne doute que **…** . – **7.** Croyez-vous que **…** ?

12 Voici des propositions subordonnées complétives. Inventez pour chacune d'elles une proposition principale. Attention au mode du verbe de la subordonnée.

1. … que ce match se finisse par la victoire d'Agassi. – **2. …** que je ne lis que des romans policiers. – **3. …** que la rivière ne sorte de son lit, comme l'année dernière. – **4. …** que cette année vous apporte tout ce que vous désirez. – **5. …** que la paix devienne une réalité dans le monde entier. – **6. …** que cet appartement nous conviendrait parfaitement.

13 Mettez les paroles des personnages au discours indirect. L'effet produit est-il le même ? Pourquoi ? À votre tour, écrivez un poème avec d'autres formules de politesse, en respectant la structure du poète. Exemple : *Veuillez agréer l'expression de ma considération distinguée écrivait…*

Limerick[1] des gens excessivement polis

Excusez-moi je vous prie
disait le Monsieur Très Poli
tout ourlé de Bonnes Manières
quand il croisait un dromadaire

Je suis charmé vraiment ravi
disait le Monsieur Si Gentil
en rencontrant rue de Lisbonne
un pangolin[2] avec sa bonne

Je vous présente mes respects
disait le Monsieur Circonspect
en dépassant dans l'escalier
un I sans point très essoufflé

Veuillez agréer mes hommages
disait le Monsieur Tout en Nage
en arrivant très en retard
au bal masqué des nénuphars

Après vous je n'en ferai rien
dira le Monsieur Vraiment Bien
lorsque la Mort sonnant chez lui
le trouvera toujours poli

L'ennui avec les gens polis
c'est qu'ils n'en ont jamais fini
tout en saluts tout en courbettes
mais trop polis pour être honnêtes.

Claude Roy, *Enfantasques*, © Gallimard, 1974.

1. Limerick : courte poésie anglaise comique.
2. Pangolin : mammifère d'Afrique au corps couvert d'écailles.

AUTOÉVALUATION

À la fin de cette leçon, je sais :

- **distinguer** une proposition relative d'une proposition complétive ;
- **employer** l'indicatif ou le subjonctif dans la subordonnée complétive ;
- **transformer** une complétive en groupe nominal ;
- **transformer** une complétive en infinitif ;
- **transposer** des paroles au discours indirect.

GRAMMAIRE

18. La proposition subordonnée circonstancielle

OBSERVATION

Guenièvre de Carmélide

Les tables étaient déjà mises pour le repas quand arrivèrent au palais de Léodagan nos trois rois et Merlin. Léodagan, les attendant, s'était appuyé à une fenêtre. Et dès qu'il les vit venir, il alla à leur rencontre et leur fit fête. On leur prit leurs chevaux, on les désarma, et on les conduisit par la main dans une salle richement ornée où une damoiselle d'une grande beauté leur présenta l'eau chaude dans un bassin d'argent. C'était la fille de Léodagan, Guenièvre, et on ne pouvait alors trouver plus belle personne en Bretagne. De sa main, elle leur lava le visage et le cou, qu'ils avaient couverts de poussière du champ de bataille, et elle leur passa à chacun un fort élégant manteau.

Dès l'instant où Artus en fut revêtu, il plut à Guenièvre, qui ne fut pas longue à comprendre que lui aussi l'observait à la dérobée, avec un intérêt mêlé d'admiration. Ses grands yeux très bleus pétillèrent alors de gaieté, ce qui la rendit encore plus attrayante, si la chose se pouvait.

Léodagan conduisit ses hôtes à table. […]

Cependant, Guenièvre offrait le vin à Artus dans la coupe du roi, agenouillée devant lui, et il la trouva si belle qu'il en oubliait de boire et de manger. Il se tourna légèrement pour que ses voisins ne voient point son émoi, mais Guenièvre, elle, s'en aperçut très bien.

Laurence Camiglieri, *Contes et légendes des chevaliers de la Table Ronde*, © Nathan, 1976.

Questions

1. Supprimez les groupes de mots en vert. Les phrases obtenues restent-elles toutes cohérentes ?

2. Quels groupes de mots peuvent être déplacés dans la phrase ? Quels sont ceux qui occupent une place fixe ?

3. Quel mot ou expression introduit chacun de ces groupes ?

4. À quel mode et à quel temps sont conjugués les verbes des groupes en vert ?

5. Quel renseignement ajoute chacun des groupes de mots en vert ?

LEÇON

1. Définition

- La proposition subordonnée **circonstancielle** est un élément **non essentiel** de la phrase :

→ ***Dès qu'il les vit venir,*** *il alla à leur rencontre et leur fit fête.*

- Elle est introduite par une **conjonction** ou une **locution conjonctive de subordination** : *quand, dès que, parce que, pour que,* etc.
- Le verbe de la proposition subordonnée a un sujet **exprimé, différent** de celui de la principale :

→ *Il se tourna légèrement* ***pour que ses voisins ne voient point son émoi.***

2. Comment construire une subordonnée circonstancielle ?

- Il est possible de construire une phrase complexe en **enchâssant** une proposition dans une phrase, à la place d'un groupe nominal complément circonstanciel :

→ *Les tables étaient déjà mises pour le repas* ***à l'arrivée des quatre compagnons.***
compl. circ. de temps du verbe *mettre.*

Les tables étaient déjà mises pour le repas. *Nos trois rois et Merlin arrivèrent alors au palais de Léodagan.*	*Les tables étaient déjà mises pour le repas* ***<u>quand</u> arrivèrent au palais de Léodagan nos trois rois et Merlin.***

- La proposition subordonnée obtenue a la fonction de **complément circonstanciel** dans la principale :

– le **mot subordonnant** indique la relation de sens entre principale et subordonnée ;
– le **mode** du verbe de la subordonnée est souvent l'**indicatif**, parfois le **subjonctif**.

3. Caractéristiques

- La subordonnée circonstancielle **diffère** de la subordonnée complétive.
- La subordonnée circonstancielle peut être **supprimée** sans que la phrase devienne incorrecte. Mais l'information donnée par la phrase est réduite :

→ *Les tables étaient déjà mises pour le repas.*

- La subordonnée circonstancielle peut être **déplacée** dans la phrase, sauf lorsqu'elle exprime la conséquence *(si bien que, si… que)* :

→ ***Quand nos trois rois et Merlin arrivèrent au palais de Léodagan,*** *les tables étaient déjà mises pour le repas.*
→ *Les tables étaient déjà mises pour le repas* ***quand nos trois rois et Merlin arrivèrent au palais de Léodagan.***

Sens des subordonnées circonstancielles

- Le mot qui introduit la subordonnée circonstancielle permet d'exprimer une **nuance de sens :** le **temps,** le **but,** la **cause,** la **comparaison,** la **conséquence,** etc.

Réduction de la subordonnée circonstancielle

- La **réduction** modifie le verbe et d'autres éléments de la subordonnée, pour donner plus de concision à l'ensemble. Elle ne peut pas modifier le sens de la phrase.

- La **transformation nominale** réduit la subordonnée circonstancielle à un groupe nominal prépositionnel. Ce groupe nominal est complément circonstanciel de la phrase :

→ ***Quand les trois rois arrivèrent,*** *Léodagan se précipita à la porte de la salle.* → ***À l'arrivée des trois rois,*** *Léodagan se précipita à la porte de la salle.*

- La **transformation infinitive** réduit le verbe conjugué de la subordonnée circonstancielle à un verbe à l'infinitif, précédé d'une préposition. Les conditions de cette transformation sont nombreuses. Il faut surtout que la proposition principale et la proposition subordonnée aient le **même sujet** :

→ *Artus se détourna le ses compagnons* ***pour qu'il puisse leur dissimuler son trouble.*** → *Artus se détourna de ses compagnons* ***pour pouvoir leur dissimuler son trouble.***

- La **transformation participe** réduit une subordonnée circonstancielle à un participe passé ou présent. Le participe passé employé sans auxiliaire est l'équivalent d'un adjectif épithète :

→ ***Parce qu'elle avait deviné le trouble d'Artus,*** *Guenièvre s'amusait beaucoup.* → ***Artus se troublant,*** *Guenièvre s'amusait beaucoup.*

- Le **gérondif** est un participe présent précédé de *en.* Il exprime une action simultanée à celle du verbe de la proposition principale. La transformation n'est possible que si la proposition principale et la proposition subordonnée ont le **même sujet** :

→ ***Dès qu'il les vit venir,*** *il alla à leur rencontre et leur fit fête.*
→ ***En les voyant venir,*** *il alla à leur rencontre et leur fit fête.*

Pour l'expression écrite

Éviter les équivoques

- La **réduction** d'une subordonnée circonstancielle à un infinitif, à un participe ou à un gérondif n'est **pas toujours possible.**
- Un infinitif ou un participe en tête de phrase doit avoir le **même sujet** que le verbe principal :

  ➜ ** En traversant la rue, un bus a renversé un piéton.*

- Vous devez éviter les **équivoques** en utilisant obligatoirement la construction avec la subordonnée :

  ➜ **En rentrant de ma visite chez le cardiologue, Estelle m'a demandé le résultat de l'examen.*

Cette phrase n'est pas claire, car elle voudrait exprimer les faits suivants : *Comme je rentrais de ma visite chez le cardiologue, Estelle m'a demandé quel était le résultat de l'examen.*

Retenons

1. La proposition subordonnée circonstancielle est un élément **non essentiel** de la phrase.

2. Elle est introduite par une **conjonction** ou une **locution conjonctive de subordination** : *quand, dès que, parce que, pour que,* etc., qui permet d'exprimer une nuance de **sens** : le temps, le but, la cause, la conséquence, etc.

3. Le verbe de la proposition subordonnée a un sujet exprimé, **différent** de celui de la principale.

4. Sous certaines conditions, la subordonnée circonstancielle peut être **réduite** à un groupe nominal prépositionnel, à un infinitif, à un participe, à un gérondif.

EXERCICES

Identifier

1 Repérez les propositions subordonnées que vous pouvez déplacer ou supprimer.

1. Dès qu'elle entend la sonnerie du téléphone, Laura court pour décrocher. – **2.** Quand une personnalité meurt, les programmes de télévision et de radio sont modifiés. – **3.** Je me demande quelle va être sa réaction. – **4.** Sonia est si distraite qu'elle oublie souvent la carte de cantine sur son plateau. – **5.** Les jeux vidéo qui sortent maintenant demandent des ordinateurs puissants. – **6.** Certains pensent que l'enseignement se fera de plus en plus sur des supports informatiques.

2 Dans les phrases suivantes, relevez les propositions subordonnées circonstancielles et donnez leur nuance de sens : temps, cause, conséquence, but.

1. La sonde Mars Global Surveyor a été envoyée sur Mars pour que les scientifiques connaissent mieux cette planète. – **2.** Lorsqu'ils ont examiné les photographies prises par la sonde, ils ont découvert d'étranges rigoles à la surface de la planète. – **3.** Ils n'ont pas été surpris parce qu'ils savaient déjà que l'eau avait existé sur Mars. – **4.** Il y a très longtemps, la planète était recouverte d'un océan si grand qu'il occupait un sixième de sa superficie. – **5.** Ensuite, la planète a perdu son atmosphère, si bien que l'eau a disparu.

3 Relevez les groupes nominaux, les adverbes, les gérondifs et les propositions subordonnées qui indiquent des circonstances.

Les invités avaient pris congé depuis longtemps. L'horloge venait de sonner la demie de minuit. Seuls, notre hôte Serge Nicolaïévitch et Vladimir Pétrovitch restaient encore au salon. Notre ami sonna et fit emporter les reliefs du repas.

« Nous sommes bien d'accord, messieurs, fit-il en s'enfonçant dans son fauteuil et en allumant un cigare, chacun de nous a promis de raconter l'histoire de son premier amour. À vous le dé, Serge Nicolaïévitch. »

L'interpellé, un petit homme blond au visage bouffi, regarda l'hôte, puis leva les yeux au plafond.

« Je n'ai pas eu de premier amour, déclara-t-il enfin. J'ai commencé directement par le second.

– Comment cela ?

– Tout simplement. Je devais avoir dix-huit ans environ quand je m'avisai pour la première fois de faire un brin de cour à une jeune fille, ma foi fort mignonne, mais je me suis comporté comme si la chose n'était pas nouvelle, exactement comme j'ai fait plus tard avec les autres. »

Tourgueniev, *Premier Amour*, trad. M. Rostislav Hofmann, © Garnier-Flammarion.

4 Identifiez les compléments circonstanciels puis donnez leur nature : groupes nominaux, groupes avec infinitifs, groupes adjectivaux, gérondifs.

Ellery vit au premier coup d'œil que Thorne n'allait pas fort, avant même de remarquer le grand et gros homme qui accompagnait son ami. L'avoué se recroquevillait dans son pardessus à carreaux comme un ver à soie dans son cocon. Il avait vieilli de dix ans durant les quelques semaines où Ellery ne l'avait pas vu. Ses joues, d'ordinaire lisses et bleues comme du cobalt, se hérissaient d'une barbe de plusieurs jours. Même ses vêtements paraissaient fripés et négligés.

En serrant la main d'Ellery, il lui lança un regard reconnaissant. [...]

« Tiens, bonjour, Queen, dit-il seulement. Je vous présente le Dr Herbert Reinach. Docteur, Mr Ellery Queen.

– Salut ! », dit Ellery d'un ton rogue en touchant du bout des doigts l'énorme main gantée du docteur.

Ellery Queen, *Le Char de Phaéton*, trad. A. Glatigny, © Librio.

5 Indiquez la nature et le sens des compléments circonstanciels en gras.

Avant midi, je quittais mes livres, et [...] j'allais faire visite à mes amis les pigeons, ou travailler au jardin **en attendant l'heure.**

Quand je m'entendais appeler, j'accourais fort content et muni d'un grand appétit. [...] Nous dînions très agréablement, **en causant de nos affaires.**

Deux ou trois fois par semaine, quand il faisait beau, nous allions derrière la maison prendre le café dans un cabinet frais et touffu, que j'avais garni de houblon et qui nous faisait grand plaisir **durant la chaleur** ; nous passions **là** une petite heure à visiter nos légumes, nos fleurs, à des entretiens relatifs à notre manière de vivre, et qui nous en faisaient mieux goûter la douceur.

Jean-Jacques Rousseau, *Les Confessions*, livre VI.

Transformer

6 Réduisez les propositions subordonnées circonstancielles à un groupe nominal.

1. Dans les contes de fées, les héros ont beaucoup d'enfants après qu'ils se sont mariés. – **2.** Il n'a pas oublié notre rendez-vous, bien qu'il soit très distrait. – **3.** Monsieur Luche a appelé la société de transport pour qu'on lui livre son canapé mardi. – **4.** Lorsque je les appelle, les enfants se mettent à table. – **5.** Les agriculteurs arrosent abondamment les champs de maïs parce qu'il fait très sec. – **6.** Lorsque le vainqueur du Vendée Globe est arrivé aux Sables d'Olonne, une foule immense l'a acclamé.

7 Transformez le groupe en gras en une proposition subordonnée circonstancielle.

1. Je vais acheter le journal **car je voudrais connaître les heures des séances de cinéma.** – **2. Malgré leur défaite,** les joueurs ont fait la fête après le match. – **3.** Tu pourras aller chez Magali **à condition d'avoir terminé ton travail scolaire.** – **4. Pour une disparition totale des taches,** laissez agir le produit détachant pendant cinq minutes puis rincez. – **5.** Je ne peux pas commencer les travaux **avant l'arrivée du patron.** – **6.** J'ai besoin de lui **pour m'aider à monter l'échafaudage.** – **7. En cas de retard pour la livraison,** nous vous contacterons par téléphone.

8 Transformez les groupes en gras en propositions subordonnées circonstancielles et les groupes en italique en groupes nominaux.

Ma mère ne passait jamais devant la fenêtre de la Veillard **sans être tentée** [de se faire prédire l'avenir] mais elle en avait aussi un peu peur. Elle résistait, tant qu'elle pouvait, à ses sourires, mais je sais qu'elle la faisait venir chez nous quelquefois *quand mon père et moi étions absents.* Une fois, **en rentrant de l'école,** je trouvais la Veillard à la maison : elle m'attendait. Ma mère voulait qu'elle me tirât les cartes à moi aussi. Il fut convenu qu'elle ne me dirait rien à moi-même, **afin de ne pas m'inquiéter.** Elle dirait à ma mère seule ce qu'elle aurait vu, *quand la consultation serait terminée.* Je me soumis à l'épreuve. Je levai les cartes que la Veillard me commandait de lever, j'en levai d'autres **à mon gré,** avec de terribles hésitations, comme si je choisissais mes royaumes et mes empires.

Jean Guéhenno, *Changer la vie,* © Grasset.

9 Replacez les mots de subordination qui conviennent : *tellement … que - que - si - lorsque.*

J'allais dans la maison, cherchant partout des traces d'effraction, et n'en trouvant nulle part. Je descendis dans le jardin pour voir **(1)** les assassins avaient pu s'introduire de ce côté ; mais je ne trouvai aucun indice certain. La pluie de la veille avait d'ailleurs **(2)** détrempé le sol, **(…)** il n'aurait pu garder d'empreinte bien nette. J'observai pourtant quelques pas profondément imprimés dans la terre : il y en avait dans deux directions contraires, mais sur une même ligne, partant de l'angle de la haie contiguë au jeu de paume et aboutissant à la porte de la maison. Ce pouvait être les pas de M. Alphonse **(3)** il était allé chercher son anneau au doigt de la statue. D'un autre côté, la haie, en cet endroit, étant moins fourrée qu'ailleurs, ce devait être sur ce point **(4)** les meurtriers l'auraient franchie. Passant et repassant devant la statue, je m'arrêtai un instant pour la considérer.

Prosper Mérimée, *La Vénus d'Ille.*

10 Complétez par les mots de subordination qui conviennent. Repérez bien le mode et le temps des verbes dans les propositions subordonnées.

Alors, saisissant le prince par le bras, la jeune fille jura par Dieu, menaçant :
– Par Rê-Harkhti ! **(1)** on me l'enlève, je cesserai de m'alimenter, de boire, et mourrai sur l'heure !
Puis, **(2)** le messager s'élançait en direction de la royale demeure, elle entraîna le prince vers le sous-sol de la maison **(3)** ils s'enfuirent par un passage dérobé. Mais, **(4)** ils en atteignaient le seuil, ils virent des hommes qui s'avançaient avec des intentions meurtrières. Des gens de la garde du roi. Alors, farouche, la jeune fille leur parla :
– Par Rê ! Tuez-le, et, **(5)** le soleil se couchera, je serai déjà morte ! Je ne lui survivrai pas plus d'une heure. […]
Les soldats s'en retournèrent pour rendre compte au souverain de Nahârim de la détermination de sa fille.

José Fréron, *Contes et légendes de l'Égypte ancienne,* © Nathan, 1985.

Écrire

11 À la façon de Victor Hugo, écrivez un texte qui commencera par plusieurs propositions subordonnées introduites par *quand* et poursuivez.

Quand le livre …

Quand le livre où s'endort chaque soir ma pensée,
Quand l'air de la maison, les soucis du foyer,
Quand le bourdonnement de la ville insensée
Où toujours on entend quelque chose crier,

Quand tous ces mille soins de misère ou de fête
Qui remplissent nos jours, cercle aride et borné,
Ont tenu trop longtemps, comme un joug sur ma [tête,
Le regard de mon âme à la terre tourné ;

Elle s'échappe enfin, va, marche, et dans la plaine
Prend le même sentier qu'elle prendra demain,
Qui l'égare au hasard et toujours la ramène,
Comme un coursier prudent qui connaît le [chemin.

Victor Hugo, *Les Feuilles d'automne,* XVI.

AUTOÉVALUATION

À la fin de cette leçon, je sais :

- **repérer** les propositions circonstancielles ;
- **construire** une phrase complexe avec une subordonnée circonstancielle ;
- **identifier** le sens de la subordonnée circonstancielle (temps, but, etc.) ;
- **employer** la conjonction du subordination qui convient ;
- **réduire** une subordonnée circonstancielle à un groupe nominal ou à un participe ;
- **écrire** un texte en exprimant les circonstances par des subordonnées circonstancielles.

ORTHOGRAPHE

Les homophones grammaticaux (1)

LEÇON

Les homophones grammaticaux sont des **homonymes**, c'est-à-dire des mots qui ont la même prononciation, mais qui ne s'écrivent pas de la même façon. Ils appartiennent souvent à des classes grammaticales différentes.

➜ *et* : conjonction de coordination.
est : présent de l'indicatif du verbe *être*.

▶ 1. Homophones grammaticaux du verbe *avoir*

Homophones	Classe grammaticale	Pour ne pas confondre
a	verbe *avoir*, 3e pers. du sing.	On peut le remplacer par *avait*.
à	préposition	
ah ! ha !	interjection	Elle est employée dans du discours direct.
ont	verbe *avoir*, 3e pers. du plur.	On peut le remplacer par *avaient*.
on	pronom indéfini	Il est sujet du verbe qui le suit.

▶ 2. Homophones grammaticaux du verbe *être*

Homophones	Classe grammaticale	Pour ne pas confondre
est	verbe *être*	On peut le remplacer par *était*.
et	conjonction de coordination	On peut la remplacer par *et puis*.
eh ! hé !	interjection	Elle est employée dans du discours direct.
haie	nom commun	Il désigne une clôture faite d'arbres ou d'arbustes.
ai	verbe *avoir*, 1re pers. du sing.	Il est précédé de *j'*.
aie, ait, aient	verbe *avoir*, au subjonctif présent	Si on met à la 1re personne du pluriel, on obtient *nous ayons*.
hais, hait	verbe *haïr* au présent de l'indicatif	On peut le remplacer par *haïssais, haïssait*.

▶ 3. Les homophones grammaticaux de *c'est*

Homophones	Classe grammaticale	Pour ne pas confondre
c'est	pronom démonstratif + verbe *être*	Il sert à présenter.
s'est	pronom réfléchi + verbe *être*	Il est suivi d'un participe passé.
ces	déterminant démonstratif	Il sert à montrer ou à reprendre un élément dont il a été question avant.
ses	déterminant possessif	Il marque l'appartenance.
sais, sait	verbe *savoir* au présent de l'indicatif	On peut le remplacer par *savais, savait*.

4. Autres homophones grammaticaux

Homophones	Classe grammaticale	Pour ne pas confondre
ou	conjonction de coordination	On peut le remplacer par *ou bien*.
où	pronom relatif	Il introduit une proposition subordonnée relative.
août	noms communs	C'est un mois de l'année.
houe		On peut le remplacer par *pioche*.
houx		On peut le remplacer par *arbuste*.
hou !	interjection	Elle est employée dans du discours direct.
sont	verbe *être*, 3e pers. du plur.	On peut le remplacer par *étaient*.
son	nom commun	On peut le remplacer par *bruit*.
son	déterminant possessif	Il marque l'appartenance.
sa	déterminant possessif	Il marque l'appartenance.
ça	pronom démonstratif	On peut le remplacer par *cela*.
se	pronom réfléchi	Il est suivi d'un verbe.
ce	déterminant démonstratif	Il est suivi d'un nom.
ce	pronom démonstratif	On peut le remplacer par *cela*.
ceux	pronom démonstratif	On peut le remplacer par *les personnes*.

EXERCICES

1 Complétez les phrases suivantes avec des homophones grammaticaux du verbe *avoir*.

1. J'... eu de la chance : il n'... pas plu ... l'arrivée des déménageurs. – **2.** « ... non ! Il ne me l'... pas dit. » – **3.** ... ne sait toujours pas qui a envoyé cette lettre anonyme. – **4.** Il est, dit-..., persuadé que son invention aura du succès.

2 Complétez les phrases suivantes avec des homophones grammaticaux de *est*.

1. Il ... le travail mal fait. – **2.** C'est pourquoi il ... si soigneux. – **3.** Bien qu'il ... mal au dos, il ... resté debout toute la matinée ... il va devoir recommencer la semaine prochaine.

3 Complétez les phrases suivantes avec des homophones grammaticaux de *c'est*.

1. Aurélien ... blessé en jouant au football. – **2.** Il n'a pas encore fait de radiographie donc il ne ... pas encore ce qu'il a. – **3.** Il espère toutefois pouvoir accompagner ... camarades pour les encourager.

4 Dans le texte suivant, remplacez les numéros par l'homophone qui convient : 1. *son/sont* – 2. *a/à/ah* – 3. *on/ont* – 4. *sa/ça* – 5. *ces/ces/sait* – 6. *est/et*.

[Paul] me disait : « Virginie ne m'écrit point. Si elle était partie d'Europe elle m'aurait mandé (1) départ. (2) les bruits qui (3) couru d'elle ne (1) que trop fondés ! (4) tante l'a mariée (2) un grand seigneur. L'amour des richesses l'(2) perdue comme tant d'autres. Dans (5) livres qui peignent si bien les femmes, la vertu n'(6) qu'un sujet de roman. Si Virginie avait eu de la vertu, elle n'aurait pas quitté (4) propre mère (6) moi. »

Bernardin de Saint-Pierre, *Paul et Virginie*.

5 Complétez les phrases suivantes avec les homophones de *ou*, de *son*, de *sa*.

1. Les agriculteurs ne se servent plus de ... – **2.** Ils ont adopté des moyens mécaniques qui ... plus efficaces. – **3.** ... qu'elle aille, elle emporte une bouteille d'eau minérale. – **4.** Au mois d'..., ... se comprend mais en plein mois de janvier, c'est inutile.

6 Complétez le texte suivant avec des homophones étudiés dans ce chapitre.

Croyez-vous au destin ? (1) la force impitoyable qui vous aspire vers (2) lieu mystérieux (3) se tapit votre sort ? (4) un cercle rouge invisible. (5) y entre (6) (7) n'en sort plus. Quoi qu'(8) fasse.
En entendant (9) genre d'inepties, Charlotte et Simon haussaient les épaules. Pourtant…
Pourtant, ils seraient eux aussi attirés dans (10) cercle. Le hasard les y mena aussi sûrement que l'aurait fait leur volonté.

Jean-Paul Nozière, *Les Assassins du Cercle rouge*, Flammarion, « Castor Poche ».

ORTHOGRAPHE
Les homophones grammaticaux (2)

LEÇON

1. Homophones grammaticaux de *t'en, s'en* et *qu'en*

Homophones	**Classe grammaticale**	**Pour ne pas confondre**
t'en	pronoms : *te* + *en*	Ce groupe est suivi d'un verbe.
tant	adverbe locution de subordination	Il est suivi de *de : tant de* ou *que : tant que.*
temps *taon*	noms communs	On peut le remplacer par *période, moment.* Il désigne un insecte.
s'en	pronoms : *se* + *en*	On peut le remplacer par *se* + *de cela.*
sans	préposition	Il indique la privation.
sang	nom commun	Il est précédé d'un déterminant.
sens, sent	verbe	On peut le remplacer par *sentais* ou *sentait*.
cent	adjectif numéral	On peut le remplacer par un autre adjectif numéral.
qu'en	*que* + *en*	
quand	conjonction de subordination	On peut le remplacer par *lorsque.*
quant	préposition	On peut le remplacer par *en ce qui concerne.* Il est suivi de *à* ou de *au(x).*

2. Autres homophones grammaticaux

Homophones	**Classe grammaticale**	**Pour ne pas confondre**
ni	conjonction de coordination	Il s'emploie toujours en double : *ni … ni.*
n'y	adverbe de négation + pronom	Le verbe qui suit est à la forme négative.
nie	verbe	Il signifie *dire non.*
si	conjonction de subordination	Il sert à exprimer une hypothèse.
si	adverbe	Il exprime l'intensité.
s'y	pronoms : *se* + *y*	Il est suivi d'un verbe.
scie	nom commun ou verbe	
la	article défini	Il est suivi d'un nom.
la	pronom personnel	Il est suivi d'un verbe.
là	adverbe	Il exprime le lieu ou le temps.
l'a	pronom personnel + verbe *avoir*	On peut le remplacer par *l'avait.*
las	adjectif qualificatif	Il signifie *fatigué.*
quoique	conjonction de subordination	On peut le remplacer par *bien que.*
quoi que	conjonction de subordination	On peut le remplacer par *quelle que soit la chose que.*

EXERCICES

1 Complétez par des homophones grammaticaux de *t'en*, *s'en* et *qu'en*.

1. En hiver, le ... est souvent médiocre. – **2.** Je ... prie, baisse le volume de ta chaîne hi-fi. – **3.** Il vaut toujours mieux être en avance ... retard. – **4.** Elle est restée ... parler pendant toute une heure. – **5.** Son père ... est inquiété. – **6.** ... il l'a interrogée, elle s'est mise à pleurer. – **7.** ... qu'il y a de la vie, il y a de l'espoir. – **8.** À quelle vitesse roules-tu ? À ... km/h. – **9.** Je parlerai d'abord à ton frère. ... à toi, tu ne perds rien pour attendre.

2 Complétez par les homophones grammaticaux de *ni* et *si*.

1. Je ... comprends rien. – **2.** Tu me dis que ... tu vas au cinéma, tu travailleras mieux ensuite. – **3.** Toutefois ... les exercices de mathématiques ... ceux de français ne se feront tout seuls. – **4.** Le suspect ... toute implication dans ce vol. – **5.** Il a un alibi et il ... tient. – **6.** Les policiers vont entendre des témoins pour savoir ... son alibi est valable. – **7.** Tu n'arriveras pas à couper cette barre de fer ... tu ne prends pas une ... à métaux.

3 Complétez par les homophones grammaticaux de *la* et *quoique*.

1. Habib voudrait essayer une paire de chaussures de sports qu'il a vue en vitrine. Il ... longuement regardée. – **2.** Décidément, elle lui plaît, ... elle soit un peu chère. – **3.** « Ce modèle est plutôt destiné aux plus jeunes », précise ... vendeuse. – **4.** ... elle en dise, Habib demande à essayer la paire de chaussures qui lui plaît. – **5.** « Installez-vous ... », dit ... vendeuse, en lui montrant une chaise.

4 Complétez par les homophones grammaticaux de *la*. Vous préciserez pour chacun d'eux sa nature grammaticale.

Isabelle et le prince suivaient anxieusement les gestes du chirurgien, dont le visage s'était un peu déridé.

« (1) vie n'est pas complètement éteinte, dit-il enfin en se retournant vers le prince et en essuyant son miroir ; le blessé respire encore, et tant que (2) mort n'a pas mis son doigt sur un malade, il y a de l'espérance. Mais, pourtant, ne vous livrez pas à une joie prématurée qui rendrait ensuite votre douleur plus amère : j'ai dit que M. le duc de Vallombreuse n'avait point exhalé le dernier soupir ; voilà tout. De (3) à le ramener en santé, il y a loin. Maintenant je vais examiner sa blessure, laquelle peut-être n'est point mortelle puisqu'elle ne (4) point tué sur-le-champ.

– Ne restez pas (5), Isabelle, fit le père de Vallombreuse, de tels spectacles sont trop tragiques et navrants pour une jeune fille. On vous informera de (6) sentence que portera le docteur quand il aura terminé son examen. »

Théophile Gautier, *Le Capitaine Fracasse.*

5 Remplacez les chiffres par des homophones grammaticaux de : 1. *la* – 2. *s'en* – 3. *si*.

Mais déjà Maheu se laissait glisser sur (1) pente de la taille, en disant :

– C'est un éboulement... Vite ! vite !

Tous dégringolèrent, se précipitèrent, emportés par un élan de fraternité inquiète. Les lampes dansaient à leurs poings, dans le silence de mort qui s'était fait ; ils couraient à (1) file le long des voies, l'échine pliée, comme s'ils eussent galopé à quatre pattes ; et, (2) ralentir ce galop, ils s'interrogeaient, jetaient des réponses brèves : où donc ? dans les tailles peut-être ? non, ça venait du bas ! au roulage plutôt ! Lorsqu'ils arrivèrent à la cheminée, ils (3) engouffrèrent, ils tombèrent les uns sur les autres, (2) se soucier des meurtrissures. Jeanlin, la peau rouge encore de (1) fessée de la veille, ne s'était pas échappé de la fosse, ce jour-(1). Il trottait pieds nus derrière son train, refermait une à une les portes d'aérage ; et, parfois, quand il ne redoutait pas la rencontre d'un porion[1], il montait sur la dernière berline, ce qu'on lui défendait, de peur s'il ne (3) endormît. Mais sa grosse distraction était, chaque fois que le train se garait pour en laisser passer un autre, d'aller retrouver en tête Bébert qui tenait les guides. Il arrivait sournoisement, (2) sa lampe, pinçait le camarade au (2), inventait des farces de mauvais singe, avec ses cheveux jaunes, ses grandes oreilles, son museau maigre, éclairé de petits yeux verts, luisants dans l'obscurité.

Émile Zola, *Germinal.*

1. Porion : contremaître.

6 Inventez une phrase à partir des groupes de mots suivants.

1. Quant à Sophie, ... – **2.** Ce qu'en a déduit le commissaire, ... – **3.** Quand ce film sortira, ... – **4.** Quoique la mer soit forte, ... – **5.** Quoi qu'il dise, ... – **6.** ... tant que vous êtes tombé. – **7.** Tu t'en ... – **8.** La foule s'en ... – **9.** ... sans frémir.

ORTHOGRAPHE

Le présent du subjonctif

LEÇON

1. Formation du présent du subjonctif

- Tous les verbes ont les **mêmes terminaisons** au présent du subjonctif.

1re pers. du sing.	*-e*	Que j'apprenn**e**
2e pers. du sing	*-es*	Que tu apprenn**es**
3e pers. du sing	*-e*	Qu'il apprenn**e**
1re pers. du plur.	*-ions*	Que nous appren**ions**
2e pers. du plur.	*-iez*	Que vous appren**iez**
3e pers. du plur.	*-ent*	Qu'ils apprenn**ent**

- Pour les verbes du **1er groupe**, le présent du subjonctif se forme à partir du radical obtenu en enlevant la terminaison **-er** de l'infinitif :

→ *Trier : radical = tri → Présent du subjonctif : que je tri**e**, que tu tri**es**, qu'il tri**e**, que nous tri**ions**, que vous tri**iez**, qu'ils tri**ent**.*

- Pour les verbes du **2e groupe**, le présent du subjonctif se forme à partir de l'imparfait de l'indicatif :

→ *Pâlir : imparfait = je pâliss + ais → Présent du subjonctif : que je pâliss**e**, que tu pâliss**es**, qu'il pâliss**e**, que nous pâliss**ions**, que vous pâliss**iez**, qu'ils pâliss**ent**.*

- Les verbes du **3e groupe** ont souvent des radicaux différents à l'indicatif et au présent du subjonctif. Pour les trouver, pensez à commencer une phrase par : « Il faut que… », suivi du verbe dont vous cherchez le subjonctif :

→ *Faire : « Il faut que je **fasse**… »*

Pour connaître le présent du subjonctif des principaux verbes irréguliers, reportez-vous aux tableaux de conjugaison, p. 222-229.

2. Les emplois du subjonctif

- Dans des **propositions subordonnées conjonctives,** le subjonctif s'emploie :

– pour des propositions conjonctives **sujets** :

→ ***Qu'elle m'entende** m'étonnerait fort.*

– pour des propositions conjonctives **COD**, lorsque le verbe de la proposition principale exprime la volonté, le souhait, la crainte, le regret, le contentement :

→ *Je veux **que tu viennes me voir tous les jours.***

– pour des propositions conjonctives **circonstancielles**, après certaines locutions ou conjonctions de subordination : *avant que, pour que, bien que, pourvu que*, etc. :

➜ *Elle avait compris* ***avant même qu'il lui dise la vérité.***

● Dans des **propositions subordonnées relatives,** le subjonctif s'emploie :

– quand la proposition principale donne une idée de but à atteindre, d'objectif encore non réalisé :

➜ *Je cherche un appartement* ***qui ait une vue sur la forêt.***

– après un superlatif ou *le premier, le dernier, le seul :*

➜ *C'est le* ***seul*** *modèle* ***que j'aie*** *dans votre taille.*

● **Dans des propositions indépendantes,** le subjonctif s'emploie pour exprimer l'ordre, la défense, le souhait, la supposition :

➜ ***Qu'il sorte*** *immédiatement !*

EXERCICES

1 Parmi les verbes suivants, relevez ceux qui sont au subjonctif, ceux qui sont à l'indicatif et ceux pour lesquels la forme est la même.

1. J'aille – **2.** ils finissent – **3.** nous entendions – **4.** je prenne – **5.** vous ayez – **6.** il voie – **7.** ils voient – **8.** je chante – **9.** tu apprennes – **10.** vous triiez – **11.** nous naviguions – **12.** vous arrivez.

2 Mettez les verbes suivants au présent du subjonctif en les faisant précéder de : « Il faut que… » et en complétant la phrase. Comparez la forme que vous avez trouvée avec celle du présent de l'indicatif.

1. Nous avons – **2.** ils croient – **3.** tu vois – **4.** il sourit – **5.** vous essuyez – **6.** nous jetons – **7.** je continue – **8.** elle entend – **9.** vous allez – **10.** tu es.

3 Justifiez l'emploi du subjonctif dans les phrases suivantes : en proposition indépendante, en proposition subordonnée conjonctive, en proposition subordonnée relative.

1. Qu'elle rentre encore en retard et elle m'entendra. – **2.** Je ne pense pas que sa décision soit définitive. – **3.** C'est la personne la plus intelligente que je connaisse. – **4.** Hélène viendra du 8 au 15 août à condition que vous soyez d'accord. – **5.** Le seul être en qui j'aie entièrement confiance, c'est mon chat !

4 Justifiez l'emploi du subjonctif dans les propositions subordonnées conjonctives suivantes.

1. Cachons-nous avant qu'il n'arrive. – **2.** Je souhaite qu'ils apportent leurs maillots de bain. – **3.** Une cocotte minute, voilà le meilleur cadeau que vous puissiez leur faire ! – **4.** Je ne crois pas que je sois capable de porter ce carton.

5 Conjuguez le verbe entre parenthèses au subjonctif présent.

1. Qu'il (pleuvoir) ou qu'il (venter), M. Lefort sort tous les matins à 10 h 15 précises. – **2.** Je suis toujours étonnée qu'il (être) si ponctuel. – **3.** Il faut qu'il (avoir) un emploi du temps très régulier pour qu'il (pouvoir) faire toujours les mêmes choses aux mêmes heures. – **4.** Que nous (partir) tout de suite serait une bonne idée.

6 Complétez les phrases suivantes en conjuguant le verbe entre parenthèses à l'indicatif ou au subjonctif suivant les cas.

1. Tu exiges que nous (mettre) **…** – **2.** Thomas viendra à Paris à condition qu'il (obtenir) **…** – **3.** La séance est reportée sous prétexte qu'il (faire) **…**

7 Mettez les verbes entre parenthèses au temps et au mode indiqués.

Quelque plaisir que j'(avoir, *subjonctif présent*) eu dans mes voyages à voir une statue ou un monument de l'Antiquité, j'en (avoir, *indicatif présent*) encore davantage à lire une inscription bien faite ; il me (sembler, *indicatif présent*) alors qu'une voix humaine (sortir, *subjonctif présent*) de la pierre, (se faire, *subjonctif présent*) entendre à travers les siècles, et s'adressant à l'homme au milieu des déserts, lui (dire, *subjonctif présent*) qu'il n'(être, *indicatif présent*) pas seul.

Bernardin de Saint-Pierre, *Paul et Virginie.*

EXPRESSION ORALE

Insister

OBSERVATION

Questions

1. De quel fait part la conversation ?

2. Que demande le metteur en scène ? Que répond le producteur ?

3. Comment les interlocuteurs s'y prennent-ils pour insister sur leurs propos ?

4. Quels mots et expressions expriment cette insistance ?

LEÇON

- **Insister,** c'est s'arrêter avec force sur un point particulier, mettre l'accent sur quelque chose.
- On peut insister sur **l'acte de parole** lui-même *(Je le dis et le redis)* ou sur **un fait** *(J'insiste sur le fait que…).*
- On peut insister en ajoutant une **certitude,** une **conviction personnelle.**

1. L'expression de l'insistance

On emploie :
– des **verbes :** *je dis / déclare / affirme / répète / souligne que – je le dis sans hésiter / bien haut – je t'assure / te garantis que – j'attire ton attention sur le fait que – j'insiste sur le fait que…*
– des **tournures impersonnelles :** *il ne faut pas oublier que – il faut tenir compte que / du fait que – il faut bien noter / savoir que – on notera que – on ne saurait manquer de relever que – cela fait (bien) voir/ ressortir / que…*
– le **mode impératif :** *sache-le bien, sois-en persuadé…*
– des **expressions :** *parole – sans blague – vraiment – franchement – encore une fois – n'empêche – allez / tenez...*

3. Aspects particuliers de l'insistance

- **La certitude**

Pour insister en ajoutant une certitude, on emploie : *il est évident / sûr/ certain que – bien sûr – assurément – évidemment – évidemment, je lui ai dit que…*

- **La conviction personnelle**

Pour insister en ajoutant une conviction personnelle, on emploie : *je suis persuadé / convaincu / sûr que…*

PRENONS LA PAROLE

Improvisez les scènes suivantes, en utilisant des formules d'insistance variées.

1. Votre nouvel appareil photo est tombé en panne après deux jours d'utilisation. Au service après-vente, vous voulez qu'on vous l'échange.
2. Personne ne veut vous aider à faire un journal au collège. Vous demandez de l'aide à un professeur, à un surveillant, au principal, aux élèves de 3e.
3. En l'absence de vos parents, vous êtes chargée de surveiller votre petit frère. Celui-ci ne veut pas prendre son bain, ni aller se coucher ; il veut se nourrir de cacahuètes et de ketchup. Vous insistez pour qu'il soit raisonnable.
4. Vous allez passer un moment chez une camarade qui veut vous faire écouter une musique que vous n'aimez pas. La discussion s'engage sur le rap, le raï, la techno, le funk, l'acid, le hard-rock…

BILAN

1 5 points

Dites si les phrases suivantes sont simples ou complexes.

1. Dis-moi où tu vas. – **2.** Je suis fiévreuse, j'ai des courbatures partout. – **3.** Les journalistes se sont rendus sur les lieux de l'accident juste après l'arrivée des secours. – **4.** Le boulanger du coin fait les meilleurs croissants de toute la ville. – **5.** La victoire de Calais a réjoui tous les supporters qui avaient fait le déplacement.

2 5 points

Dites si les phrases complexes suivantes sont construites par juxtaposition, coordination ou subordination.

1. Sortez tranquillement et prenez l'ascenseur. – **2.** Il est entré dans la maison, il a tout de suite vu la fumée. – **3.** Le suspect que la police a interrogé a un alibi sérieux. – **4.** Sais-tu qui le commissaire interrogera le premier ? – **5.** Il refusa de s'occuper de cette affaire car il avait quitté la P.J.

3 5 points

Dans les phrases suivantes, donnez l'antécédent des pronoms relatifs et indiquez la fonction des pronoms relatifs dans les propositions subordonnées.

1. Nous allons déménager dans le quartier où tu es né. – **2.** Le village charmant dont tu m'avais parlé se trouve à trois kilomètres d'ici. – **3.** Il a inventé une voiture non polluante qui roule à l'eau de mer. – **4.** Le roman que je viens de lire m'a captivée. – **5.** Je me souviens du paysage devant lequel j'ai pris cette photographie.

4 5 points

Dans les phrases suivantes, *que* est-il pronom relatif ou conjonction de subordination ?

1. Elle ne m'a pas rendu le cédérom que je lui avais prêté. – **2.** Les journalistes ont cru que l'affaire était terminée. – **3.** Voulez-vous bien le prévenir que je serai en retard ? – **4.** Le vainqueur du Vendée Globe a reconnu que les vents lui avaient été favorables. – **5.** La pièce montée que vous avez commandée vous sera livrée à 12 h.

5 5 points

Dites si les propositions subordonnées des phrases suivantes sont relatives, complétives ou circonstancielles.

1. Mamie exige que nous soyons à l'heure à table. – **2.** Pierre a raconté à mon père qu'il avait pêché une truite de quarante centimètres. – **3.** Quand Sophie vient en vacances avec nous, elle passe son temps au téléphone. – **4.** Dans l'hôtel séjourne une dame qui fait toujours des mots croisés. – **5.** Une flottille de chalutiers mouille dans le petit port où nous passons le mois d'août.

6 5 points

Dans les phrases suivantes, indiquez le mode de la proposition subordonnée.

1. Je voudrais une chambre qui ait vue sur la mer. – **2.** Elle a utilisé la recette de quiche lorraine que je lui avais donnée. – **3.** Il nous a dit que quelqu'un viendrait le chercher. – **4.** Mes parents aimeraient que je finisse mon travail avant le dîner. – **5.** Je ne pense pas que vous arriviez à l'heure.

7 5 points

Mettez le verbe entre parenthèses au mode et au temps qui conviennent.

1. Il s'étonne que personne ne le (comprendre). – **2.** Le médecin m'a assuré qu'il (s'être remis) en deux jours. – **3.** Quand je (pense) que les vacances se (terminer) demain ! – **4.** Qu'il (savoir) que je ne (revenir) pas sur mes décisions. – **5.** Pourvu que nous (obtenir) la permission de sortir ! – **6.** Tant que tu ne (suivre) pas, tu ne (faire) aucun progrès. – **7.** Cet enfant est le plus sage que nous (connaître).

8 5 points

Complétez les phrases suivantes à votre convenance. Attention au mode que vous emploierez dans la proposition subordonnée.

1. J'accepte de venir te voir à condition que **....** – **2.** J'espère que tu **....** – **3.** Pourquoi faut-il **...** ? – **4.** Le bébé s'est endormi au moment où **...** . **5.** L'idée que vous **....** me fait frémir. – **6.** Les mamans ont toujours peur que **...** et que **...** . **7.** Qu'elle **...**, sinon je **....** – **8.** Les écologistes demandent que **....**

6 Les fonctions dans la phrase complexe

OBJECTIFS

Savoirs
- Repérer les fonctions essentielles dans les phrases complexes
- Maîtriser l'accord sujet-verbe
- Repérer et accorder l'attribut du sujet et du COD
- Repérer les compléments essentiels dans une phrase et dans un texte
- Distinguer les principales circonstances d'une action : lieu, temps, cause, but, manière, moyen

Savoir-faire
- Varier la construction des sujets dans un texte
- Écrire un portrait en employant des attributs
- Écrire un récit en maîtrisant les constructions directes et indirectes des compléments d'objet
- Écrire un récit en variant l'expression des circonstances (temps, lieu, cause, but)
- Écrire une notice, un mode d'emploi, une recette en exprimant les circonstances de manière et de moyen

GRAMMAIRE

19. Le sujet

OBSERVATION

Un gentleman solitaire

Ce qui était certain toutefois, c'est que, depuis de longues années, Phileas Fogg n'avait pas quitté Londres. Ceux qui avaient l'honneur de le connaître un peu plus que les autres attestaient que – si ce n'est sur ce chemin direct qu'il parcourait chaque jour pour venir de sa maison au club – personne ne pouvait prétendre l'avoir jamais vu ailleurs. Son seul passe-temps était de lire les journaux et de jouer au whist. À ce jeu du silence, si bien approprié à sa nature, il gagnait souvent, mais ses gains n'entraient jamais dans sa bourse et figuraient pour une somme importante à son budget de charité. D'ailleurs, il faut le remarquer, Mr. Fogg jouait évidemment pour jouer, non pour gagner. Le jeu était pour lui un combat, une lutte contre une difficulté, mais une lutte sans mouvement, sans déplacement, sans fatigue, et cela allait à son caractère.

On ne connaissait à Phileas Fogg ni femme ni enfants – ce qui peut arriver aux gens les plus honnêtes –, ni parents ni amis – ce qui est plus rare en vérité. Phileas Fogg vivait seul dans sa maison de Savillerow, où personne ne pénétrait. De son intérieur, jamais il n'était question. Un seul domestique suffisait à le servir.

Jules Verne, *Le Tour du monde en 80 jours.*

Questions

1. Peut-on supprimer les groupes de mots en rose ? Donnez leur nature, c'est-à-dire la catégorie grammaticale à laquelle ils appartiennent.

2. Peut-on déplacer les groupes de mots en rose à l'intérieur des phrases ? Justifiez votre réponse.

3. Peut-on mettre en relief les groupes de mots en rose en les encadrant avec l'expression « c'est… qui » ?

4. Mettez au pluriel les groupes de mots en vert. Quelles transformations constatez-vous ? Qu'en concluez-vous ?

5. Les groupes de mots en rose sont-ils toujours en tête de phrase ? Peut-on toujours les déplacer en tête de phrase ?

6. Pouvez-vous mettre le mot en bleu au pluriel ? Pourquoi ?

LEÇON

1. Définition

- Le **groupe nominal sujet** est **l'un des deux éléments essentiels** de la phrase. Il ne peut **pas** être **supprimé**.
  → ***Son seul passe-temps** était de lire les journaux.*
  GN sujet GV

- Le sujet n'est **pas exprimé** devant les verbes à l'**impératif** :
  → ***Dites**-moi ce que vous voulez.*

- **Pour reconnaître le sujet**, on pose la question ***qui est-ce qui?*** ou ***qu'est-ce qui?***
  → ***Phileas Fogg** jouait pour jouer, non pour gagner.* → Qui est-ce qui *jouait pour jouer?* Phileas Fogg *:* sujet

- Le sujet peut être **mis en relief** par l'expression ***c'est… qui*** :
  → ***C'est** Mr. Fogg **qui** ne jouait pas pour gagner.*

- Quand on peut remplacer un groupe nominal par ***il(s)*** ou ***elle(s)***, ce groupe nominal est **sujet**.

Remarque
Le sujet **commande l'accord du verbe en personne et en nombre** :
→ ***Phileas Fogg** n'**avait** jamais quitté Londres.*
→ ***Phileas Fogg** et **ses amis** n'**avaient** jamais quitté Londres.*

2. La place du sujet

- Dans la phrase **déclarative**, le **sujet** est, le plus souvent, placé à gauche du verbe, mais pas toujours en tête de phrase :
  → *À ce jeu du silence, **il** gagnait souvent.*

- Dans la phrase **interrogative** de registre de langue courant ou soutenu, le **pronom personnel sujet** est placé **après le verbe** :
  → *Êtes-**vous** prêt à partir?*

- Le sujet est inversé :
  – dans les propositions **incises** :
  → *Passepartout, s'écria-t-**il**, nos bagages!*
  – quand la phrase commence par certains **adverbes** : *peut-être, sans doute, à peine, ainsi, aussi, de même,* ou certains compléments, surtout quand le groupe sujet est particulièrement long :
  → *Peut-être reviendra-t-**il** demain. Puis s'avanceront **des prêtres, coiffés de mitres richement brodées**.*
  – pour favoriser l'**enchaînement** de deux phrases :
  → *Cette statue avait quatre bras […]. À son cou s'enroulait **un collier de têtes de mort**.*

Remarque
Dans certaines constructions interrogatives, le **sujet** est **redoublé**. Un pronom personnel, placé après le verbe, reprend le nom sujet :
→ ***Le jeu de cartes** est-**il** votre passe-temps favori?*

3. La nature du sujet

Le sujet peut être :
– un **groupe nominal** plus ou moins étendu :
→ ***Un seul domestique** suffisait à le servir.*

→ ***Ceux qui avaient l'honneur de le connaître un peu plus que les autres*** *attestaient de son sens de l'honneur.*

– un **pronom** :

→ *À ce jeu du silence,* ***il*** *gagnait souvent.*
On *ne connaissait à Phileas Fogg ni femme ni enfants.*

– un **verbe à l'infinitif** :

→ ***Jouer aux cartes*** *est un passe-temps familier.*

– une **proposition subordonnée** :

→ ***Que son maître voyage*** *lui paraît surprenant.*

Remarque
À la tournure impersonnelle, ***il*** ne désigne rien ni personne. Ce n'est pas un pronom, mais un indice qui ne s'analyse pas et qui permet de conjuguer le verbe :
→ ***Il*** *n'était jamais question de son intérieur.*

4. L'accord sujet-verbe

- Le sujet **commande l'accord du verbe en personne et en nombre.**

→ ***Ils vivaient*** *tous ensemble* (3e pers. du pluriel).

- S'il y a **plusieurs sujets**, le **verbe** se met au **pluriel**.

→ *Géraldine et Guillaume v**ont** souvent à la piscine.*

- Si les sujets sont de **personnes différentes**, la première l'emporte sur les deux autres et la deuxième sur la troisième.

→ ***Mes deux frères et moi*** *nous étions tout enfants.* (Hugo)

- Si le sujet est un **nom collectif** *(foule, troupe…)* **suivi d'un complément au pluriel**, l'accord se fait **selon le sens**.

→ ***Une foule de*** *journalistes* ***attend*** (ou ***attendent***) *les voyageurs.*

- Si le sujet est un **adverbe** ou une **locution de quantité** *(beaucoup, la plupart, peu…)*, le verbe se met au **pluriel**.

→ ***La plupart*** *des Anglais jou**ent** au bridge.*

(Reportez-vous également à la fiche d'orthographe, p. 194-195.)

Pour l'expression écrite

L'effacement du sujet

À l'oral ou à l'écrit, dans nos phrases, nous pouvons choisir de faire apparaître plus ou moins nettement les personnages. La langue offre en effet plusieurs possibilités.

- Présence la plus forte : c'est le sujet de la phrase active, surtout s'il est animé humain :

→ ***Phileas Fogg*** *ne voyageait jamais.*

- Présence moins forte : le sujet de la phrase active est non humain :

→ ***La lecture du journal*** *occupait le gentleman toute la journée.*

- Présence faible : la phrase est passive :

→ ***Le voyage*** *fut entrepris par le détective.*

- Présence plus faible : la phrase active a pour sujet *on* :

→ ***On*** *ne connaissait ni femme ni enfants à Phileas Fogg.*

- Aucune présence du sujet : la phrase est impersonnelle :

→ ***Il*** *n'est pas question que Mr. Fogg aille en prison.*

Retenons

1. Le **sujet** est **un des deux éléments essentiels** de la phrase. Il peut être un nom propre, un groupe nominal, un pronom, un verbe à l'infinitif, une proposition subordonnée.

2. Le sujet **commande l'accord du verbe** en **personne** et en **nombre**.

3. La langue offre **différentes possibilités** d'affirmer plus ou moins nettement le **sujet** dans la phrase en attirant l'attention soit sur lui, soit sur une information qui apparaît à la fin de la phrase.

EXERCICES

Identifier

1 Relevez les groupes sujets dans les phrases suivantes et donnez leur nature.

1. Écouter de la musique me donne du courage pour travailler. – **2.** On espère que le temps va s'améliorer vite. – **3.** Les girafes ont-elles mal à la gorge? – **4.** À quelle vitesse poussent les champignons? – **5.** Personne ne le sait exactement. – **6.** Qu'Olivier soit en retard m'étonne car il est toujours très ponctuel.

2 Classez les phrases suivantes de la plus forte présence du sujet à la moins forte. Reportez-vous au paragraphe sur l'effacement du sujet, p. 162.

1. On a enfin des nouvelles des otages. – **2.** Les journalistes ont attendu toute la nuit la fin des négociations. – **3.** Il faut réellement beaucoup de patience pour faire ce métier. – **4.** La libération devrait intervenir dans les heures qui viennent. – **5.** Les otages sont attendus en fin de journée. – **6.** Ils donneront leur première conférence de presse lorsqu'ils seront remis.

3 Dans le texte suivant, les groupes en gras sont-ils sujets de verbes actifs ou passifs? Pour les phrases actives, vous préciserez s'il s'agit de sujets humains ou non humains.

Le radar, arme de la victoire

En 1939, **les Britanniques** disposent sur leurs côtes sud et est d'une chaîne de 20 stations radar. La longueur d'onde utilisée est d'environ 12 m et la portée de 150 km. Les informations sont aussitôt transmises au quartier général de la RAF, lui-même en liaison permanente avec les escadrilles de chasseurs. Dès que **les appareils allemands** sont signalés, **les contrôleurs britanniques** dirigent leurs avions vers le point d'interception. Nec plus ultra pour l'époque, **une boîte électronique embarquée sur les chasseurs** envoie un message. **Les Alliés** différencient ainsi les avions « amis » et « ennemis ».

© Philippe Monges/*Science & Vie Junior*, hors série n° 38, octobre 1999.

Transformer

4 Transformez les phrases déclaratives suivantes en phrases interrogatives. Inversez le sujet.

1. Tu vas au concert de Pascal Obispo. – **2.** Les chats sont moins dépendants de leurs maîtres que les chiens. – **3.** On a déjà vu ce film. – **4.** L'appétit vient en mangeant. – **5.** Vous avez tous bien compris le mode d'emploi du cédérom. – **6.** La ville de Paris attire toujours autant de touristes.

5 Accordez les verbes entre parenthèses avec leurs sujets. Vous emploierez le présent de l'indicatif.

1. Quelques instants (suffire) aux enfants pour comprendre qu'ils (devoir) se calmer. – **2.** La plupart des spectateurs (admirer) les voltiges des trapézistes, mais peu (comprendre) combien il (falloir) travailler pour en arriver là. – **3.** Tu (prendre) le bus n° 31, tu (passer) devant la piscine et tu (descendre) à l'arrêt suivant. – **4.** À quoi (servir) les pistons d'une voiture ? – **5.** Les élèves (élire) des délégués qui eux-mêmes (désigner) des représentants au conseil d'administration du collège. – **6.** J'(apercevoir) des camarades, (courir) et les (saluer).

6 Même exercice en accordant les verbes entre parenthèses au temps de l'indicatif indiqué.

La vengeance des ciseaux

Tels des vautours d'argent, un vol de ciseaux (s'engouffrer, *passé simple*) par la porte ouverte, des grands, des petits, des droits, des courbes, tous le bec cruel en avant. Les vis qui (unir, *imparfait*) leurs lames (étinceler, *imparfait*) comme des yeux en colère.

Ils (se précipiter, *imparfait*), virant et tourbillonnant, avec leur étrange cri discordant. Puis, soudain, ils (s'abattre, *passé simple*) sur les trois grosses filles terrorisées. En hurlant, elles (lever, *passé simple*) les bras pour protéger leur visage des redoutables becs. Je les (regarder, *imparfait*) avec horreur, m'attendant à voir jaillir le sang de cette chair dodue, si dorlotée. Mais les ciseaux (viser, *imparfait*) d'autres proies.

V. Alcock, *Le fantôme vous salue bien*,
© Hachette Livre, « Le Livre de poche Jeunesse ».

7 Replacez les groupes sujets aux endroits qui conviennent : *des femmes – il – les pousseurs de chariots remplis de sacs et de caisses – les voyageurs en partance – un enfant.*

Le départ dans la nuit

Manuel avance. Pour l'instant, **(1)** se sent tranquille, hors de danger, perdu dans la foule des gens qui tournent autour des lourds camions. **(2)** crient pour se frayer un passage jusqu'aux véhicules; **(3)** offrent aux voyageurs des fruits, des boissons, des galettes. **(4)**, des paquets plein les bras, échangent les dernières recommandations et les derniers au revoir avec leurs proches, venus les accompagner. **(5)**, attaché sur le dos de sa mère, regarde un instant Manuel avec des yeux lourds de sommeil, Manuel lui sourit…

Bertrand Solet, « Sur la piste de l'or »,
in *Je bouquine*, n° 125, juillet 1994, © Bayard Presse.

Écrire

8 Choisissez entre les constructions *a* ou *b* celle qui vous paraît préférable pour l'enchaînement et le rythme des phrases.

1. Passepartout – onze heures et demie étant sonnées – se trouvait seul dans la maison de Saville-row. ***a.*** *Aussitôt, l'inspection en fut commencée.* – ***b.*** *Aussitôt, il en commença l'inspection.*

2. Il la parcourut de la cave au grenier. Cette maison propre, rangée, sévère, puritaine, bien organisée pour le service, lui plut. ***a.*** *Elle lui fit l'effet d'une belle coquille de colimaçon, mais d'une coquille éclairée et chauffée au gaz, car l'hydrogène carburé y suffisait à tous les besoins de lumière et de chaleur.* – ***b.*** *Il la compara à une belle coquille de colimaçon, mais d'une coquille éclairée et chauffée au gaz, car l'hydrogène carburé y suffisait à tous les besoins de lumière et de chaleur.*

3. Passepartout trouva sans peine, au second étage, la chambre

a. *que quelqu'un lui destinait.* – ***b.*** *qui lui était destinée.*

4. Elle lui convint. ***a.*** *Des timbres électriques et des tuyaux acoustiques la mettaient en communication avec les appartements de l'entresol et du premier étage.* – ***b.*** *Passepartout remarqua des timbres électriques et des tuyaux acoustiques qui la mettaient en communication avec les appartements de l'entresol et du premier étage.*

5. Sur la cheminée, une pendule électrique correspondait avec la pendule de la chambre à coucher de Phileas Fogg,

a. *et au même instant la même seconde était battue par les deux appareils.* – ***b.*** *et les deux appareils battaient au même instant la même seconde.*

D'après Jules Verne, *Le Tour du monde en 80 jours.*

AUTOÉVALUATION

À la fin de cette leçon, je sais :

- **repérer** le sujet étendu d'un verbe dans une phrase complexe ;
- **identifier** les sujets inversés ;
- **accorder** un verbe avec plusieurs sujets, et avec des sujets de personnes différentes ;
- **repérer** la présence plus ou moins forte du sujet dans la phrase ;
- **varier** la construction des sujets dans un texte.

20. L'attribut du sujet et du COD

OBSERVATION

Le nouveau domestique

En ce moment, on frappa à la porte du petit salon dans lequel se tenait Phileas Fogg.

James Forster, le congédié, apparut.

« Le nouveau domestique », dit-il.

Un garçon âgé d'une trentaine d'années se montra et salua.

« Vous êtes Français et vous vous nommez John? lui demanda Phileas Fogg.

– Jean, n'en déplaise à monsieur, répondit le nouveau venu, Jean Passepartout, un surnom qui m'est resté, et que justifiait mon aptitude naturelle à me tirer d'affaire. Je crois être un honnête garçon, monsieur, mais, pour être franc, j'ai fait plusieurs métiers. J'ai été chanteur ambulant, écuyer dans un cirque, faisant de la voltige comme Léotard, et dansant sur la corde comme Blondin; puis je suis devenu professeur de gymnastique, afin de rendre mes talents plus utiles, et, en dernier lieu, j'étais sergent de pompiers, à Paris. J'ai même dans mon dossier des incendies remarquables. Mais voilà cinq ans que j'ai quitté la France et que, voulant goûter de la vie de famille, je suis valet de chambre en Angleterre. Or, me trouvant sans place et ayant appris que Mr. Phileas Fogg était l'homme le plus exact et le plus sédentaire du Royaume-Uni, je me suis présenté chez monsieur avec l'espérance d'y vivre tranquille et d'oublier jusqu'à ce nom de Passepartout…

– Passepartout me convient, répondit le gentleman. Vous m'êtes recommandé. J'ai de bons renseignements sur votre compte. Vous connaissez mes conditions?

– Oui, monsieur.

Jules Verne, *Le Tour du monde en 80 jours.*

Questions

1. Peut-on supprimer les groupes de mots en bleu?

2. Relevez les mots ou groupes de mots sur lesquels les groupes de mots en bleu nous donnent des renseignements. Quelle est, dans chaque phrase, la fonction de ces groupes complétés?

3. Classez les groupes de mots en bleu en deux catégories, selon leur nature grammaticale : groupe nominal ou adjectif.

4. Faites la liste des verbes qui relient les groupes de mots en bleu aux groupes de mots qu'ils qualifient. Mettez-les à l'infinitif et classez-les. Que constatez-vous?

LEÇON

1. L'attribut du sujet

- L'attribut du sujet est un **élément essentiel du groupe verbal.** Il ne peut **pas** être **supprimé.**
- L'adjectif **attribut** indique une **caractéristique du sujet.**
- Le **groupe nominal attribut** indique l'**identité du sujet** ou le fait entrer dans une **catégorie.**
- Il est **relié** au sujet par certains **verbes**, dits **attributifs** :

➜ *Je **suis** valet de chambre.*
Sujet V Attribut du sujet

Nature

L'attribut du sujet peut être :
– un **adjectif** : *Le candidat paraît **sérieux**.*
– un **participe passé** employé comme adjectif : *Passepartout sera **étonné**.*
– un **groupe nominal** employé **avec ou sans déterminant** : *Je crois être **un honnête garçon**. / J'étais **sergent de pompiers**.*
– un **pronom** : *Cette maison sera bientôt **la vôtre**.*
– un **verbe à l'infinitif** : *La prudence serait de **se taire**.*
– une **proposition** : *Les voyages en mer restent **ce que Mr. Fogg préfère**.*

Comment le reconnaître ?

- Le verbe ***être*** n'a **jamais de COD.** Il faut donc essayer de remplacer le verbe de la phrase à analyser par *être.*
- Un **adjectif qualificatif** ne peut **jamais** être **COD.**
- Quand l'**attribut du sujet** est un **GN**, il désigne la **même personne** ou la **même chose** que le **sujet.** On ne peut donc pas le confondre avec le COD qui désigne une autre personne ou une autre chose :

➜ ***Passepartout** sera pompier.* Passepartout = pompier.
***Nous** ferons le tour du monde.* Nous ≠ le tour du monde.

Le **GN attribut du sujet** se distingue du **GN complément d'objet direct** :
– le GN attribut du sujet peut être **remplacé** par un **adjectif** :

➜ *Passepartout est **valet de chambre** → **sportif, courageux.***

– le GN complément d'objet direct ne le peut pas :

➜ *Passepartout remplace **l'ancien valet de chambre** :* pas de substitution possible avec un adjectif.

Accord

- L'**adjectif** ou le **participe passé attribut du sujet** s'accorde en **genre** et en **nombre** avec le sujet :

➜ ***Il** est bavard.* (accord avec *il*, masculin singulier)
***Elles** sont bavardes.* (accord avec *elles*, féminin pluriel)

Les verbes qui introduisent un attribut du sujet sont :

– les verbes **essentiellement** attributifs

Les verbes qui se construisent le plus souvent avec un attribut du sujet sont peu nombreux. On les appelle **verbes attributifs ou verbes d'état**. Les principaux sont : *être, paraître, sembler, devenir, rester, demeurer.*

Certains indiquent un état ou sa transformation : *être, demeurer, rester, devenir*; d'autres indiquent l'apparence : *sembler, paraître, avoir l'air.*

– les verbes **occasionnellement** attributifs

Certains verbes **intransitifs** (qui n'ont jamais de complément d'objet) peuvent se construire avec un attribut :

➜ *tomber **malade** / **mort** / **amoureux**.*

Certains verbes **transitifs** (qui se construisent avec un COD) lorsqu'ils sont à la forme passive :

➜ *Elle est élue **maire**, nommée **préfète**, couronnée **Miss France**.*

Certains verbes **pronominaux** : *se montrer, se révéler, s'annoncer* :

➜ *Elle se montre **cultivée**.*

Construction
Généralement, l'attribut du sujet suit le verbe et se construit directement, sans préposition. Cependant, il est précédé d'une préposition (*de, pour, comme*) après certains verbes : *passer* **pour**, *être traité* **de**, *être considéré* **comme**.

2. L'attribut du COD

● Certains verbes permettent d'attribuer **une caractéristique non au sujet, mais au COD** : *croire, juger, estimer, penser, rendre, nommer, tenir pour, considérer comme…*

➜ *Phileas Fogg **le** croit **honnête garçon**.*
*Notre chat, nous **l'**avons appelé **Satan**.*

● Pour le distinguer de l'adjectif épithète, on remplace le GN par un **pronom personnel** :

➜ *Il a trouvé le livre **magnifique**. Il **l'**a trouvé **magnifique*** (*magnifique :* attribut du COD)
*Il a trouvé le livre **rouge**. Il **l'**a trouvé. (rouge :* épithète)

Pour l'expression écrite

▪ **L'ordre sujet – verbe – GN attribut du sujet peut souvent s'inverser**, quand le GN attribut est précédé d'un article défini :

➜ *Passepartout est le valet de Mr. Fogg.*
Le valet de Mr. Fogg est Passepartout.

Dans la première phrase, le personnage connu est Passepartout; dans la seconde phrase, l'élément connu est Mr. Fogg.

▪ **Épithète ou attribut du sujet ?**

On peut écrire « *le sympathique valet de chambre* » ou « *le valet de chambre est sympathique* ». Mais la construction avec l'attribut du sujet permet davantage de possibilités d'expression :

– l'attribut du sujet fait partie du groupe verbal et peut donc être mis à la forme négative : « *Le valet de chambre **n'**est **pas** sympathique.* »
– l'adjectif attribut du sujet peut recevoir des degrés de comparaison (comparatif) : « *Le valet de chambre est **aussi / plus / moins** sympathique **que** son maître.* »

Retenons

1. L'attribut du sujet fait partie du **groupe verbal**. Il désigne l'**identité** ou une **caractéristique** du sujet.

2. **L'adjectif** ou le **participe passé** attribut du sujet s'**accorde en genre et en nombre avec le sujet.**

3. L'attribut du sujet est **relié** au sujet par des **verbes essentiellement ou occasionnellement attributifs**, principalement les verbes d'état : *être, paraître, sembler, devenir, demeurer, rester, avoir l'air, passer pour*.

4. **L'attribut du COD** indique une caractéristique de l'être ou de la chose désigné(e) par le COD de certains verbes : *croire, juger, estimer, nommer.*

EXERCICES

Identifier

1 Parmi les groupes de mots en gras, identifiez les attributs du sujets.

1. Mon dessert préféré est **la tarte au citron**. – 2. Je n'aime pas du tout **les éclairs au café**. – 3. Les meringues sont **trop difficiles à manger** car elles se cassent **en mille morceaux.** – 4. Je suis **allé** chez le boulanger tout à l'heure. – 5. Il s'appelle **Monsieur Lepain**, ce qui paraît incroyable. – 6. Et pourtant c'est **vrai**! – 7. Je me suis **acheté** une énorme part de tarte au citron meringuée. Un délice!

2 Relevez les attributs du sujet et donnez leur nature grammaticale.

1. La journée sans voiture est une bonne idée. – 2. Cependant, toutes les villes ne se sentent pas concernées par cette opération. – 3. L'idéal serait de l'étendre à toutes les municipalités. – 4. Les transports en commun sont plus nombreux ce jour-là. – 5. Certaines mairies organisent des manifestations qui sont très appréciées : transport en calèche, courses à vélo. – 6. Certaines personnes ne semblent pas satisfaites car elles ne peuvent pas se passer de leur véhicule. – 7. Le fait est que l'air est plus pur ce jour-là dans les grandes villes qui participent à l'opération.

3 Identifiez les mots auxquels se rapportent les groupes en gras et précisez si ce sont des attributs du sujet ou du complément d'objet.

1. Les spectateurs ont trouvé **très émouvant** le dernier film de Claude Berri. – 2. Lebrac, Camus et la Crique l'avaient surnommé **Tigibus**. – 3. La Crique passe pour **l'intellectuel de l'école de Longevernes**. – 4. Estelle a trouvé la glace au café **délicieuse**. – 5. Johnny? Le président l'a nommé **chevalier de la Légion d'honneur**. – 6. Béatrice est **assez bavarde, un peu indiscrète**, mais je la crois **sincère**. – 7. Depuis quelques jours, le temps devient **nuageux**. Je crois la météo **défavorable** à cette course en montagne. – 8. Tu me prends pour **un imbécile**.

4 Dans les phrases suivantes, distinguez les attributs du sujet et les attributs du COD.

1. J'ai vu récemment un film dont Clint Eastwood est le producteur et l'acteur principal. – 2. Je l'ai trouvé bien changé. – 3. Ne penses-tu pas qu'il a l'air plus vieux que son âge? – 4. De nombreux

spectateurs le considèrent comme très séduisant. – **5.** Le fait est qu'il a maintenant beaucoup de rides. – **6.** Il passe pour l'un des meilleurs acteurs américains actuels.

5 Relevez les attributs du sujet et identifiez les sujets qu'ils caractérisent.

Le Petit Chaperon rouge

Pourquoi le Petit Chaperon rouge n'aurait-elle pas eu, elle aussi, le sens de la communauté? Qui plus est, sa grand-mère, loin d'être malade ou gâteuse, était une adulte rayonnante de maturité et parfaitement capable de prendre soin d'elle-même. Le Petit Chaperon rouge partit donc à travers bois avec sa corbeille. Beaucoup de gens s'imaginaient que la forêt était un endroit maléfique et dangereux, et ne s'y aventuraient jamais. […]
En chemin, le Petit Chaperon rouge fut accostée par un loup qui lui demanda ce qu'il y avait dans sa corbeille. « Une collation[1] diététique pour ma grand-mère, répondit-elle. Mais ne vous méprenez pas, ma grand-mère est une adulte nullement entamée par les ans et tout à fait capable de se débrouiller seule. – Hum! fit le loup. Vous savez, ma chère, qu'une petite fille comme vous ne devrait pas se promener toute seule dans ces bois. » Voilà tout ce qu'il trouva à dire, et le Petit Chaperon rouge lui fit aussitôt remarquer combien ce genre de réflexion sexiste était blessant à l'extrême.

James Finn Garner, *Politiquement correct, contes d'autrefois pour lecteurs d'aujourd'hui*, © Grasset, 1995.

1. Collation : repas léger.

Transformer

6 Replacez les attributs du sujet suivants aux endroits qui conviennent : *prodigue de rien, mais non avare – ce que les mieux informés ne pouvaient dire – silencieux – riche – d'autant plus mystérieux – le dernier auquel il convint de s'adresser pour l'apprendre.*

Ce Phileas Fogg était-il **(1)**? Incontestablement. Mais comment il avait fait fortune, c'est **(2)**, et Mr. Fogg était **(3)**. En tout cas, il n'était **(4)**, car partout où il manquait un appoint pour une chose noble, utile ou généreuse, il l'apportait silencieusement et même anonymement. En somme, rien de moins communicatif que ce gentleman. Il parlait aussi peu que possible, et semblait **(5)** qu'il était **(6)**.

Jules Verne, *Le Tour du monde en 80 jours*.

7 Même exercice avec les attributs suivants : *beaucoup plus fascinantes que le morphing – beaucoup plus fort – celle qui se fait sur le terrain – différent – les réalisateurs du film* Microcosmos *– moins étonnant que sur un écran – un bidouillage informatique – un documentaire sur la vie des insectes – un film sur cet autre monde – une gélatine sur laquelle un insecte peut marcher.*

Microcosmos

Claude Nuridsany et Marie Pérennou sont **(1)** :
Claude N. : Posez une loupe dans l'herbe. C'est un tour de magie qui vous enverra dans un autre monde. Vous aurez l'impression de pousser une porte interdite. *Microcosmos* est **(2)**, et non pas **(3)**. Dans cet univers, tout est **(4)** : les matières, les lumières, les sons, les créatures. Vue de très près, l'eau devient **(5)**; une bulle d'air peut se transporter comme de la terre. Ces images bouleversent complètement nos habitudes visuelles. Elles sont **(6)**, ces transformations d'images que l'on voit dans des films comme *The Mask*. Ce procédé n'est qu'**(7)**. Tandis que, sous la loupe, c'est une vraie créature qui est en train de vivre sous vos yeux…
Marie P. : Un documentaire peut donner un avant-goût de ce qu'il est possible de voir dans la nature. Mais la véritable observation est **(8)**. Tout ce qu'on découvre de ses propres yeux est **(9)**, même si le spectacle est **(10)**.

Télérama junior, n° 168, 16-22 novembre 1996.

8 Accordez les verbes attributifs à l'imparfait de l'indicatif; relevez les attributs du sujet qu'ils introduisent et donnez leur nature.

Naufragés

Seulement, je vais vous dire : Rouget, pour moi, n'(être) pas Rouget. Il (être) tour à tour mon fidèle Vendredi, une tribu de sauvages, un équipage en révolte, tout ce qu'on voulait. Moi-même, en ce temps-là, je ne (s'appeler) pas Daniel Eyssette, j'(être) cet homme singulier, vêtu de peaux de bêtes, dont on venait de me donner les aventures, master Crusoé lui-même. [...] La fabrique n'(être) plus la fabrique; c'était mon île déserte. Les bassins jouaient le rôle d'Océan. Le jardin (faire) une forêt vierge.

Alphonse Daudet, *Le Petit Chose.*

Écrire

9 En vous inspirant du texte suivant qui comporte de nombreux attributs, faites à votre tour le portrait de votre sportif préféré.

Hailé Gebreselassie : le rêve africain

Sur 5000 et 10000 mètres, il est intouchable. Histoire exemplaire d'un jeune Éthiopien devenu star mondiale. En attendant d'entrer dans la légende...

C'est un géant. Un géant de 1,60 m. Mais sur les pistes d'athlétisme, Haile Gebreselassie se transforme en ogre, chausse ses bottes de 7 lieues et avale les kilomètres avec un appétit insatiable. Depuis 7 ans, il aligne les victoires sur 5000 et 10000 mètres et collectionne les records du monde : 15 au total! « Gebre » est un héros dans son Éthiopie natale. Parce qu'il gagne, bien sûr. Mais surtout parce qu'il reste fidèle à son pays ravagé par la misère. Avec ses quatre titres de champion du monde (1993, 1995, 1997 et 1999), sa médaille olympique aux Jeux d'Atlanta en 1996, Gebre est devenu riche. Il roule en Mercedes. Il s'est fait construire une villa, et une autre pour toute sa famille. Mais Haile est resté en Éthiopie, dans sa capitale, Addis-Abeba. Son argent, il l'a investi dans un centre d'affaires qui propose des cours de langues et d'informatique. Il a aussi créé une académie sportive pour les jeunes. Ce qui ne l'empêche pas de se désoler : « Je ne peux pas aider tout le monde, dit-il. Qu'est-ce que je peux faire? » Continuer à courir, sans doute, pour la fierté des Éthiopiens.

© Jean-Luc Ferré, *Okapi*, n° 678,
16 septembre 2000, Bayard Jeunesse.

10 Imitez la structure de ce poème à partir de deux nouveaux sujets, dont vous imaginerez les attributs. Par exemple : « Quand l'amour est... » ou « Quand l'amitié est... »

Quand la vie

Quand la vie est un collier
 chaque jour est une perle
Quand la vie est une cage
 chaque jour est une larme
Quand la vie est une forêt
 chaque jour est un arbre
Quand la vie est un arbre
 chaque jour est une branche
Quand la vie est une branche
 chaque jour est une feuille
Quand la vie c'est la mer
 chaque jour est une vague
 chaque vague une plainte
 une chanson un frisson [...]

Jacques Prévert, fragment de
« Quand la vie est un collier », in *Fatras*, © Gallimard.

AUTOÉVALUATION

À la fin de cette leçon, je sais :

- **identifier** les verbes d'état et les verbes attributifs;
- **repérer** les attributs du sujet et donner leur nature grammaticale;
- **ne pas confondre** l'attribut du sujet et le COD;
- **distinguer** l'attribut du sujet et l'attribut du COD;
- **écrire** un portrait en employant des attributs du sujet et du COD.

21. Les compléments essentiels

OBSERVATION

Des habitudes bien réglées

Phileas Fogg avait quitté sa maison de Saville-row à onze heures et demie, et, après avoir placé cinq cent soixante-quinze fois son pied droit devant son pied gauche et cinq cent soixante-seize fois son pied gauche devant son pied droit, il arriva au Reform-Club, vaste édifice, élevé dans Pall-Mall, qui n'a pas coûté moins de trois millions à bâtir.

Phileas Fogg se rendit aussitôt à la salle à manger, dont les neuf fenêtres s'ouvraient sur un beau jardin aux arbres déjà dorés par l'automne. Là, il prit place à la table habituelle où son couvert l'attendait. Son déjeuner se composait *d'un hors-d'œuvre, d'un poisson bouilli relevé d'une « reading sauce » de premier choix, d'un roastbeef écarlate agrémenté de condiments « mushroom », d'un gâteau farci de tiges de rhubarbe et de groseilles vertes, d'un morceau de chester* – le tout arrosé de quelques tasses de cet excellent thé, spécialement recueilli pour l'office du Reform-Club.

À midi quarante-sept, ce gentleman se leva et se dirigea vers le grand salon, somptueuse pièce, ornée de peintures richement encadrées. Là, un domestique lui remit le *Times* non coupé, dont Phileas Fogg opéra le laborieux dépliage avec une sûreté de main qui dénotait une grande habitude de cette difficile opération. La lecture de ce journal occupa Phileas Fogg jusqu'à trois heures quarante-cinq, et celle du *Standard* – qui lui succéda – dura jusqu'au dîner. Ce repas s'accomplit dans les mêmes conditions que le déjeuner, avec adjonction de « royal british sauce ».

Jules Verne, *Le Tour du monde en 80 jours.*

Questions

1. Relisez le texte en supprimant tous les groupes de mots en couleur. Les phrases restent-elles compréhensibles ?

2. Observez tous les groupes de mots en couleur : pouvez-vous les déplacer ? Pouvez-vous les séparer du verbe correspondant par une virgule ?

3. Observez les groupes de mots en italique : comment sont-ils reliés au verbe ? Faites-leur subir les mêmes manipulations qu'aux groupes de mots en couleur : que constatez-vous ?

4. Remplacez les mots en rose par le groupe de mots qu'ils reprennent. Que remarquez-vous (place, mot introducteur) ?

LEÇON

1. Définitions

Le groupe verbal : verbe et compléments essentiels

- Le **verbe** est le **noyau** du **groupe verbal**.
- Les compléments du **verbe** sont appelés compléments **essentiels** : on ne peut **ni** les **déplacer ni** les **supprimer**.

Les différents compléments d'objet

Pour qu'une phrase ait un sens, certains verbes **doivent** être suivis d'un **complément essentiel** :

→ *Phileas Fogg avait quitté* ***sa maison de Saville-row****.*
Son déjeuner se composait ***de plusieurs plats****.*
compl. essentiels

Ce **complément esssentiel** s'appelle ici le **complément d'objet**. Les verbes qui l'introduisent sont appelés **transitifs**. Ils peuvent introduire un complément d'objet **direct**, un complément d'objet **indirect** ou un complément d'objet **second**.

2. Le complément d'objet direct (COD)

Un **complément d'objet direct** (**COD**) est un complément essentiel construit avec un verbe **sans préposition**. Le verbe est alors appelé **transitif direct**.

→ *Phileas Fogg avait quitté* ***sa maison de Saville-row****.* (COD)

Comment le reconnaître ?

Pour reconnaître le complément d'objet direct, on peut :
– poser après le verbe la question ***qui ?*** (pour une personne) ou ***quoi ?*** (dans les autres cas) :

→ *Le gentleman a parié toute sa fortune.* → Le gentleman a parié **quoi ?** *toute sa fortune.*

– transformer la phrase active en phrase passive : le COD devient sujet de la phrase passive :

→ *Le gentleman déplia* ***le journal****.* → ***Le journal*** *fut déplié par le gentleman.*

– remplacer le groupe nominal COD par un pronom :

→ *Le gentleman a sauvé* ***Mrs. Aouda****.* → *Le gentleman* ***l'****a sauvée.*

Nature

Le complément d'objet direct peut être :
– un **groupe nominal** : *Le jeune homme fait* ***le tour du monde****.*
– un **pronom** : *Lisez-****le*** (pronom personnel). / *Je connais un policier* ***que*** *la récompense intéresse* (pronom relatif, COD du verbe *intéresse*).

Remarques

1. Un même verbe peut être tantôt **transitif**, tantôt **intransitif**.

→ *Le film commence.* Le verbe *commencer* est **intransitif**.

→ *Marine commence un nouveau tableau.* Le verbe *commencer* est **transitif**.

2. Le COD se place normalement après le verbe. Cependant, on le rencontre avant le verbe :
– dans les propositions interrogatives ou exclamatives :

→ ***Que*** *faites-vous ici ?* ***Quelle audace*** *vous avez !*

– lorsqu'il est pronom personnel ou pronom relatif :

→ *Je* ***vous*** *écoute. Vous ne me dicterez pas la décision* ***que*** *je dois prendre.*

– un **verbe à l'infinitif :**

➔ *Je veux **aider la princesse hindoue**.*

– une **proposition subordonnée complétive** :

➔ *Je rappelle à Monsieur **que le déjeuner est servi**.*

3. Le complément d'objet indirect (COI)

● Le **complément d'objet indirect** (COI) est un complément essentiel construit avec un **verbe transitif grâce à une préposition** (***à*** ou ***de***). On appelle alors ce verbe **transitif indirect**.

➔ *Il a parlé **à** **cinq des membres du club**.*

Comment le reconnaître ?

● Pour reconnaître le complément d'objet indirect, on pose la question ***à qui ?*** ou ***à quoi ?***, ***de qui ?*** ou ***de quoi ?***, après le verbe :

➔ *Mrs. Aouda a échappé aux prêtres fanatiques.* → Mrs. Aouda a échappé **à qui ?** *aux prêtres fanatiques.*

● **Le COI se distingue du COD** par deux caractéristiques essentielles :

– il est **introduit par une préposition** (*à* ou *de*) :

➔ *Je téléphone **à** Samia. Elle s'intéresse **à** l'archéologie. Tu te réjouis **de** l'arrivée des vacances.*

– il **ne peut pas** devenir sujet de la phrase passive :

➔ *Le détective parle **à Passepartout**.* → Pas de transformation passive possible.

Nature

Le COI peut être :

– un **groupe nominal prépositionnel** : *Son dessert se composait **d'un gâteau farci**.*

– un **pronom** : *Elle **leur** a échappé.*

– un **verbe à l'infinitif** : *Je m'engage **à venir**.*

– une **proposition subordonnée complétive** : *Je m'attends **à ce que vous passiez dans la salle à manger**.*

4. Le complément d'objet second (COS)

● De nombreux verbes (d'échange, de communication) se construisent avec **deux compléments d'objet : un COD et un complément introduit par une préposition** (*à* ou *de*) ; celui-ci s'appelle **complément d'objet second.** Il se place le plus souvent en seconde position, après le COD.

➔ *Le domestique remit <u>les journaux</u> **au gentleman**.*
COD COS

● Quand il désigne un **être humain,** celui-ci est le **destinataire** de l'action :

➔ *Catherine a donné ses meubles **à ses cousines**.*

Comment le reconnaître ?

- Ce type de construction se rencontre essentiellement :

– après les **verbes d'échange** : *donner, offrir, envoyer, attribuer, prêter, recevoir, proposer, confier, remettre, prendre, priver, confisquer, voler…*

– après les **verbes de communication** : *dire, communiquer, ordonner, permettre, souhaiter, promettre.*

→ *Le ministre promet* ***une baisse des impôts aux contribuables.***

- En cas de transformation passive, le COD devient sujet, le COS reste inchangé.

→ *Une récompense a été promise* ***aux marins*** *par le capitaine.*

Nature

Le COS peut être :

– un **groupe nominal** : *Il remit les journaux* ***au gentleman.***

– un **pronom** : *Il* ***lui*** *remit les journaux.*

Remarque

Le COI et le COS peuvent être **remplacés** par des **pronoms**. Ces pronoms sont **différents**, selon qu'ils renvoient à des **êtres animés** ou à des êtres **non animés** :

→ *Estelle pense* ***à Fabien****. Elle pense* ***à lui.***

→ *Estelle pense* ***à son devoir de maths****. Elle* ***y*** *pense.*

→ *David a parlé* ***de son film à Anne****. David* ***lui en*** *a parlé.*

▶ 5. Les autres compléments essentiels

- De nombreux verbes sont suivis d'un ou plusieurs compléments essentiels que l'on ne peut ni déplacer ni supprimer, et qui ne sont pas des compléments d'objet. Ces compléments peuvent indiquer le **lieu**, le **temps**, un **poids**, un **prix**, une **mesure**…

→ *Il arriva* ***au Reform-Club****. Il se dirigea* ***vers le grand salon.***
La lecture du journal dura ***jusqu'au dîner.***
Le journal coûte ***dix cents.***

Construction

– Certains compléments essentiels sont construits **directement** : *La réunion dure* ***deux heures.***

– Certains sont construits **indirectement**, c'est-à-dire introduits par une préposition qui peut varier : *J'habite Paris /* ***à*** *Paris /* ***près de*** *Paris /* ***loin de*** *Paris.*

■ Pour l'expression écrite

- Deux verbes ne peuvent avoir un complément d'objet commun que s'ils admettent la **même construction**. On ne peut donc **pas coordonner** un verbe transitif **direct et** un verbe transitif **indirect** :

→ **Elle aime et obéit à ses parents. *Elle obéit et aime ses parents.*

- Il faut utiliser deux verbes de **même construction** ou un **pronom de rappel** :

→ *Elle aime et respecte ses parents. Elle aime ses parents et elle* ***leur*** *obéit.*

Retenons

1. Un **complément essentiel** est un complément du verbe qu'on ne peut **ni déplacer ni supprimer**.

2. Les compléments d'objet (COD, COI, COS) sont des compléments essentiels du verbe :
- Le **COD** se construit **sans préposition**. Il complète un verbe **transitif direct**. Il devient sujet à la forme passive.
- Le **COI** se construit **avec une préposition** : ***à*** ou ***de***. Il complète un verbe **transitif indirect**.
- Certains verbes transitifs peuvent avoir deux compléments d'objet : un **COD** et un **COS**. Quand il désigne un être humain, celui-ci est le **destinataire** de l'action. Il peut être un **groupe prépositionnel** ou un **pronom**.

3. D'autres compléments essentiels appartiennent au groupe verbal. Ils ne peuvent être ni déplacés ni supprimés. Ils indiquent le **lieu**, le **temps**, le **poids**, le **prix**, la **mesure**…

EXERCICES

Identifier

1 Précisez si les groupes en gras sont compléments essentiels ou non.

1. Les rollers en ligne sont très **à la mode**. – **2.** De plus en plus de personnes pratiquent **ce sport, en particulier le dimanche,** lorsque le temps est beau. – **3.** Il est conseillé de se protéger **les poignets et les genoux** car les chutes ne sont pas rares. – **4.** Savoir freiner est essentiel **pour éviter de renverser des passants**. – **5.** Ceux qui ont commencé **à pratiquer ce sport** n'arrêtent pas **d'en vanter les mérites**. – **6.** Je **les** comprends mais de bons rollers coûtent cher.

2 Voici des titres de chapitres d'après *Le Tour du monde en 80 jours*, le roman de Jules Verne. Relevez les compléments essentiels et donnez leur nature.

II. Passepartout est convaincu qu'il a enfin trouvé son idéal.
XI. Phileas Fogg achète une monture à un prix fabuleux.
XV. Où le sac aux bank-notes s'allège encore de quelques milliers de livres.
XXXIII. Où Phileas Fogg se montre à la hauteur des circonstances.

3 Les groupes en gras sont-ils compléments d'objet direct, indirect ou second ? Précisez leur construction.

***Le Baron perché*, d'Italo Calvino**

Résumé de l'histoire : au cours d'un mémorable déjeuner familial à la Villa d'Ombreuse au Royaume de Gênes, le jeune Côme Laverse du Rondeau, âgé de 12 ans et fils aîné du baron Arminius Laverse du Rondeau, refuse catégoriquement **de manger le plat d'escargots** préparé par sa perfide sœur Baptiste. Le baron **lui** ordonne alors **de quitter la table**.
Côme, habillé en « petit marquis Louis XV » (nous sommes au XVIIIe siècle), prend **sa petite épée, son chapeau tricorne**, monte dans un grand chêne vert du parc et annonce qu'il n'en redescendra jamais.

Martine Becket, Leigh Sauerwein, *Je bouquine*, n° 69, novembre 1989, © Bayard Jeunesse.

4 Identifiez les compléments d'objet direct, indirect et second dans les phrases suivantes.

1. Benjamin, le délégué des élèves, a levé la main pour demander la parole. – **2.** Le professeur la lui a donnée. – **3.** Benjamin a commencé à parler mais le professeur l'a arrêté pour faire taire les autres élèves. – **4.** Benjamin a ensuite posé la question que tous attendaient. – **5.** Allons-nous faire une sortie d'une journée au troisième trimestre ? – **6.** Le professeur n'a pas voulu répondre ; il a ajouté qu'il allait réfléchir à cette demande.

5 Même exercice.

Un curé avait une très bonne paroisse, c'est-à-dire qu'il en tirait un très fort revenu. Il avait ses greniers pleins de blé, ses coffres pleins d'argent, ses armoires pleines de linge, et comme il ne faisait guère l'aumône lui-même, ni la fête, il était riche.
Il possédait également un âne, solide, obstiné juste ce qu'il fallait, très doux, qui lui faisait toutes ses besognes. Peut-être parce qu'il n'avait pas beaucoup d'amis, le curé aimait beaucoup cet âne, et, lorsque la bête mourut, il en fut vraiment très chagrin. Il ne pouvait se résoudre à l'enterrer n'importe où, ni à l'envoyer à l'équarrisseur[1].

Rutebeuf, *Le Testament de l'âne.*

1. **Équarrisseur** : personne qui dépèce les animaux morts.

Transformer

6 Remplacez les groupes en gras par des pronoms personnels.

1. Je donne **ces bandes dessinées à Morgane**. – **2.** Qui aidera **Stanislas** ? – **3.** As-tu emprunté **un ou deux livres** au CDI ? – **4.** Je regrette vraiment **qu'Habib soit parti**. – **5.** Quand je pense **à ce film,** je ne peux m'empêcher **de rire**. – **6.** Aimez-vous **les films d'horreur** ? – **7.** Avez-vous vu **beaucoup de films d'horreur** ? – **8.** Vous avez conseillé **à vos copains d'aller voir *L'Homme sans ombre***.

7 Remplacez les groupes de mots en gras par des pronoms. Que constatez-vous sur la place des pronoms ? Que permettent-ils ?

Le Père Goriot, un riche commençant, a beaucoup aidé ses filles. Il a réussi à marier **ses filles** à des jeunes gens de l'aristocratie parisienne. Mais ses filles ne s'occupent plus **du Père Goriot**. Elles vont voir **le Père Goriot** seulement pour demander de l'argent **au Père Goriot**. Elles ont honte **du Père Goriot** parce qu'il y a maintenant entre **le Père Goriot** et elles une différence de classe sociale. Quand **le Père Goriot** meurt, elles n'assistent pas à son enterrement. C'est Rastignac, un jeune étudiant qui vit dans la même pension de famille que **le Père Goriot**, qui paie la cérémonie.

8 Transformez les phrases suivantes à la forme active, puis identifiez le COD.

1. L'éléphant fut amené et équipé sans retard. – **2.** Phileas Fogg et Sir Francis Cromarty, enfouis jusqu'au cou dans leurs cacolets[1], étaient fort secoués par le trot raide de l'éléphant, auquel son marabout imprimait une allure rapide. – **3.** Toute cette partie du haut Bundelkund, peu fréquentée des voyageurs, est habitée par une population fanatique, endurcie dans les pratiques les plus terribles de la religion indoue. – **4.** À huit heures du soir, la principale chaîne des Vindhias avait été franchie. – **5.** Cette femme que vous venez de voir sera brûlée demain aux premières heures du jour.

1. **Cacolet** : sorte de selle pour deux personnes.

9 Replacez les compléments essentiels suivants aux endroits qui conviennent : *un cri formidable – devoir opérer son débarquement – une troupe innombrable de cormorans et de pélicans, hôtes habituels des quais mobiles – passer au travers – la terre américaine – de l'heure – un saut périlleux.*

Passepartout, dans sa joie de toucher enfin **(1)**, avait cru **(2)** en exécutant **(3)** du plus beau style. Mais quand il retomba sur le quai dont le plancher était vermoulu, il faillit **(4)**. Tout décontenancé de la façon dont il avait « pris pied » sur le nouveau continent, l'honnête garçon poussa **(5)**, qui fit envoler **(6)**. Mr. Fogg, aussitôt débarqué, s'informa **(7)** à laquelle partait le premier train pour New York.

Jules Verne, *Le Tour du monde en 80 jours.*

Écrire

10 À la manière de Georges Perec, écrivez quelques « je me souviens » personnels, amusants ou nostalgiques.

Je me souviens qu'au « Monopoly », l'avenue de Breteuil est verte, l'avenue Henri-Martin rouge et l'avenue Mozart orange.
Je me souviens comme c'était agréable, à l'internat, d'être malade et d'aller à l'infirmerie.
Je me souviens quand j'étais collé.
Je me souviens de la barbe à papa dans les fêtes foraines.
Je me souviens des mois de mai à Étampes quand on commençait à aller à la piscine.

Georges Perec, *Je me souviens*, © Hachette, 1998.

11 Imitez librement la structure de ce poème, en employant des compléments d'objet.

J'ai mangé un œuf,
Deux langues de bœuf,
Trois rôtis de mouton,
Quatre gros jambons,
Cinq rognons de veau,
Six couples d'oiseaux,
Sept immenses tartes,
Huit filets de carpe,
Neuf kilos de pain
Et j'ai encor faim.
Peut-être, ce soir,
Vais-je encor devoir
Manger mes deux mains
Pour avoir enfin
Le ventre bien plein.

Maurice Carême, « L'Ogre », *L'Arlequin*, © Nathan, avec l'aimable autorisation de la fondation M. Carême.

12 Lisez cet extrait de *L'Avare* de Molière. Harpagon parle de sa cassette, Valère parle d'Élise, la fille d'Harpagon, dont il est amoureux. Relevez les pronoms personnels COD et COI qui prêtent à confusion. Écrivez à votre tour une scène de quiproquo fondée sur le même procédé.

HARPAGON. – … Je veux ravoir mon affaire, et que tu me confesses en quel endroit tu me l'as enlevée.
VALÈRE. – Moi ? je ne l'ai point enlevée, et elle est encore chez vous.
HARPAGON. – Ô ma chère cassette ! Elle n'est point sortie de ma maison ?
VALÈRE. – Non, Monsieur.
HARPAGON. –Hé ! dis-moi donc un peu : tu n'y as point touché ?
VALÈRE. – Moi, y toucher ? Ah ! vous lui faites tort, aussi bien qu'à moi ; et c'est d'une ardeur toute pure et respectueuse que j'ai brûlé pour elle.
HARPAGON. – Brûlé pour ma cassette !
VALÈRE. – J'aimerais mieux mourir que de lui avoir fait paraître aucune pensée offensante : elle est trop sage et trop honnête pour cela.
HARPAGON. – Ma cassette trop honnête !
VALÈRE. – Tous mes désirs se sont à jouir de sa vue ; et rien de criminel n'a profané la passion que ses beaux yeux m'ont inspirée.
HARPAGON. – Les beaux yeux de ma cassette ! Il parle d'elle comme un amant d'une maîtresse.

Molière, *L'Avare*, V, 3.

13 Imaginez une histoire dans laquelle ces vignettes de BD joueront un rôle : qu'a-t-il pu se passer avant ? entre les deux vignettes ? Que va-t-il se passer après ? Rédigez cette histoire en employant divers compléments d'objet.

Léo Malet, Jacques Tardi, *Casse-pipe à la Nation*, © Casterman, 1996.

AUTOÉVALUATION

À la fin de cette leçon, je sais :

- **identifier** les compléments essentiels dans une phrase et dans un texte ;
- **identifier** les constructions des compléments d'objet ;
- **identifier** le sens des autres compléments essentiels ;
- **écrire** un texte en employant les prépositions avec pertinence.

GRAMMAIRE

22. Les compléments circonstanciels de lieu et de temps

OBSERVATION

L'attaque du train par les Indiens

Le conducteur se battait aux côtés de Mr. Fogg, quand une balle le renversa. En tombant, cet homme s'écria :

« Nous sommes perdus, si le train ne s'arrête pas avant cinq minutes !

– Il s'arrêtera ! dit Phileas Fogg, qui voulut s'élancer hors du wagon.

– Restez, monsieur, lui cria Passepartout. Cela me regarde ! »

Phileas Fogg n'eut pas le temps d'arrêter ce courageux garçon, qui, ouvrant une portière sans être vu des Indiens, parvint à se glisser sous le wagon. Et alors, tandis que la lutte continuait, pendant que les balles se croisaient au-dessus de sa tête, retrouvant son agilité, sa souplesse de clown, se faufilant sous les wagons, s'accrochant aux chaînes, s'aidant du levier des freins et des longerons[1] des châssis, rampant d'une voiture à l'autre avec une adresse merveilleuse, il gagna ainsi l'avant du train. Il n'avait pas été vu, il n'avait pu l'être.

Là, suspendu d'une main entre le wagon des bagages et le tender[2], de l'autre il décrocha les chaînes de sûreté ; mais par suite de la traction opérée, il n'aurait jamais pu parvenir à dévisser la barre d'attelage, si une secousse que la machine éprouva n'eût fait sauter cette barre, et le train, détaché, resta peu à peu en arrière, tandis que la locomotive s'enfuyait avec une nouvelle vitesse.

Emporté par la force acquise, le train roula encore pendant quelques minutes, mais les freins furent manœuvrés à l'intérieur des wagons, et le convoi s'arrêta enfin, à moins de cent pas de la station de Kearney.

Jules Verne, *Le Tour du monde en 80 jours.*

1. **Longeron :** pièce transversale d'un châssis.
2. **Tender :** *vieilli.* Wagon qui suit une locomotive à vapeur.

Questions

1. Lisez d'abord le texte, puis relisez-le sans les groupes de mots en couleur. Le texte reste-t-il compréhensible ?

2. Est-il possible de déplacer les groupes en couleur à l'intérieur des phrases ?

3. Quelles informations apportent les groupes de mots en vert ?

4. Parmi les groupes de mots en vert, quel est celui qui n'est pas un groupe nominal ?

5. Quelles informations apportent les groupes de mots en orange ?

6. Dans le texte, relevez d'autres groupes de mots exprimant le même type d'informations. Peut-on les supprimer ?

LEÇON

1. Définition

● **Le complément circonstanciel** est un élément **non essentiel** de la phrase. Ce complément n'est **pas lié au verbe**, comme le sont les compléments essentiels ou l'attribut du sujet. C'est un **complément de phrase**.
● Il **précise les circonstances** du fait exprimé : lieu, temps, manière, cause, conséquence, but, etc.

→ *Le train roula encore* ***pendant quelques minutes.***
compl. circ. de temps

2. Comment le reconnaître ?

● Pour **interroger** sur les circonstances, on pose des **questions** commençant par des **adverbes interrogatifs** :
– pour le **lieu** : *où ? d'où ? par où ?*
– pour le **temps** : *quand ? depuis quand ? jusqu'à quand ?*
– pour la **manière** : *comment ?*
– pour la **cause** : *pourquoi ?*

● On peut généralement **déplacer** le complément circonstanciel, car il n'est pas lié au verbe.

→ ***Pendant quelques minutes,*** *le train roula encore.*

● On peut généralement le **supprimer**, car il n'est pas indispensable à la compréhension du fait principal :

→ *Nous sommes perdus, si le train ne s'arrête pas* ***avant cinq minutes*** *!*

● Il est **souvent détaché** par une virgule du reste de la phrase :

→ *Le train, détaché, resta peu à peu en arrière,* ***tandis que la locomotive s'enfuyait avec une nouvelle vitesse.***

3. Le complément circonstanciel de lieu

Le complément circonstanciel de lieu **situe** un fait dans l'**espace**.
● Il peut être :
– un **groupe prépositionnel** : *à l'intérieur des wagons; à moins de cent pas de la station de Kearney.*
– un **adverbe** : *là*, quand il est en tête de phrase et détaché par une virgule.

Les principaux adverbes de lieu
à droite – à gauche – ailleurs – au-dedans – au-dehors – au-dessus – çà et là – dedans – dehors – derrière – dessous – dessus – devant – en arrière – en avant – en bas – en dessous – en haut – ici – là – là-bas – loin – nulle part – partout – près.

▶ 4. Le complément circonstanciel de temps

Le complément circonstanciel de temps **situe** un fait dans une **époque**.

Valeurs

- Il peut indiquer :

– la **date** du fait évoqué : *le 31 mars 2001…*
– la **durée** du fait évoqué : *pendant trois heures…*
– la **répétition** d'un fait : *tous les samedis, chaque jour…*

- Il peut **situer deux faits l'un par rapport à l'autre** et indiquer :

– la **chronologie** d'un récit : *à l'aube, quelques heures plus tard, à midi…*

– la **simultanéité** : les deux faits se produisent, **au même moment** :

➜ *Le conducteur se battait aux côtés de Mr. Fogg,* ***quand une balle le renversa.***
Le conducteur fut renversé par une balle ***alors qu'il se battait aux côtés de Mr. Fogg.***

– l'**antériorité** ou la **postérité** : le fait principal se produit avant ou après le fait évoqué par le complément :

➜ *Mr. Fogg joue aux cartes* ***avant l'attaque du train.*** (antériorité)
fait principal — fait
Mr. Fogg cherche Passepartout ***après l'attaque du train*** (postériorité)
fait — fait principal

Les principaux adverbes de temps

À présent – alors – aujourd'hui – aussitôt – autrefois – bientôt – d'abord – déjà – demain – encore – enfin – ensuite – hier – jadis – jamais – maintenant – parfois – puis – quelquefois – soudain – souvent – tard – tôt – toujours – tout à coup.

Nature

Il peut être :
– un **groupe nominal** : ***La nuit****, elle surfe sur Internet.*
– un **groupe prépositionnel** : ***Après Noël,*** *toute la famille essaie de faire des économies.*
– un **adverbe** : ***Soudain,*** *le chien s'est mis à aboyer furieusement.*
– une **subordonnée conjonctive** : ***Pendant que Cédric fera la vaisselle,*** *tu passeras l'aspirateur.*
– une **subordonnée participe** : ***Les courses faites,*** *je ferai un gâteau.*
– un **gérondif** (*en* + participe présent) : ***En rentrant du bureau,*** *j'achèterai un gâteau chez le pâtissier.*

Les subordonnées circonstancielles de temps

- La conjonction ou la locution conjonctive qui les introduit marque soit :

– l'antériorité par rapport à l'action principale :

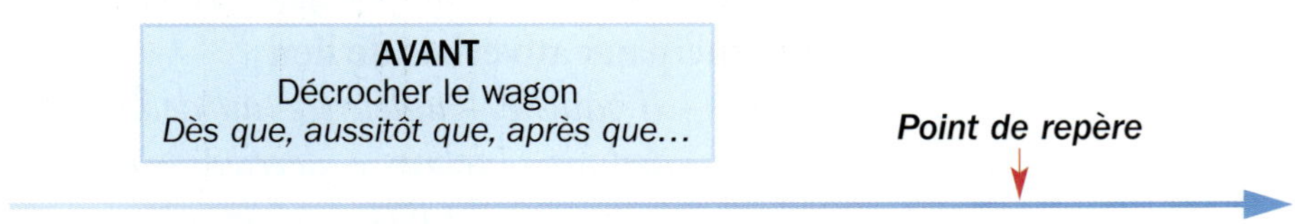

Dès que Passepartout eut décroché le wagon, *la locomotive s'enfuit.*

Les principales locutions conjonctives : *après que – aussitôt que – dès que – une fois que…*

– la simultanéité par rapport à l'action principale :

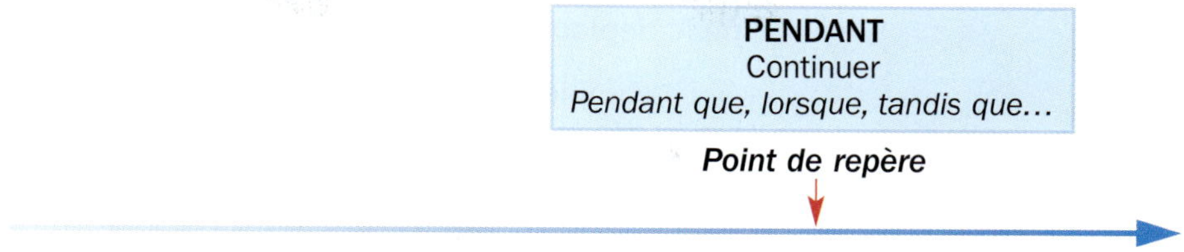

Tandis que la lutte continuait, *Passepartout gagna l'avant du convoi.*

Les principales locutions conjonctives : *à mesure que – aussi longtemps que – chaque fois que – comme – en même temps que – lorsque – pendant que – quand – tandis que – tant que…*

– la postériorité par rapport à l'action principale :

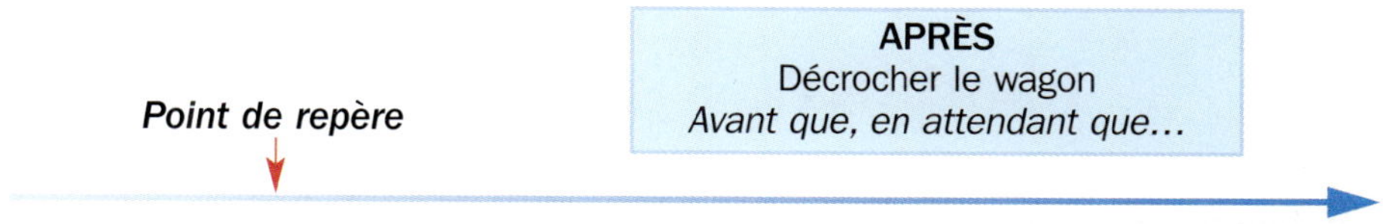

Une balle toucha le conducteur, ***avant que Passepartout n'ait décroché le wagon.***

Les principales locutions conjonctives : *avant le moment où – avant que – en attendant que – jusqu'à ce que…*

● Le **mode** des subordonnées de temps est l'**indicatif**, sauf avec certaines conjonctions comme *avant que, en attendant que, jusqu'à ce que…* suivies du subjonctif : l'action subordonnée n'est pas réalisée mais seulement envisagée.

→ *Je te rapporterai ta raquette avant que tu en* ***aies*** *besoin.*

Pour l'expression écrite

▪ Ne confondez pas le **sens** et la **fonction** grammaticale :
Le lieu et le temps ne s'expriment pas seulement par des compléments circonstanciels. Le sens de certains mots donne des indications de lieu ou de temps :

→ *Le* ***carrefour*** *est dangereux.* Le nom *carrefour* indique un lieu. Il est **sujet**.
Mon jardin longe la ***grand-route****.* Le nom *grand-route* indique un lieu, mais c'est un complément essentiel. Il est **COD**.

▪ Quand on coordonne **deux subordonnées de temps**, la locution conjonctive se reprend par ***que*** :

→ ***Dès que*** *Passepartout aura atteint l'avant du convoi* ***et qu'****il aura décroché le wagon, la locomotive filera à toute vitesse.*
Quand je viendrai… ***et que****… ; avant qu'il vienne* ***et qu'****il…*

Retenons

1. Le complément circonstanciel **complète l'ensemble de la phrase.** Il n'est **pas essentiel**, comme le COD. On peut généralement le **supprimer** ou le **déplacer.**

2. Le complément de **lieu** situe **un fait dans l'espace.**

3. Le complément de **temps** situe **un fait dans le temps.** Il peut indiquer la **date**, la **durée**, la **répétition.**

4. Les **subordonnées circonstancielles de temps** permettent de situer deux faits l'un par rapport à l'autre par **antériorité, simultanéité** ou **postériorité.**

EXERCICES

Identifier

1 Identifiez la question portant sur les groupes de mots en gras.

1. **Dans notre collège,** les cours commencent **à huit heures du matin.** – 2. **Pour aller au collège,** je prends **tous les jours le bus devant la pharmacie.** – 3. J'arrive toujours **en avance.** – 4. Je peux discuter **longuement avec mes copains.** – 5. Nous parlons **de tout et de rien.** – 6. La journée commence **agréablement.** – 7. **Lorsque le portail du collège s'ouvre,** nous entrons tous **en nous bousculant un peu** et nous allons **dans la cour.**

2 Dans les phrases suivantes, identifiez les compléments circonstanciels de temps et de lieu et donnez leur nature.

1. J'ai cherché pendant une demi-heure la recette des crêpes. – 2. Je l'avais notée sur une feuille volante, il y a trois mois. – 3. Je suis d'abord allée voir dans la cuisine. – 4. Puis j'ai demandé à Henri lorsqu'il est arrivé à la maison. – 5. Après dix secondes de réflexion, il m'a suggéré de regarder tout de suite derrière le buffet du salon. – 6. C'est là que je l'ai retrouvée !

3 Dans les phrases suivantes, relevez les compléments circonstanciels de temps et dites s'ils expriment un fait antérieur, simultané ou postérieur au fait principal.

1. Pendant ton absence, j'ai reçu un coup de téléphone de ton copain Maxime. – 2. Dès la fin du match, les supporters ont envahi la pelouse du Parc des Princes. – 3. À la mort de Louis XVI, tous les souverains d'Europe eurent très peur. – 4. Au moment où Marie-José Perec courait pour sa seconde médaille d'or, mon cœur battait à tout rompre. – 5. Avant que tu ailles te coucher, j'aimerais que tu sortes le chien et que tu descendes la poubelle. – 6. Maintenant que mon baladeur est réparé, tu pourras me prêter tes cassettes de Britney Spears. – 7. Après que tu auras rangé tout ce qui traîne dans ta chambre, je passerai l'aspirateur et laverai ta tenue de sport.

4 Voici la quatrième de couverture de *Harry Potter à l'école des sorciers* de J.K. Rowling. Repérez les compléments circonstanciels de temps et de lieu.

Le jour de ses onze ans, Harry Potter, un orphelin élevé par un oncle et une tante qui le détestent, voit son existence bouleversée. Un géant vient le chercher pour l'emmener à Poudlard, la célèbre école de sorcellerie où une place l'attend depuis toujours. Voler sur des balais, jeter des sorts, combattre les Trolls : Harry Potter se révèle un sorcier vraiment doué. Mais quel mystère entoure sa naissance et qui est l'effroyable V…, le mage dont personne n'ose prononcer le nom ?

J.K. Rowling, *Harry Potter à l'école des sorciers*, © Gallimard, « Folio junior », 1998, trad. de J.-F. Ménard.

5 Dans le texte suivant, identifiez les compléments de temps et de lieu.

Boucle d'Or

Au nom de l'espionnage scientifique, Boucle d'Or n'hésita pas à pénétrer par effraction dans la maisonnette des ours. Une fois dans la cuisine, elle versa une potion tranquillisante dans les bols de porridge[1], puis elle se rendit dans la chambre où elle installa des pièges sous chacun des oreillers ! Son plan était de droguer les ours. Après avoir ingurgité leur porridge, ceux-ci s'effondreraient sur leur lit pour y faire un somme – et elle attacherait les colliers émetteurs autour de leurs cous à l'instant même où leurs têtes s'enfonceraient dans les oreillers. Boucle d'Or partit d'un petit rire en se frottant les mains : « Avec ces ours, se dit-elle, ça y est, c'est la gloire qui m'attend ! Et par la même occasion, je vais montrer à ces andouilles de l'université ce qu'il faut avoir dans le ventre pour se lancer dans la vraie recherche ! » Elle s'accroupit dans un recoin de la chambre et attendit.

James Finn Garner, *Politiquement correct, contes d'autrefois pour lecteurs d'aujourd'hui*, © Grasset, 1995.

1. **Porridge** : bouillie de flocons d'avoine.

Transformer

6 Replacez les compléments de lieu suivants aux endroits qui conviennent : *à bord du Mongolia – derrière lui – vers les bureaux du consul – près de ce fonctionnaire – sur le quai – à mon bureau.*

L'inspecteur redescendit **(1)** et se dirigea rapidement **(2)**. Aussitôt, et sur sa demande pressante, il fut introduit **(3)**.
« Monsieur le consul, lui dit-il sans autre préambule, j'ai de fortes présomptions de croire que notre homme a pris passage **(4)**. »
Et Fix raconta ce qui s'était passé entre ce domestique et lui à propos du passeport.
« Bien, monsieur Fix, répondit le consul, je ne serais pas fâché de voir la figure de ce coquin. Mais peut-être ne se présentera-t-il pas **(5)**, s'il est ce que vous supposez. Un voleur n'aime pas à laisser **(6)** des traces de son passage, et d'ailleurs la formalité des passeports n'est plus obligatoire. »

Jules Verne, *Le Tour du monde en 80 jours.*

Écrire

7 Lisez cette description et observez comment elle est construite en relevant les compléments circonstanciels de lieu. Imitez cette organisation pour décrire votre propre chambre, ou votre coin préféré.

La chambre du chirurgien était claire et nette : une chambre de jeune fille. Sur la table, au milieu des livres, s'élevait comme un monument un énorme globe terrestre entouré de deux anneaux de carton qui indiquaient les signes du zodiaque, les longitudes et les latitudes. Sur les murs blanchis à la chaux s'étalaient des cartes marines du Nouveau Monde. Au-dessus de la cheminée, quelques belles armes sauvages étaient disposées en rosace.
Sur la tablette de la cheminée, entre deux chandeliers de cuivre, reposaient dans leur boîte en maroquin deux pistolets soigneusement entretenus. Au-dessus d'une petite table qui servait de bureau s'élevait une étagère de six rayons remplis de livres.
M. Burns revint les bras chargés d'un plateau qu'il déposa sur la table ronde après avoir repoussé les livres d'un revers de main. Il versa du vin dans deux verres et m'en tendit un.

Pierre Mac Orlan, *L'Ancre de miséricorde*, © Les Amis de P. Mac Orlan, St-Cyr-sur-Morin.

8 Dans ce début de roman, relevez les indications de lieu et de temps, et imaginez la suite de l'histoire. Employez des compléments circonstanciels de lieu et de temps.

Un passager clandestin

Le soir tombait sur l'île Gomera et les chaloupes terminaient de charger l'eau, le bois de chauffe et les provisions à bord de la *Pinta*, la *Niña* et la *Santa Maria*. Christophe Colomb, très calme, se promenait sur le pont de la caravelle amirale et donnait les dernières instructions pour l'embarquement. Le lendemain, les trois navires lèveraient l'ancre avant l'aube et quitteraient les Canaries en direction des Indes. La sécheresse des cris de commandement, la tension des visages reflétaient l'excitation caractéristique des départs. Mais le seul à avoir vraiment peur était Gabriel, un garçon de douze ans à peine, petit et maigriot, qui était parvenu à se cacher dans un des ballots jetés en vrac au fond de la cale de la *Santa Maria*. Il était à moitié noyé dans la farine mais il avait si peur d'être découvert avant le départ qu'il n'osait même pas remuer le bout du doigt. Dans l'obscurité de la soute, il entendait les cris des matelots et la sarabande des rats.

Jacqueline Balcells, « Le rêve de Christophe Colomb », trad. T. Brissac, in *Je bouquine*, n° 95, janvier 1992, © Bayard Jeunesse.

AUTOÉVALUATION

À la fin de cette leçon, je sais :

- **distinguer** les compléments essentiels des compléments circonstanciels par suppression et déplacement ;
- **repérer** l'ordre chronologique des faits dans une phrase complexe ;
- **distinguer** l'antériorité, la simultanéité, la postériorité d'un fait par rapport à un autre fait ;
- **organiser** un texte à partir des circonstances de temps ou de lieu.

GRAMMAIRE

23. Les compléments circonstanciels de manière et de moyen

OBSERVATION

Une traversée difficile

Tout d'abord, les compagnons de la jeune femme lui prodiguèrent leurs soins et la ranimèrent avec quelques gouttes de liqueur.

Pendant les derniers jours de la traversée, le temps fut assez mauvais. Le vent devint très fort. Fixé dans la partie du nord-ouest, il contraria la marche du paquebot. Le *Rangoon*, trop instable, roula considérablement, et les passagers furent en droit de garder rancune à ces longues lames affadissantes que le vent soulevait du large.

Pendant les journées du 3 et du 4 novembre, ce fut une sorte de tempête. La bourrasque battit la mer avec véhémence. Le *Rangoon* dut mettre à la cape pendant un demi-jour, se maintenant avec dix tours d'hélice seulement, de manière à biaiser avec les lames. Toutes les voiles avaient été serrées, et c'était encore trop de ces agrès qui sifflaient au milieu des rafales.

La vitesse du paquebot, on le conçoit, fut notablement diminuée, et l'on put estimer qu'il arriverait à Hong-Kong avec vingt heures de retard sur l'heure réglementaire, et plus même, si la tempête ne cessait pas.

Jules Verne, *Le Tour du monde en 80 jours.*

Questions

1. Lisez une première fois le texte, puis relisez-le en supprimant tous les groupes de mots en couleur. Comprenez-vous l'épisode ?

2. Quelle information est apportée par les groupes de mots en orange ?

3. Parmi les mots ou groupes de mots en bleu, quels sont ceux qui peuvent être déplacés ? Quels sont ceux qui ne le peuvent pas ? Pourquoi ?

4. Dans le groupe de mots en vert, par lesquelles de ces expressions pouvez-vous remplacer « de manière à » : *pour; afin de; d'une manière; dans le but de* ?
Qu'en concluez-vous ?

LEÇON

1. Le complément circonstanciel de moyen

- Il indique **l'instrument employé** pour accomplir une action.
- Il est **introduit** le plus souvent par les **prépositions** *avec, de, à, au moyen de, grâce à, par* :

  → *Les compagnons de la jeune femme la ranimèrent* ***avec quelques gouttes de liqueur.***
  Avec des craies de toutes les couleurs*/il dessine le visage du bonheur.* (J. Prévert)
  Estelle joue ***au piano*** *la* Fantaisie en fa mineur *de Schubert.*

2. Le complément circonstanciel de manière

Remarque
Le complément circonstanciel de moyen est le plus souvent un nom concret, alors que le complément circonstanciel de manière est un nom abstrait.
→ *dégager la neige* ***avec une pelle*** = moyen.
→ *dégager la neige* ***avec courage*** = manière.

- Il indique **de quelle façon** s'accomplit l'action :

  → *La bourrasque battit la mer* ***avec véhémence.***

L'expression de la manière

Le complément circonstanciel de manière peut être :

– un **groupe nominal prépositionnel** : il est **introduit** par les prépositions *avec* ou *sans*, plus rarement par les prépositions *à, en, de.*

– un **groupe nominal sans préposition** : il se construit parfois directement, quand il se présente sous la forme d'un nom accompagné d'un qualificatif :

→ *Il fonce* ***tête baissée*** *sur l'obstacle.*

– un **adverbe** :

→ *La brise tomba* ***complètement****; la grand-voile tombait* ***mollement****/avec mollesse.*

– un **adjectif employé comme adverbe**, donc invariable :

→ *Parler* ***haut, bas, fort.***

– un **verbe à l'infinitif** précédé de la préposition sans :

→ *Jouez* ***sans faire de bruit.***

– un **gérondif** : → *Lucie a appris la nouvelle* ***en riant aux éclats.***

Remarques
1. Certains compléments de manière sont **liés au verbe.** Ils ne peuvent **pas** être **déplacés** dans la phrase :
→ *Elle chante* ***faux.***
2. Certains compléments de manière sont des **compléments de phrase.** Ils peuvent être **déplacés** :
→ ***Lentement, avec précaution,*** *elle replaça le bébé endormi dans son couffin.*
3. Certains adverbes de manière **portent sur l'adjectif** :
→ *Sans le courant, le navire serait resté* ***parfaitement*** *immobile.*

Les adverbes de manière

- **La formation des adverbes en *-ment* :**

– Les adverbes de manière se forment le plus souvent à partir du **féminin de l'adjectif correspondant** auquel s'ajoute le suffixe ***-ment*** :

→ *Complète → complète****ment*** *– Parfaite → parfaite****ment*** *– Molle → molle****ment.***

– Lorsque l'**adjectif** se termine par ***-ant*** ou ***-ent*** :
le ***e*** ou le ***a*** de l'adjectif se maintient dans l'adverbe, même si la prononciation est [amɑ̃] ;

le ***n*** de l'adjectif se transforme en ***m* doublé** :

➜ *Prude**nt** ⟶ prude**mm**ent – Coura**nt** ⟶ coura**mm**ent.*

● **Autres adverbes ou locutions adverbiales de manière :**
À coup sûr – à l'aveuglette – à la bonne franquette – à la va-vite – ainsi – aussi – bon gré mal gré – cahin-caha – d'emblée – ensemble – gratis – incognito – pêle-mêle – pis – de préférence – sans cesse – sans façon – vice versa – vite – volontiers…
Série italienne et musicale : *andante – adagio – allegro – fortissimo – legato – mezza voce – non troppo – piano – pianissimo – rubato…*

Pour l'expression écrite

▪ **Très souvent,** on peut **remplacer un verbe accompagné d'un adverbe de manière par un verbe plus précis** :

➜ *Changer entièrement ⟶ transformer – Tomber lourdement ⟶ s'écrouler – Éviter adroitement ⟶ esquiver (un coup); éluder (une question) – S'endormir légèrement ⟶ s'assoupir – Battre violemment ⟶ rosser – Répondre vivement ⟶ riposter,* etc.

▪ Certains adverbes de manière expriment les **sentiments** ou les **jugements de l'émetteur.** Ils sont très souvent **placés en tête de phrase** :

➜ ***Heureusement,*** *l'exercice d'évacuation en cas d'incendie s'est passé pendant le contrôle de maths.*

Retenons

1. Le complément circonstanciel de **moyen** donne une indication sur l'**instrument** avec lequel un fait ou une action se réalise. C'est le plus souvent un **nom concret.**

2. Le complément circonstanciel de **manière** donne une indication sur la **façon** dont un fait ou une action se réalise.

3. Ce peut être **un groupe prépositionnel, un adverbe, un adjectif employé comme adverbe, un gérondif.**

EXERCICES

Identifier

1 Dans les phrases suivantes, identifiez les compléments circonstanciels de manière et donnez leur nature.

1. C'est en forgeant que l'on devient forgeron. – **2.** Lève-toi sans réveiller ta sœur qui dort. – **3.** J'avance avec prudence car le sol est glissant. – **4.** Attention! Ce ballon se dirige directement sur toi. – **5.** Elle s'habille toujours avec élégance en suivant la mode. – **6.** Vous pensez peut-être que je suis complètement sourde et parfaitement aveugle! – **7.** Ainsi va le monde…

2 **Dans les phrases suivantes, identifiez les compléments circonstanciels de moyen et donnez leur nature.**

1. On communique de plus en plus par le courrier électronique. – **2.** Cette écharpe est tissée avec un métier manuel. – **3.** Mon fils interprète la troisième sonatine de Beethoven au piano. – **4.** Les participants à la réunion iront en car de la gare au Palais des congrès. – **5.** Le médecin a fait tomber la fièvre grâce à un traitement approprié.

3 **Précisez si les groupes en gras sont des compléments circonstanciels de manière ou de moyen.**

Le numéro d'Oskar

La musique éclata dans la salle et Tonino entra sur scène **en marchant sur les mains.**
Oskar, dans son costume de squelette, jouait **avec une demi-douzaine de balles phosphorescentes**. Elles décrivaient un cercle parfait dans le vide et semblaient ne plus passer entre ses mains. Deux projecteurs transformaient les balles en petites boules de feu. Elles traçaient **ainsi**, tout autour du fascinant squelette vivant, des queues de comètes multicolores. Tonino fit un rétablissement sur les pieds et entreprit de suivre le périmètre de la scène **en enchaînant roue sur roue. Dans sa combinaison d'Arlequin, avec tous ses rubans attachés aux chevilles,** Tonino devint une sorte de bombe humaine, un être magique défiant l'obscurité et les lois de la pesanteur. La salle croula sous les applaudissements.
Tonino acheva son tour **par trois sauts en arrière**. Il se retrouva droit, impeccable : **en position pour recevoir les balles qu'Oskar lui lança aussitôt**. Tonino avait exécuté son numéro **avec la plus parfaite maîtrise.** Il n'avait que onze ans mais il était déjà un excellent professionnel.

Michel Amelin, « Panique au cirque », in *Je bouquine*, n° 122, avril 1994, © Bayard Jeunesse.

4 **Relevez et classez les compléments circonstanciels de manière et de moyen. Vous donnerez ensuite leur nature.**

Un combat difficile

À ce moment, un élan mâle jaillit en un éclair d'entre les arbres, fendant l'air de ses bois immenses, aux larges empaumures[1].
L'étalon noir jeta un coup d'œil à cet animal étrange, dont le corps osseux semblait plus haut que le sien. Il décida de ne pas le combattre directement comme il aurait combattu un autre étalon, c'est-à-dire face à face. Donc, il esquiva, d'un saut de côté, la charge de son ennemi, puis il lui tomba sur le dos, pensant que son poids suffirait à déséquilibrer l'élan. Mais celui-ci demeura ferme sur ses pattes. Il mordit Black à la gorge, l'égratigna avec l'un de ses bois. Black se dégagea vivement et lui décocha une ruade si dure que l'autre s'écroula, roula au sol.

D'après Walter Farley, *La Révolte de l'étalon noir*, © Hachette, 1970.

1. Empaumures : bases des bois d'un cerf.

Transformer

5 **Remplacez les numéros par la préposition qui convient puis précisez si le groupe introduit par cette préposition est un complément circonstanciel de manière ou de moyen.**

Où nous cacher sous ce grand préau vide? P.P. tremblait **(1)** une feuille, jetant autour de lui des regards éperdus. Le tirant **(2)** la manche, je l'entraînai **(3)** pas de course vers le seul abri possible : une sorte de grand paravent métallique, coupé à mi-hauteur, qui dissimule aux regards les toilettes des garçons. Nos jambes dépassaient en dessous, mais, **(4)** la nuit d'encre qui régnait, nous avions une minuscule chance de passer inaperçus.

Jean-Philippe Arrou-Vignod, *Enquête au collège*, © Gallimard, « Folio junior », 1991.

6 **Replacez les compléments circonstanciels de manière suivants aux endroits qui conviennent :** ***en cherchant les endroits où poser les pieds – d'un geste machinal – péniblement – à reculons – avec un cri funèbre – soigneusement.***

[Le garçon blond] s'agrippait **(1)** aux lianes et aux troncs brisés, quand un oiseau, éclair rouge et jaune, jaillit vers le ciel **(2)**; aussitôt, un autre cri lui fit écho :
« Hé, attends une minute », dit une voix. La végétation à la limite de la déchirure frémit et mille gouttes de pluie s'égrenèrent sur le sol.
« Attends un peu, répéta la voix, je suis accroché. »
Le garçon blond s'arrêta et se débarrassa de ses chaussettes **(3)**. L'espace d'une seconde, son geste évoqua le cœur de l'Angleterre et la jungle fut oubliée.

La voix se fit entendre à nouveau.
« Je peux à peine bouger avec toutes ces espèces de lianes. »
Celui qui parlait sortit **(4)** ; des broussailles et des brindilles s'accrochèrent à son blouson graisseux. À la pliure des genoux, des épines mordaient sa peau nue et grassouillette. Il se baissa, les enleva **(5)** et se retourna. Plus petit que le blond et très gras, il s'avança **(6)** et il leva les yeux derrière ses lunettes à verres épais.

W. Golding, *Sa Majesté des Mouches*, trad. L. Tranec-Dubled, © Gallimard, « Folio junior ».

7 Cherchez un verbe précis, qui remplace à lui seul l'idée exprimée par le verbe et l'adverbe dans les expressions suivantes.

inonder entièrement une île – s'endormir légèrement – toucher légèrement – tomber lourdement (sur une chaise) – rapporter faussement (un fait) – toucher profondément (le cœur) – publier officiellement (une loi) – prendre brusquement – presser fortement dans ses bras.

Écrire

8 Dans cette recette, les compléments circonstanciels de manière sont en gras, les compléments circonstanciels de moyen en italique. En vous inspirant des expressions utilisées, écrivez à votre tour la recette de votre plat favori.

La recette des crêpes

Versez la farine dans un saladier. Faites comme un puits au centre. Cassez les œufs au milieu. Ajoutez sel, sucre et huile. Commencez à tourner *avec une cuiller en bois*, **en faisant des ronds. Petit à petit**, ajoutez le lait **en tournant toujours**. Quand tout est mélangé, vous obtenez une pâte bien lisse. Laissez reposer la pâte au moins une heure.
Et maintenant, au travail.
Il faut d'abord « culotter » votre poêle, c'est-à-dire l'amener au meilleur de sa forme. Pour cela, faites-la chauffer à vide sur le gaz ou la plaque. Ensuite vous la frottez *d'huile* bien partout. Comment? *Avec une pomme de terre* que vous aurez épluchée et coupée **en deux**, fichée au bout d'une fourchette, puis trempée dans un peu d'huile.
Vérifiez que la pâte est bien mélangée et pas trop épaisse. Sinon, vous pouvez rajouter un peu de lait, d'eau ou de bière.
Attention, allez **doucement**, on ne peut pas rattraper une pâte trop liquide.
Hors du feu, vous répartissez la pâte dans la poêle **en tournant** dans tous les sens. Puis vous posez la poêle sur le feu. Quand la crêpe boursoufle, vous la retournez **d'un magnifique coup de poêle** ou plus **sagement** *avec l'aide d'une cuiller en bois*. Les premières seront ratées. Ne lavez surtout pas la poêle *à l'eau*. Cela la déculotterait. Vous aurez **vite** le coup de main.

Okapi, n° 555, 28 janvier 1995.

9 Dans ces vers, Pierre Coran évoque ce qu'il peut faire avec un peu d'argile. Imitez l'organisation de ce poème pour dire ce que vous feriez avec un peu de mie de pain ou un peu de fantaisie.

Avec un peu d'argile

Avec un peu d'argile
Je peux faire une cruche,
Une biche, une bûche,
Une roche, une ruche,
Et même une perruche.

Avec un peu d'argile,
Je peux faire un château,
Un bâton, un bateau,
Un radis, un radeau,
Et même un artichaut.

Avec un peu d'argile,
Je peux faire une ville,
Avec des toits de tuiles,
Des rues où ne défile
Plus une automobile.

Mais qui parmi vous
Me dira comment
Changer un caillou
En papillon blanc?

Pierre Coran, *La Courte Échelle*, © Le Cyclope.

AUTOÉVALUATION

À la fin de cette leçon, je sais :

- **opposer** les noms abstraits et les noms concrets ;
- **distinguer** les compléments circonstanciels de moyen et les compléments circonstanciels de manière ;
- **identifier** la nature des compléments circonstanciels de moyen et de manière ;
- **repérer** les circonstances de manière et de moyen dans les textes narratifs et explicatifs ;
- **remplacer** un verbe accompagné d'un adverbe de manière par un verbe plus précis.

24. Les compléments circonstanciels de cause et de but

OBSERVATION

Le pari perdu

Le lendemain, Mr. Fogg fit venir Passepartout et lui recommanda, en termes fort brefs, de s'occuper du déjeuner de Mrs. Aouda. Pour lui, il se contenterait d'une tasse de thé et d'une rôtie[1]. Mrs. Aouda voudrait bien l'excuser pour le déjeuner et le dîner, car tout son temps était consacré à mettre ordre à ses affaires. Il ne descendrait pas. Le soir seulement, il demanderait à Mrs. Aouda la permission de l'entretenir pendant quelques instants.

Passepartout, ayant communication du programme de la journée, n'avait plus qu'à s'y conformer. Il regardait son maître toujours impassible, et il ne pouvait se décider à quitter sa chambre. Son cœur était gros, sa conscience bourrelée de remords, car il s'accusait plus que jamais de cet irréparable désastre. Oui ! s'il eût prévenu Mr. Fogg, s'il lui eût dévoilé les projets de l'agent Fix, Mr. Fogg n'aurait certainement pas traîné l'agent Fix jusqu'à Liverpool, et alors… […]

Ainsi, pendant cette journée du dimanche, la maison de Saville-row fut comme si elle eût été inhabitée, et, pour la première fois depuis qu'il demeurait dans cette maison, Phileas Fogg n'alla pas à son club, quand onze heures et demie sonnèrent à la tour du Parlement.

Et pourquoi ce gentleman se fût-il présenté au Reform-Club ?

[   ] Ses collègues ne l'y attendaient plus. Puisque, la veille au soir, à cette date fatale du samedi 21 décembre, à huit heures quarante-cinq, Phileas Fogg n'avait pas paru dans le salon du Reform-Club, son pari était perdu. Il n'était même pas nécessaire qu'il allât chez son banquier pour y prendre cette somme de vingt mille livres. Ses adversaires avaient entre les mains un chèque signé de lui, et il suffisait d'une simple écriture à passer chez Baring frères, pour que les vingt mille livres fussent portées à leur crédit.

Jules Verne, *Le Tour du monde en 80 jours.*

1. **Rôtie :** tranche de pain grillée.

Questions

1. Lisez le texte en supprimant tous les groupes de mots en couleur. Comprenez-vous le passage ?

2. Sans les groupes de mots en couleur, les phrases sont-elles compréhensibles ?

3. Quelle information est donnée par les groupes de mots en bleu ? Quelle information est donnée par les groupes de mots en rose ?

4. Quel(s) mot(s) de liaison pouvez-vous mettre dans le cadre, ligne 20 ?

LEÇON

1. La relation de cause

- Quand deux faits s'enchaînent, il arrive souvent que le premier entraîne le second. Dans ce cas, le premier fait s'appelle la **cause.**
- Dans le déroulement du temps, **la cause précède toujours le fait,** même si elle est placée en fin de phrase :

→ ***Parce qu'il est arrivé en retard à Londres,*** *il a perdu son pari.*
fait n° 1 (cause) — fait n° 2 (fait principal)

Il a perdu son pari, ***parce qu'il est arrivé en retard à Londres.***
fait n° 2 (fait principal) — fait n° 1 (cause)

Cause explicite

- Bien souvent, l'expression de la cause est introduite à l'aide d'un **moyen grammatical.** On dit que la cause est **explicite.**
- Les différents **moyens grammaticaux** utilisés peuvent être :

– un **groupe prépositionnel** ou une **locution prépositive** *(grâce à, à cause de, en raison de)* : ***En raison de son échec,*** *Paul était triste.*

– une **proposition coordonnée** introduite par *car* : *Il parlait peu* ***car il se cachait de tout le monde.***

– une **proposition subordonnée** introduite par *parce que, comme, puisque* : *Il était malheureux,* ***parce qu'il s'accusait du désastre.***

Cause implicite

- La relation de cause à effet entre deux faits n'est pas toujours exprimée par un moyen grammatical. Elle peut être suggérée par le **rapprochement des deux faits.** Elle est alors **implicite.**
- Cela apparaît dans :

– des **propositions ou phrases juxtaposées** :
→ *Il n'alla pas au club,* ***ses collègues ne l'attendaient plus.***

– une **proposition subordonnée relative** :
→ *Passepartout,* ***qui aime beaucoup son maître,*** *le sauvera.*

– une **subordonnée participe** :
→ ***Fix l'ayant arrêté,*** *Mr. Fogg perdit son pari.*

– un **adjectif épithète détaché** :
→ ***Amoureux,*** *le gentleman épousa la princesse hindoue.*

– un **gérondif** (*en* + participe présent) :
→ ***En gagnant*** *son pari, il retrouva sa fortune.*

2. La relation de but

- Le **but** est un fait ou une action qu'on a l'intention de réaliser.
- Dans le déroulement du temps, **le but suit toujours** le fait envisagé, même s'il est exprimé en tête de phrase :

→ *Il alla chez le pasteur,* ***pour organiser le mariage.***
fait n° 1 (fait principal) — fait n° 2 (but)

Pour organiser le mariage, *il alla chez le pasteur.*
fait n° 2 (but) — fait n° 1 (fait principal)

Nature

Le complément de but peut être :

– un **verbe à l'infinitif** précédé de la préposition ***pour***, ou de la locution ***afin de***. Ce moyen, **le plus fréquen**t, n'est possible que si le verbe à l'infinitif et le verbe principal ont le **même sujet.**

→ *Il resta dans son bureau* ***pour mettre ses affaires en ordre.***
Il se dépêche ***afin d'arriver à temps.***

– un **infinitif** construit **directement** : *Il courut* ***chercher un fiacre.***

– une proposition **subordonnée conjonctive**. Le verbe de celle-ci est au **subjonctif**, car le fait n'est qu'envisagé, Dans ce cas, le sujet de la principale et le sujet de la subordonnée sont différents :

→ *La ville vote un budget spécial* ***pour que la fête soit réussie.***

– une proposition **subordonnée relative**, le plus souvent au **subjonctif** :

→ *Je veux un cadeau d'anniversaire* ***qui me fasse rêver.***

– un **groupe prépositionnel** : *Elle joue du piano* ***pour le plaisir.***

Pour l'expression écrite

- La préposition ***pour*** introduit souvent un complément de **but**, mais elle peut parfois introduire un complément de **cause**. Il faut donc bien situer les faits dans le temps pour distinguer cause et but :

→ *David Douillet a été félicité* ***pour avoir gagné la médaille d'or.*** (infinitif composé : cause)
David Douillet a été entraîné ***pour la gagner.*** (infinitif : but)

- On peut parfois **coordonner un complément de cause et une subordonnée de cause** :

→ *Il pleurait* ***de rage*** *et* ***parce qu'il se sentait ridicule.***

Retenons

1. Quand deux faits s'enchaînent **logiquement, la cause précède toujours le fait.** Au contraire, **le but est envisagé après le fait considéré.**

2. La **cause explicite** est marquée à l'aide d'un **moyen grammatical** (préposition, conjonction de coordination ou de subordination…).

3. La **cause implicite** n'est pas exprimée : elle est **suggérée** par le rapprochement de deux faits.

4. **L'expression du but** prend le plus souvent la forme d'un **complément circonstanciel** (verbe à l'infinitif ou groupe prépositionnel introduit par la préposition *pour*; proposition subordonnée conjonctive introduite par *pour que*, *afin que*…).

EXERCICES

Identifier

1 Dans les phrases suivantes, relevez les compléments circonstanciels de cause et donnez leur nature.

1. Le vol au départ de Roissy a dû être annulé en raison d'un brouillard persistant. – **2.** Les voyageurs ont été transférés à Orly parce que le brouillard y est moins épais. – **3.** La visibilité n'étant toutefois pas suffisante, aucun avion n'a pu décoller avant midi. – **4.** Ulcérés, les voyageurs ont commencé à protester et à demander des indemnités. – **5.** La compagnie leur a fait savoir qu'ils n'obtiendraient rien car elle n'était en rien responsable des intempéries. – **6.** Certains voyageurs qui ne pouvaient attendre plus longtemps ont décidé de prendre le train.

2 Dans les phrases suivantes, relevez les compléments circonstanciels de but et donnez leur nature.

1. Pour chercher des informations sur Internet, il vaut mieux être patient à certaines heures. – **2.** Je cherche un site qui me propose des petites annonces pour acheter une guitare électrique. – **3.** Je fais des économies depuis trois mois en vue de cet achat. – **4.** Je dois encore attendre un moment afin que mon rêve devienne réalité.

3 Dans le texte suivant, identifiez les compléments circonstanciels de but et de cause.

« Donc, ajouta-t-il en consultant un calendrier de poche, puisque c'est aujourd'hui mercredi 2 octobre, je devrai être de retour à Londres, dans ce salon même du Reform-Club, le samedi 21 décembre, à huit heures quarante-cinq du soir, faute de quoi les vingt mille livres déposées actuellement à mon crédit chez Baring frères vous appartiendront de fait et de droit, messieurs.
Voici un chèque de pareille somme. »
Un procès-verbal du pari fut fait et signé sur-le-champ par les six co-intéressés. Phileas Fogg était demeuré froid. Il n'avait certainement pas parié pour gagner, et n'avait engagé ces vingt mille livres – la moitié de sa fortune – que parce qu'il prévoyait qu'il pourrait avoir à dépenser l'autre pour mener à bien ce difficile, pour ne pas dire inexécutable projet. Quant à ses adversaires, eux, ils paraissaient émus, non pas à cause de la valeur de l'enjeu, mais parce qu'ils se faisaient une sorte de scrupule de lutter dans ces conditions.
Sept heures sonnaient alors. On offrit à Mr. Fogg de suspendre le whist afin qu'il pût faire ses préparatifs de départ.

Jules Verne, *Le Tour du monde en 80 jours.*

Transformer

4 Replacez les compléments circonstanciels de cause suivants aux endroits qui conviennent : *car le choc n'a pas dû être très fort – parce que, dans ce sens, j'étais caché par ce buisson – car le conducteur a donné un coup de volant à droite pour l'éviter – qui devait être desserré.*

La solution du problème

« Et voilà, dit-il. Quand j'ai slalomé entre les trous, j'ai dû pousser assez fort sur le guidon ou me pencher trop brutalement. L'écrou, **(1)**, s'est arraché sous l'effort. Il est tombé là, dans ce trou plus ou moins encore rempli d'eau. Et le vélo s'est brusquement plié en deux, disloqué plutôt. Il a basculé, m'entraînant en avant, comme si une voiture m'avait bousculé par derrière. [...] Le chirurgien m'a dit qu'on pouvait se faire de mauvaises fractures parfois sans beaucoup d'élan. Il suffit de mal tomber. Moi, je suis mal tombé. Juste à cet instant, une voiture est passée. Je l'ai entendue, mais elle, elle ne m'a pas vu, **(2)**. Elle a dû voir mon vélo, déjà plié au milieu de la route, au dernier moment, et l'a heurté avec l'extrême bord de son aile, **(3)**. Mais c'est peut-être un conducteur inexpérimenté. Le vélo, poussé vers la gauche, est tombé de l'autre côté de la route, près du ruisseau. Et je me demande même si le cabochon de son clignotant n'était pas déjà plus ou moins cassé, **(4)**. »
Tous écoutent Guillaume avec attention. C'est un peu comme la fin d'un film.

Giorda, « L'Accident », in *Je bouquine*, n° 108, février 1993, © Bayard Presse.

5 Inventez des compléments circonstanciels de but que vous placerez aux endroits indiqués.

L'action se situe près de Londres, pendant la Seconde Guerre mondiale.
Elle partit à la recherche de l'église catholique romaine la plus proche (**pour...**). C'était là qu'elle allait prier pour ses pilotes et faire brûler des cierges (**afin que...**). Je la suivais partout comme un petit chien, je m'asseyais (**pour...**) pendant qu'elle priait, la tête couverte d'une écharpe de ma mère. Elle avait l'air si pur et illuminé qu'elle me faisait penser à Jeanne d'Arc.

Elle asticota même le prêtre catholique anglais (**afin que...**). Les pilotes assistèrent à la cérémonie sans enthousiasme, la tête baissée et les mains jointes, mais je pense qu'en réalité, ils apprécièrent beaucoup cela. En temps de guerre, les pilotes sont très superstitieux.
Elle s'arrangeait toujours (**pour que...**). Il n'y avait jamais rien sur ce pauvre petit terrain d'aviation et, comme tous les jeunes gens, ils ne se donnaient jamais le mal d'apporter quoi que ce soit. Oh ! comme elle embêta mon pauvre père à propos de fourneaux ; comme elle câlina ma mère (**pour que...**), avec des ingrédients difficiles à chiper et complètement rationnés. Et, là encore, je la suivais comme un petit chien.

D'après Robert Westall, « Le cœur en bataille »,
in *Je bouquine*, n° 109, mars 1993, © Bayard Presse.

Écrire

6 Voici un texte humoristique écrit par toute une classe. Repérez les compléments circonstanciels de cause puis imitez-le, en utilisant à votre tour de nombreux compléments de cause.

Monsieur le Président,
L'accident provoqué par mon client a de nombreuses circonstances atténuantes. Perturbé par l'écoute de *Cette année-là* de Claude François, mon client a confondu le bouton de son autoradio avec l'accélérateur. En voulant augmenter le volume des basses, il est monté sur le trottoir et a enfoncé la vitrine du charcutier. C'est sans doute aussi parce que le couscous de cet artisan est réputé dans tout le canton de Romorantin que mon client a voulu s'en procurer, sans subir les inconvénients du stationnement, toujours difficile sur la place de l'Hôtel de Ville. De plus, le conducteur utilisait au même moment son téléphone mobile pour poser sa candidature à *Comment gagner des millions ?* Son pied a dérapé sur la pédale d'embrayage car les semelles de ses chaussures, achetées en promotion à 99 F TTC, manquaient d'adhérence.
Par conséquent, messieurs les jurés, je demande l'indulgence du tribunal pour mon client.

7 Repérez les compléments circonstanciels de but dans le poème suivant. Écrivez à votre tour un poème au futur contenant ce type de complément.

Nous aurons devant nous

Nous aurons devant nous des temps brillants
[comme des siècles
pour apprendre les sortilèges :
celui des montres de bergers
taillées dans des sureaux imaginaires
habiles à dévider les jours
quand la lumière se fait ligne ;
celui des signes inventés de proche en proche
pour conjurer les peurs
conquérir sans mérite les faveurs des devins
et pour brouiller les pistes
celui qu'il faut apprivoiser pour découvrir l'amour
[des hommes,
celui pour créer le premier poème du monde
et celui pour donner la vie.

Même,
si les saisons nous sont propices,
je t'indiquerai les simples qu'il faut mâcher avant
[l'aube
pour apaiser les amertumes et comment
imposer les mains aux tempes de la terre
et lui rendre la paix.

Arthur Haulot, *Poèmes du sang*,
© Arthur Haulot.

AUTOÉVALUATION

À la fin de cette leçon, je sais :
- **identifier** la nature des compléments de cause et de but dans la phrase complexe ;
- **lier** la cause et le but à la chronologie des faits et des actions ;
- **écrire** un récit ou un poème en variant l'expression grammaticale de la cause et du but.

ORTHOGRAPHE

L'accord sujet – verbe – attribut

LEÇON

L'accord du verbe avec le sujet

1. Le sujet commande toujours l'accord du verbe en personne et en nombre.

→ ***Je** les vois.* (accord avec ***je***, 1re pers. du singulier)
*Les élèves écout**ent**.* (accord avec ***les élèves***, 3e pers. du pluriel)

2. Le sujet n'est pas toujours placé juste avant le verbe.

- Il peut être **après** le verbe : c'est un **sujet inversé**.

→ *Au loin surgirent **des lueurs**.* (Le sujet est après le verbe.)

- Il peut être **séparé** du verbe par des **pronoms compléments d'objet** :

→ ***Il** nous **a fait** peur.* (Le sujet est *il.*)
***Je** les **aperçois** au loin.* (Le sujet est *je.*)

3. Un ou plusieurs sujets

- Le verbe a **un seul sujet.**

Cas	Comment accorder ?	Exemple
Le **sujet** est un **groupe nominal.**	L'accord se fait avec le **noyau** de ce groupe.	*La victoire de notre équipe **était attendue.*** accord avec *victoire*.
Le **sujet** est ***on***.	L'**accord** se fait au **singulier.**	***On a** beaucoup regardé les J.O. à la télévision.*
Le **sujet** est ***qui***, **pronom relatif.**	L'**accord** se fait avec l'**antécédent** que le pronom remplace.	*Sur le podium, les **athlètes qui** écoutent l'hymne de leur pays sont émus. Qui reprend athlètes, donc accord au pluriel.*
Le **sujet** est un **mot** qui exprime l'**absence** ou la **présence** d'un **seul élément** : *personne, rien, aucun, chaque, chacun…*	L'**accord** se fait au **singulier.**	*Personne n'**a ri**. Chacun **s'est tu**.*

Remarque
Quand **le sujet** est un **mot** indiquant un **nombre plus ou moins grand d'éléments** : *beaucoup de, la plupart, certains, quelques, plusieurs, peu de…*, l'accord se fait au pluriel.
→ ***Certains** enfants lisent, **d'autres** jouent, **beaucoup** sont déjà partis.*

- Le verbe a **plusieurs sujets.**

Cas	Comment accorder ?	Exemple
L'**un** des sujets est **masculin.**	L'**accord** se fait au **masculin pluriel.**	*Judith, Claire et Alexandre **sont** venus me voir.*
Tous les **sujets** sont **féminins.**	L'accord se fait au **féminin pluriel.**	*Aline, Magali et Sophie **sont** gentil**les**.*
Les sujets sont des **pronoms personnels de personnes différentes.**	*Toi + moi = nous* *Il(s)/elle(s) + moi = nous* *Vous + nous = nous* *Il(s)/elle(s) + toi = vous*	***Mes parents et moi sommes** contents de t'accueillir.* *Les enfants **et toi allez** bien **vous** entendre.*

L'accord de l'attribut du sujet

- **L'adjectif qualificatif et le participe passé attributs du sujet** s'accordent avec celui-ci **en genre et en nombre** :

→ ***Passepartout*** *est* ***content*** *de son aventure.*
accord au masculin singulier
Mrs Aouda *est* ***déçue*** *de la froideur de Fogg.*
accord au féminin singulier

- Lorsqu'il y a **plusieurs sujets**, l'**accord** se fait suivant les **règles d'accord du verbe** (voir tableau p. 194) :

→ ***Harry*** *et* ***Amandine*** *sont* ***acceptés*** *dans une école de sorcellerie.*

- **Les noms et groupes nominaux attributs du sujet** s'accordent le plus souvent avec le sujet :

→ *Dans cette école,* ***Harry*** *et* ***Amandine*** *sont* ***des élèves brillants****.*

EXERCICES

1 Récrivez les phrases suivantes en remplaçant le sujet par le groupe indiqué entre parenthèses.

1. Les jeunes aiment se retrouver pour discuter (la jeunesse). – **2.** Ils s'étonnent toujours de me voir réussir (on). C'est injuste ! – **3.** Rien n'est permis (tout). – **4.** Zora et Laura se sont vues tous les jours (Élodie et Farid). – **5.** Pourquoi les mesures de sécurité sont-elles aussi mal suivies ? (le règlement). – **6.** Moi qui ai toujours écouté, je suis punie, comme les autres (toi).

2 Construisez des phrases avec les sujets suivants.

1. Ma copine et moi... – **2.** La plupart des professeurs... – **3.** Chacun... – **4.** Rien... – **5.** La foule des spectateurs... – **6.** La petite section de maternelle et la grande section... – **7.** Tous les délégués... – **8.** Chaque élève...

3 Recopiez et proposez deux sujets pour chacun des verbes suivants.

1. ... qui a fini le premier l'exercice commence aussitôt le deuxième. – **2.** ... ont eu très peur. – **3.** Les indices qu'ont découverts ... sont difficiles à interpréter. – **4.** ... aimez beaucoup les spaghetti alla carbonara. – **5.** ... sommes reparties ensemble. – **6.** ... ont peur des araignées.

4 Replacez les sujets aux endroits qui conviennent en vous aidant des accords : *on* (deux fois) – *qui* – *il* – *tout le monde* – *le père Lannou* – *ça* (deux fois).

Bref, ce matin-là, (1) a été bien content d'entendre frapper à la porte, vers midi moins vingt. Même quand ce n'est qu'un élève (2) vient demander le ticket de cantine ou la craie, (3) change un peu les idées. Mais là, c'était encore mieux : (4) a vu entrer le directeur, et rien à craindre ! (5) ne pouvait pas déjà être pour les bulletins. Avec lui, il y avait une fille. (6) a bien compris que c'était une nouvelle. (7) avait l'air au courant, (8) a dit : « Ah, voici, mademoiselle Lépidis ! ».

Philippe Delerm, *Elle s'appelait Marine*,
© Gallimard, « Folio junior », 1998.

5 Récrivez le texte en commençant par : « Après déjeuner, Phileas Fogg et Mrs. Aouda quittèrent... » et faites les modifications nécessaires.

Après déjeuner, Phileas Fogg, accompagné de Mrs. Aouda, quitta l'hôtel pour se rendre aux bureaux du consul anglais afin d'y faire viser son passeport. Sur le trottoir, il trouva son domestique, qui lui demanda si, avant de prendre le chemin de fer du Pacifique, il ne serait pas prudent d'acheter quelques douzaines de carabines Enfield ou de revolvers Colt.

Jules Verne, *Le Tour du monde en 80 jours.*

EXPRESSION ORALE

Faire des hypothèses

OBSERVATION

Questions

1. Imaginez l'endroit où se trouvent les interlocuteurs, et à quel match ils assistent.

2. Quelle supposition font-ils sur le présent ?

3. Quelle hypothèse font-ils sur le futur ?

4. Quelle hypothèse font-ils sur ce qui s'est passé précédemment ?

5. Par quels mots et expressions expriment-ils leurs hypothèses ?

LEÇON

1. L'hypothèse

- Faire une **hypothèse**, c'est **admettre provisoirement** l'existence d'un fait, avant de le vérifier ou de le démontrer.

Dans le présent : *S'il a plu, il n'est pas sorti. – S'il pleut... / pleuvait... – Il pleuvrait... – Au cas où... – Dans l'hypothèse où...*

Dans le passé : *S'il pleuvait, tu sortirais? – S'il avait plu... – Il a encore dû... – À supposer qu'il ait plu... – Au cas où il aurait plu... – En supposant qu'il ait plu...*

2. La supposition

- Faire une **supposition**, c'est **émettre** une **hypothèse considérée comme provisoirement juste** et qui sert de point de départ à un raisonnement.

Je suppose... – Suppose que... – Supposons... – Supposez... – J'imagine... – Imaginons... – Imaginez... – J'admets... – Admettons... – Admettez... – Je pose que... – Posons que... – Je me demande si... – Il se peut que... (+ subjonctif) *– Est-ce que vous ne seriez pas...? – Soit un triangle...*

PRENONS LA PAROLE

1 Imaginez les situations dans lesquelles les phrases suivantes ont été prononcées.

a. Je ne l'ai pas vu, cet appartement, mais je suppose que la cuisine est minuscule.
b. Il a encore dû s'endormir dans le TGV.
c. Supposons que AB et CD soient égaux...
d. Vous ne seriez pas encore en train de préparer un gâteau au chocolat?
e. Tes copains seraient peut-être heureux de pouvoir passer de temps en temps.

2 Ils font des hypothèses. Imaginez leur conversation.

a. Gaëlle et Estelle roulent sur l'autoroute. Soudain, la voiture ralentit sans raison. Le moteur fait un bruit anormal.
b. Carole et Jérôme sont invités à dîner ce soir chez Alice et Aurélien. Quand ils arrivent devant la maison, le portail est fermé, tout est éteint, il n'y a aucun signe de vie...
c. Vous êtes dans le bus. Vous avez juste une demi-heure pour prendre le train. Soudain survient un embouteillage...
d. Des gens emménagent dans l'appartement qui est juste en face du vôtre sur le palier. Vous faites des suppositions sur leur identité, sur vos futures relations.
e. Vous répondez à votre correspondante qui vous écrit : « À treize ans, je suis plutôt mignonne, mais j'ai un gros problème : les garçons de ma classe ne me regardent pas, ne me parlent jamais. De plus, j'ai toujours peur de gaffer. Qu'est-ce que je dois faire? »

3 Que feraient ces personnages historiques célèbres s'ils vivaient aujourd'hui?

a. Jeanne d'Arc – **b.** Pasteur – **c.** Mozart – **d.** Le docteur Schweitzer.

4 Vous êtes journaliste à la télévision. Vous devez faire un flash spécial sur la nouvelle suivante et émettre des hypothèses.

Un vol de bijoux particulièrement audacieux a été commis à l'encontre d'un grand joaillier parisien. Les voleurs ont payé les bijoux avec des faux dollars émanant d'Eurodisney et portant la mention « Mickey vous remercie ». L'enquête ne fait que commencer, et on ne sait pas comment les voleurs s'y sont pris.

BILAN

1 5 points

Identifiez le groupe sujet du verbe principal.

1. Les arbres que vous avez plantés dépassent maintenant le mur du jardin.
2. On a coupé un arbre qui menaçait de s'abattre sur la maison.
3. Le cèdre du Liban, planté par ma grand-mère, craquait sous la tempête.
4. Au-dessus de la cheminée trônait une grande photo de notre maison familiale.
5. C'est dans cette cuisine minuscule que se préparent tous les repas du restaurant.

2 5 points

Donnez la fonction des groupes de mots en gras.

1. Elle l'appelait **son ogre chéri**.
2. Rachid reste **immobile**.
3. Le charcutier a un air **sombre et préoccupé**.
4. Jamais Justine ne s'était sentie **aussi heureuse**.
5. Li est resté **à Paris** pendant les vacances.

3 5 points

Même exercice.

1. La cliente s'empara **d'un éclair au chocolat et d'une tarte au citron**.
2. Elle goba ensuite **une religieuse au café et un baba à la crème**.
3. Elle **lui** demanda **un carton garni de tartelettes**.
4. Dans la rue, elle **les** avala en deux bouchées.

4 5 points

Indiquez si les compléments de temps en gras expriment l'antériorité, la simultanéité ou la postériorité.

1. **Une nuit d'été de 1885,** dans le sud de l'Angleterre, l'écrivain R.L. Stevenson fait un cauchemar magnifique.
2. **Dès le lendemain,** il commence à écrire son rêve.
3. **En quelques jours,** dans la fièvre, il couche sur le papier *L'Étrange cas du Dr. Jekyll et de Mr. Hyde.*
4. C'est l'histoire d'un médecin respectable qui se transforme en brute criminelle **après avoir bu une potion chimique de son invention**.
5. Le succès est retentissant : **à trente-cinq ans,** Robert-Louis devient un écrivain mondialement célèbre.

5 5 points

Donnez la fonction des groupes de mots en gras.

1. Dans toutes ses aventures, Phileas Fogg fait preuve de sang-froid et d'audace.
2. **Jour après jour,** Passepartout apprend à mieux connaître son maître.
3. Mrs Aouda regardait **amoureusement** celui qui l'avait sauvée.
4. Tout emploi lui était refusé **parce qu'il manquait d'expérience**.
5. **Pour ne pas compromettre votre sécurité,** soyez attentifs aux consignes.

6 5 points

Dans le texte suivant, relevez un attribut du sujet, un COD, un complément circonstanciel de lieu, un complément circonstanciel de manière, un complément circonstanciel de but.

À l'étage, même désolation. J'en suis resté baba; pourtant, je ne suis pas ménage-ménage… Pas du genre à contrarier la pesanteur, j'abandonne au hasard de mon déshabillage une chaussette ici et le pantalon là; mes jouets sont à portée, c'est-à-dire partout, et mes affaires de classe s'amassent en tas précaire sur un bureau très encombré par de menues babioles qui transitent par mes poches qu'il me faut bien vider pour les remplir au gré de trouvailles et d'échanges. En somme, je suis normal. Mais, là, il y avait de l'abus.

Jean-Loup Craipeau, *Gare au carnage, Amédée Petipotage!*, © Nathan, « Lune Noire ».

Pour vous aider

ORTHOGRAPHE LEXICALE

1. Emprunts et composition de mots

LEÇON

1. Les emprunts

J'observe

Je vais dire le jeu qui nous amusa le plus, Antoinette et moi, pendant ces deux mêmes délicieux étés.
Voici : au début, on était des chenilles ; on se traînait par terre, péniblement sur le ventre et sur les genoux, cherchant des feuilles pour manger. Puis bientôt on se figurait qu'un invincible sommeil vous engourdissait les sens et on allait se coucher dans quelque recoin sous des branches, la tête recouverte de son tablier blanc : on était devenus des cocons, des chrysalides.
Cet état durait plus ou moins longtemps et nous entrions si bien dans notre rôle d'insecte en métamorphose, qu'une oreille indiscrète eût pu saisir des phrases de ce genre, échangées entre nous sur un ton de conviction complète :
– Penses-tu que tu t'envoleras bientôt ?
– Oh! je sens que ça ne sera pas long cette fois ; dans mes épaules, déjà ça se déplie... (Ça, naturellement, c'était les ailes.) Enfin, on se réveillait ; on s'étirait, en prenant des poses et sans plus rien se dire, comme pénétré du grand phénomène de la transformation finale...

Pierre Loti, *Le Roman d'un enfant.*

branches : mot d'origine celte.

blanc : mot d'origine germanique *(*blank).*

cocons : mot d'origine provençale *(coucoun).*

saisir : mot d'origine germanique *(*sakjan).*

étés : du grec *aithein*, « allumer ».

chrysalides : du grec *krusos,* « or ».

métamorphoses : du grec *metamorphoun,* « transformer ».

phrase : du grec *phrazein*, « expliquer ».

épaule : du grec *spathê.*

phénomène : du grec *phainesthai*, « faire voir ».

Questions

1. Quelles sont les origines des différents mots en bleu ?
2. Quelle est l'origine des mots en mauve ?

Je remarque

- Les mots français peuvent se classer en deux catégories.

1. Les mots **très anciens** qui viennent :
– du **celtique,** langue parlée par les Gaulois ; ce sont souvent des termes qui se rapportent à la nature : *branche, chêne.*
– du **germanique,** langue parlée par les Francs ; ce sont souvent des mots relatifs à la guerre : *saisir, blanc, gagner.*
– du **latin,** répandu en Gaule au moment de la conquête romaine :
→ *Enfant* vient du latin *infans* : « celui qui ne parle pas ».

2. Les mots formés **à partir du Moyen Âge** qui sont empruntés
– au **latin** et au **grec** ; ce sont des mots de formation savante :

➜ *chrysalide, métamorphose, phrase.*

– à **d'autres langues,** par exemple à l'arabe *(zéro, hasard, sirop)* ; l'italien *(balcon, soldat, concerto)* ; l'allemand *(bière, choucroute, képi)* ; l'espagnol *(chocolat, cigare, moustique)* ; le russe *(cosaque, mammouth, steppe)* ; l'anglais ou l'américain *(record, tunnel, match).*

● La langue française est donc constituée d'une **mosaïque** de mots d'origines diverses, que le français a « adoptés » sans les changer ou qu'il a « francisés » : *riding-coat* est devenu *redingote.*

● Pour connaître l'origine d'un mot, il faut consulter un **dictionnaire étymologique.**

● Comme toutes les langues, le français ne cesse pas d'**évoluer** et d'**intégrer** des mots nouveaux, en particulier pour désigner de nouvelles inventions : *clonage.*

2. Les mots composés

J'observe

Portefeuille	**Thermomètre** en grec, *thermos* : chaud. en grec, *metron* : mesure.
Grand-mère	**Noctambule** en latin, *nox, noctis* : nuit. en latin, *ambulare* : aller.

Questions

1. Comment sont formés les noms de la première colonne ?
2. Comment sont formés ceux de la seconde colonne ?

Je remarque

● Les mots dérivés sont formés avec des préfixes et/ou des suffixes qui s'ajoutent à des radicaux. Les **mots composés** sont faits de **l'assemblage de plusieurs mots.**

● Il existe deux catégories de mots composés.

1. Les mots composés **usuels** : ils sont faits à partir de **deux mots collés** l'un à l'autre ou réunis par un trait d'union :

➜ *portemanteau, vide-ordures.*

2. Les mots composés **savants** : ils sont formés à partir de **radicaux latins ou grecs.** Ils appartiennent souvent au vocabulaire des sciences.

➜ *autobiographie* est un mot formé de trois éléments grecs : *autos* (« lui-même ») + *bios* (« vie ») + *graphein* (« écrire »)
→ une autobiographie est donc le récit de sa propre vie.

EXERCICES

1 D'après le sens des mots de la liste 1, retrouvez leur origine dans la liste 2.

Liste 1 : **a.** druide – **b.** gondole – **c.** harem – **d.** abricot – **e.** zapping – **f.** drakkar – **g.** isba – **h.** émir – **i.** paparazzi.

Liste 2 : **1.** arabe (deux mots) – **2.** espagnol – **3.** italien (deux mots) – **4.** russe – **5.** celtique – **6.** scandinave – **7.** anglais.

2 Retrouvez les mots qui correspondent aux définitions. Vous en apprendrez aussi l'origine.

Définitions : **1.** Nom d'origine celtique qui désigne un instrument pour enlever la poussière sur le sol. – **2.** Nom d'origine germanique qui désigne ce que l'on jette à quelqu'un qui se noie. – **3.** Nom d'origine provençale qui désigne un insecte, bien insouciant d'après La Fontaine. – **4.** Nom d'origine néerlandaise qui désigne une large avenue. – **5.** Nom d'origine arabe qui sert à mesurer la taille d'une pierre précieuse. – **6.** Nom d'origine italienne qui désigne un repas très copieux. – **7.** Nom d'origine espagnole qui désigne l'artisan qui répare les chaussures. – **8.** Nom d'origine russe qui désigne un alcool. – **9.** Nom d'origine portugaise qui désigne un petit rongeur. – **10.** Mot d'origine anglaise qui désigne un spectacle en public.

Mots : **a.** festin – **b.** live – **c.** bouée – **d.** cobaye – **e.** cordonnier – **f.** boulevard – **g.** balai – **h.** carat – **i.** vodka – **j.** cigale.

3 Classez les mots suivants en deux colonnes selon que ce sont des mots dérivés ou des mots composés.

a. Porte-plume – **b.** sportif – **c.** monocle – **d.** immangeable – **e.** graphologie – **f.** polycopie – **g.** élevage – **h.** illisible – **i.** laissez-passer – **j.** pédagogie – **k.** réorganisation – **l.** radiographie.

4 *Uni, mono, bi, tri, quadru, poly* sont des préfixes qui expriment une idée de nombre. Donnez la signification des mots composés suivants.

a. Unijambiste – **b.** monoplace – **c.** bicorne – **d.** bipède – **e.** bicyclette – **f.** triangle – **g.** tricolore – **h.** quadrilatère – **i.** quadrupède.

5 Retrouvez les mots composés usuels à partir des deux listes suivantes. Donnez la nature grammaticale de chacun de leurs éléments.

Premier mot : **1.** Cure – **2.** essuie – **3.** pique – **4.** pèse – **5.** presse – **6.** pare – **7.** chasse – **8.** ouvre – **9.** marque – **10.** pense.

Deuxième mot : **a.** Choc – **b.** assiette – **c.** neige – **d.** bête – **e.** citron – **f.** main – **g.** page – **h.** lettres – **i.** boîte – **j.** dent.

6 Trouvez les mots composés savants correspondant aux définitions suivantes.

Définitions : **1.** Avion qui peut se poser sur l'eau. – **2.** Qui parle plusieurs langues. – **3.** Celui qui cultive les champs. – **4.** Qui mange de tout. – **5.** Endroit où l'on range des livres. – **6.** Qui a deux têtes. – **7.** Étude des roches. – **8.** Fait de tuer son enfant. – **9.** Ami de la sagesse. – **10.** Qui mange de la chair humaine.

Mots composés : **a.** Omnivore – **b.** philosophe – **c.** hydravion – **d.** géologie – **e.** anthropophage – **f.** bibliothèque – **g.** agriculteur – **h.** bicéphale – **i.** polyglotte – **j.** infanticide.

7 Jeu du pastiche

Voici le premier quatrain de « Green », poème de Paul Verlaine :

« Voici des fruits, des fleurs, des feuilles et des [branches
Et puis voici mon cœur qui ne bat que pour vous.
Ne le déchirez pas avec vos deux mains blanches
Et qu'à vos yeux si beaux l'humble présent soit [doux. »

En voici maintenant trois pastiches, dont les mots en gras sont tous d'une même origine étrangère. Retrouvez cette langue d'origine. Aidez-vous d'un dictionnaire étymologique.

1. Voici de l'**ambre** ancien, du **talc** et du **benjoin**
Et puis un **élixir** dans sa **carafe** pour vous ;
Écoutez ma **guitare**, acceptez ce **camée** ;
Venez sur ce **divan**, quittez votre **jaquette** ;
Vous serez ma **gazelle**, et moi votre **laquais**.

2. Voici un **slip**, un **short**, des **boots** et des [**socquettes**
Et puis voici en prime mon **cardigan** pour vous.
Ne me renvoyez pas de votre **kitchenette**
Et qu'à vos yeux d'**esthète** tous ces **items** soient [doux.

3. Voici un **canari**, du **jade** et des **jonquilles**
Et puis voici mon **casque** plein de **vanille** pour [vous.
Ne l'**escamotez** pas, prenez cette **pacotille** ;
Elle charme les **moustiques** et rend les **gitans** fous.

Henriette Walter, *L'Aventure des mots français venus d'ailleurs*, © Robert Laffont, 1997.

À votre tour, composez un pastiche avec les mots suivants d'origine germanique.

a. Blé – **b.** tuyau – **c.** baron – **d.** écume – **e.** cercueil – **f.** bûche – **g.** héron – **h.** gratter – **i.** bleu – **j.** mésange – **k.** touffe – **l.** buée – **m.** fourrure – **n.** poche – **o.** maréchal – **p.** gant.

2. La formation des mots

LEÇON

- Un mot se fabrique à partir d'un radical qui porte le sens principal. Lorsque le mot est composé du radical seul, c'est un **mot simple** :

  → *branche*

- On peut ajouter un **préfixe** et/ou un **suffixe** au radical. On obtient alors un **mot dérivé** :

  → *dé + brancher* → *débrancher*
  préfixe + radical

  branche + ment → *branchement*
  radical + suffixe

1. Les préfixes

J'observe

normal	anormal
porter	importer
voiler	dévoiler
lecture	relecture

Questions

1. Comparez les mots de la première et de la seconde colonne. Que remarquez-vous ?
2. Quel sens apporte cet élément nouveau ? A-t-il changé la nature grammaticale du mot ?

Je remarque

- Le préfixe se place **avant** le radical. Il **ne change pas** la **nature** grammaticale du mot.

  → *voiler* → *dé + voiler*
  verbe → verbe

  normal → *a + normal*
  adjectif qualificatif → adjectif qualificatif

- Les **préfixes** modifient le sens du radical.

Les principaux préfixes

Préfixes	Sens	Exemples
Re-	répétition	**re**charger
In-, im- En-, em- Ac-, ap-	mouvement vers l'intérieur	**im**porter **em**mener **ap**porter
Ex-, e- Extra-	mouvement vers l'extérieur	**ex**porter **extra**ordinaire
Inter- Entre-	mouvement des deux côtés	**inter**national **entre**couper

Anté-, pré- Post-	moment avant moment après	**pré**histoire **post**modernisme
A- In- Dé- Mé-	négatif	**a**scolaire **in**correct **dé**coller **mé**connaître

2. Les suffixes

J'observe

Toulouse	toulousain
agiter	agitation
lent	lentement
gros	grossir
fleur	fleurir

Questions

1. Comparez les mots de la première et de la deuxième colonne. Que remarquez-vous ? Où se place l'élément nouveau par rapport au radical ?

2. Que permet cet élément nouveau du point de vue des natures grammaticales ?

Je remarque

- Le **suffixe** se place **après** le radical. Il permet souvent de changer la nature grammaticale du radical auquel il s'ajoute :

→ *fleur / fleur + ir* (nom / verbe) *lent / lente + ment* (adjectif / adverbe)

- **Les suffixes modifient** souvent le sens du radical.

	Les principaux suffixes	
Suffixes	**Sens**	**Exemples**
-able, -ible	capacité à	fais**able**, lis**ible**
-ment -emment -amment	d'une manière	silencieuse**ment** évid**emment** puiss**amment**
-âtre -asse	péjoratif	verd**âtre** blond**asse**
-ette -eter, -oter -et -on	diminutif	fill**ette** crach**oter** agnel**et** chat**on**
-té, -eté, -ité	qualité	bon**té** honnê**teté** vital**ité**
-tion -ation -ition	action	correc**tion** not**ation** fin**ition**
-ée	contenu	cuiller**ée**
-iste -eur -ien -er,-ère -aire	métier	dent**iste** profess**eur** optic**ien** fromag**er** libr**aire**

EXERCICES

1 Dites si les mots en gras sont simples ou dérivés. Dans ce cas, précisez leur formation : préfixe + radical, radical + suffixe.

Un **jour** donc, Lizaveta Ivanovna, qui travaillait à sa **broderie,** jetant un regard distrait dans la rue, aperçut un **jeune** officier du génie, **immobile,** les yeux fixés sur sa **fenêtre.** Elle baissa la tête et se **remit** à son ouvrage ; cinq minutes plus tard elle jeta de nouveau un coup d'œil dans la **rue** : le jeune officier était toujours là. N'ayant pas **accoutumé** de faire la coquette avec des officiers de **passage,** elle s'**abstint** de regarder au dehors et travailla deux heures durant sans bouger. On servit le déjeuner. Elle se leva, **rangea** son ouvrage et regarda par la fenêtre : l'officier était toujours là.

Pouchkine, *La Dame de pique*, trad. D. Sesemann, © Hachette, « Le Livre de Poche », 1989.

2 Recopiez les mots dans lesquels *re-* est un préfixe.

a. Recevoir – **b.** rediffusion – **c.** redire – **d.** recueillir – **e.** reflet – **f.** regard – **g.** refrain.

3 Formez les antonymes des mots suivants en utilisant des préfixes.

a. Faire – **b.** prévisible – **c.** bonheur – **d.** geler – **e.** politique – **f.** apparaître – **g.** logique – **h.** former – **i.** patience – **j.** normal – **k.** contentement – **l.** importer – **m.** ranger.

4 Tous les verbes suivants commencent par le même préfixe qui change selon la lettre qui le suit. À vous de trouver la règle et de faire une phrase sur le modèle : *Devant …, le préfixe … devient …*

a. Défaire – **b.** désenfiler – **c.** désorganiser – **d.** dédoubler – **e.** déplier – **f.** déshabiller – **g.** dégarnir – **h.** dénouer – **i.** déchausser – **j.** décoller.

5 Parmi les mots suivants, recopiez ceux dans lesquels *-ment* est un suffixe qui sert à former un adverbe.

a. Accidentellement – **b.** rudement – **c.** élément – **d.** adroitement – **e.** aliment – **f.** facilement – **g.** courageusement - **h.** vêtement – **i.** doucement – **j.** affolement.

6 Les suffixes *-aire* et *-ère* servent à former des noms de personnes exerçant un métier (*un libraire, une bouchère*). Complétez les mots suivants par le suffixe qui convient.

a. La bibliothéc… – **b.** la boulang… – **c.** la pâtissi… – **d.** la locat… – **e.** la jardini… – **f.** la berg… – **g.** la disqu… – **h.** la laiti… – **i.** la propriét… – **j.** la conseill… – **k.** la messag… .

7 Trouvez les mots, composés d'un radical et d'un diminutif, correspondant aux définitions suivantes et recopiez la grille suivante. Les lettres de la première colonne verticale vous donneront le nom du petit de la girafe. Relevez les différents suffixes qui servent à former des diminutifs.

1. Un petit garçon. – **2.** Une petite île. – **3.** Un petit renard. – **4.** Un petit âne – **5.** À l'origine, une petite fourche – **6.** Un petit ours. – **7.** À l'origine, une petite nappe.

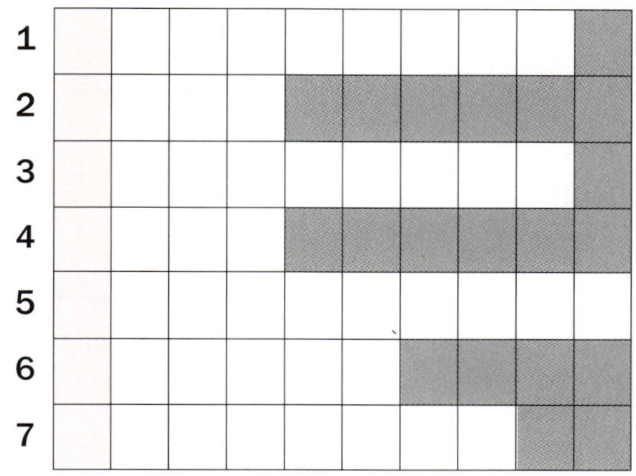

8 Retrouvez les verbes qui sont les radicaux des noms suivants. Relevez les différents suffixes employés. Que marquent-ils ?

a. Bouleversement – changement – mouvement – glissement – dégagement – éboulement – enfoncement – effondrement – tremblement.

b. Construction – déformation – inondation – observation – explosion – émission – destruction – manifestation – formation – projection.

c. Fissure – cassure – rupture – foulure – ligature – piqûre.

9 Charade

Mon premier sert à jouer.
Mon deuxième est la base de l'alimentation en Asie.
Mon troisième est la 3e personne du singulier du présent de l'indicatif du verbe *aller*.
Mon quatrième est un autre nom donné à Jérusalem.
Mon tout est le nom donné au mécanisme qui permet de créer un mot à partir d'un radical en ajoutant un préfixe et/ou un suffixe.

3. Champ sémantique, champ lexical

LEÇON

1. Le champ sémantique

J'observe

ÂNE [an] n. m. **1.** Mammifère domestique, plus petit que le cheval, à longues oreilles, à robe généralement grise. → **ânesse, ânon** ; **baudet, bourricot**. *L'âne brait*. – loc. *Têtu comme un âne*. **2.** fig. Individu à l'esprit borné. → **bête, ignorant**. *Passer pour un âne*. **3.** loc. *Bonnet d'âne* : bonnet de papier figurant une tête d'âne dont on affublait les cancres. – *Dos d'âne* : bosse perpendiculaire à la chaussée. → [2] **cassis**. ÉTYMOLOGIE : latin *asinus*.

Le Robert, « Collège », 1997.

Questions

1. Combien de sens ce mot a-t-il ?
2. Quelle est la différence entre ces sens ?

Je remarque

- Un mot peut avoir plusieurs **sens**. Il est alors **polysémique :**
  → *Un âne est un animal.*
  Pour une personne, *être un âne* signifie « être borné ».
- L'ensemble des sens d'un mot constitue son **champ sémantique.**
- Ne confondez pas les **homographes** (mots homonymes qui s'écrivent de la même façon) et le **champ sémantique** d'un mot :
– les **homographes** sont des **mots distincts** qui n'ont **pas le même radical** : ils ont donc des entrées différentes dans le dictionnaire ;
– Le **champ sémantique** d'un mot est présenté dans un seul article du dictionnaire.
- Un mot peut avoir : un **sens propre**, qui est la signification la plus concrète ; un **sens figuré**, qui est une signification imagée :
  → *la branche d'un arbre* : sens propre.
  la branche d'une famille : sens figuré.

2. Le champ lexical

J'observe

Je revenais à pied, d'un pas allègre, la tête pleine de phrases sonores, et le regard hanté par de jolies visions. Il faisait noir, noir, mais noir au point que je distinguais à peine la grande route, et que je faillis, plusieurs fois, culbuter dans le fossé. De l'octroi à chez moi, il y a un kilomètre environ, peut-être un peu plus, soit vingt minutes de marche lente. Il était une heure du matin, une heure ou une heure et demie ; le ciel s'éclaircit un peu devant moi et le croissant parut, le triste

croissant du dernier quartier de la lune. Le croissant du premier quartier, celui qui se lève à quatre ou cinq heures du soir, est clair, gai, frotté d'argent, mais celui qui se lève après minuit est rougeâtre, morne, inquiétant ; c'est le vrai croissant du Sabbat.
Tous les noctambules ont dû faire cette remarque. Le premier, fût-il mince comme un fil, jette une petite lumière joyeuse qui réjouit le cœur, et dessine sur la terre des ombres nettes ; le dernier répand à peine une lueur mourante, si terne qu'elle ne fait presque pas d'ombres.

Guy de Maupassant, *Qui sait ?*

Question

Qu'évoquent les mots en vert ? les mots en bleu ?

Je remarque

- Un **champ lexical** est un ensemble de mots (au moins trois ou quatre) qui ont entre eux un **rapport de sens :**
  → *Dans le texte de Maupassant, on peut observer deux champs lexicaux : celui de la joie et celui de l'inquiétude.*
- Un champ lexical se compose de mots qui n'appartiennent **pas forcément à la même catégorie grammaticale :**
  → *Dans le texte de Maupassant, le champ lexical de la joie est composé de* ***cinq adjectifs*** *et d'****un verbe.***
- Une **famille de mots** est composée de mots qui ont le **même radical.** Il ne faut pas confondre avec un champ lexical, formé de mots qui se rapportent à un même thème mais qui n'ont pas le même radical.
- **Repérer** les champs lexicaux dans un texte permet de **mieux en comprendre le sens.**

EXERCICES

1 Les devinettes suivantes illustrent les champs sémantiques de différents mots. Retrouvez ces mots.

1. Petite, je sers à indiquer l'heure sur une pendule. Je sers aussi à coudre. Je désigne un sommet montagneux particulièrement pointu. Qui suis-je?
2. Je me pose sur les fleurs. On me place parfois sous un essuie-glace de voiture. Qui suis-je ?
3. Je suis une table de travail. Je suis aussi un lieu où des employés travaillent. Je finis par désigner un groupe de personnes qui travaillent ensemble. Qui suis-je ?
4. Je suis une boule formée de fils. Je suis aussi un petit coussin sur lequel on plante des épingles. Je suis une balle dans un jeu basque. Qui suis-je ?
5. Je suis l'enveloppe de l'œuf. Je suis la maison de l'escargot. Je suis une erreur d'impression. Qui suis-je ?

2 Classez les noms suivants selon qu'ils sont polysémiques ou non.

1. Tiroir – **2.** chute – **3.** lumière – **4.** carte – **5.** bicyclette – **6.** acte – **7.** dessin – **8.** ficelle – **9.** ordinateur – **10.** soupir – **11.** étrangeté – **12.** lion – **13.** porte.

3 Les mots en gras de chaque série constituent le champ sémantique d'un même mot. Retrouvez-le.

1. Le **décor** représente un salon bourgeois. – La tempête a provoqué des **spectacles** de désolation. – La **pièce** commence par une dispute dans un ménage.

2. Cette **mélodie** me plaît beaucoup. – Cet homme a une **apparence** bizarre. – La conquête de l'**espace** continue. – L'avion fend l'**atmosphère**.
3. J'**ai envie** d'avoir un scooter. – L'automobiliste **n'a pas respecté** le feu rouge. – Le soleil **grille** la campagne.
4. Estelle fait un régime pour garder sa **minceur**. – Cette **liaison** aérienne est très fréquentée. – Cette **gamme** de produits de beauté est nouvelle. – Il n'est pas facile de toujours suivre une même **règle** de conduite. – Le poisson était si gros qu'il a cassé la **canne à pêche.**

4 Pour chacune des séries suivantes, classez les phrases selon qu'elles sont employées au sens propre ou au sens figuré.

1. Les arts primitifs ont inspiré la peinture cubiste. – Les ouvriers ont fini la dernière couche de peinture.
2. Au restaurant asiatique, je prends toujours du canard laqué. – Je regrette d'avoir pris ce canard boiteux dans mon équipe.
3. Il ne veut voir personne ; c'est un ours. – Les ours sont protégés.
4. Cet enfant a renversé le pot de peinture verte ; il a la main verte. – Leurs bégonias sont superbes ; ils ont la main verte.

5 Les expressions en gras sont employées au sens propre. Faites une phrase pour expliquer leur sens figuré.

1. À côté de Sarlat, j'ai visité un élevage d'**oies blanches.** – **2.** Le chat a **ouvert les yeux** puis s'est rendormi. – **3.** Les **taupes** ont ravagé mon jardin. – **4.** Les **bouchons** sont fabriqués avec du liège. – **5.** En Bretagne, beaucoup de toits sont en **ardoise.** – **6.** Porte ces provisions à la **réserve.**

6 Toutes les expressions suivantes comportent le mot *tête*. Donnez sa signification et précisez s'il s'agit du sens propre ou du sens figuré.

1. Après leur défaite, les joueurs faisaient une tête de six pieds de long. – **2.** Mon oncle aime beaucoup la tête de veau. – **3.** Monsieur Lanvoit est tête de liste aux élections municipales. – **4.** Mon frère a mal pris la photo : il m'a coupé la tête. – **5.** Ma cousine est vexée ; elle fait la tête. – **6.** La guillotine coupait les têtes. – **7.** Raphaël est la tête de Turc de la classe. – **8.** Il m'a regardé de la tête aux pieds. – **9.** Cet élève n'en fait qu'à sa tête.

7 À quel champ lexical appartiennent les mots en gras ?

Les vainqueurs en **hurlant** dansent sur les [**décombres.**
Des tas de corps saignants gisent dans les coins [**sombres.**
Le soldat, gai, **féroce, ivre,** complice **obscur**,
Chancelle, et, de la main dont il s'appuie au mur,
Achève d'**écraser quelque cervelle humaine.**
On boit, on rit, on chante, on ripaille, on **amène**
Des vaincus qu'on **fusille,** hommes, femmes, [enfants.
Les généraux dorés galopent **triomphants,**
Regardés par les **morts tombés à la renverse.**

Victor Hugo, *Les Châtiments*, I.

8 Dans le texte suivant, repérez le champ lexical du mouvement.

Une ondulation des bras, serpentine. Elle gagne tout le corps… Un saut puis une torsion, se ployer et rouler au sol, s'en extirper pour dévorer l'espace, marteler le plancher, à présent des sautillés de chèvre échappés suivis d'une enjambée à la limite de l'envol, étirer une jambe telle une longue queue d'oiseau, pépier de toutes ses fibres musculaires et vibrer et trotter et tourner et danser, danser encore !

Claude Pujade-Renaud, *La Danse océane,* Actes Sud, 1996.

9 Dans ce texte qui évoque une locomotive, la Lison, repérez les deux champs lexicaux qui s'opposent.

C'était une de ces machines d'express, à deux essieux couplés, d'une élégance fine et géante, avec ses grandes roues légères réunies par des bras d'acier, son poitrail large, ses reins allongés et puissants, toute cette logique et toute cette certitude qui font la beauté souveraine des êtres de métal, la précision dans la force. […]
Elle était douce, obéissante, facile au démarrage, d'une marche régulière et continue, grâce à sa bonne vaporisation. On prétendait bien que, si elle démarrait avec tant d'aisance, cela provenait de l'excellent bandage des roues et surtout du réglage parfait des tiroirs ; de même que, si elle vaporisait beaucoup avec peu de combustible, on mettait cela sur le compte de la qualité du cuivre des tubes et de la disposition heureuse de la chaudière. Mais lui savait qu'il y avait autre chose, car d'autres machines, identiquement construites, montées avec le même soin, ne montraient aucune de ses qualités. Il y avait l'âme, le mystère de la fabrication, ce quelque chose que le hasard du martelage ajoute au métal, que le tour de main de l'ouvrier monteur donne aux pièces : la personnalité de la machine, la vie.

Émile Zola, *La Bête humaine.*

4. Synonymes, antonymes, homonymes, paronymes

LEÇON

1. Les synonymes

J'observe

J'ai alerté mes voisins
par des cris perçants.

J'ai prévenu mes voisins
par des hurlements déchirants.

Questions

1. Observez les mots de la même couleur. Qu'ont-ils en commun ?
2. Appartiennent-ils à la même catégorie grammaticale ?

Je remarque

- Deux mots sont **synonymes,** lorsqu'ils ont **le même sens ou des sens voisins** :
  → *Alerter* et *prévenir* sont des synonymes.
- Deux mots synonymes appartiennent à la **même catégorie grammaticale** :
  → *Alerter* et *prévenir* sont tous les deux des verbes.
- Les synonymes **parfaits** sont **rares.**

– Deux synonymes peuvent appartenir à des **registres de langue différents :**
  → *Voiture* (registre courant) et *bagnole* (registre familier).

– Un mot peut être **plus précis qu'un autre** :
  → *Véhicule* et *voiture* sont synonymes, mais le deuxième nom désigne un type de véhicule.

- Un mot peut être **péjoratif** par rapport à un autre :
  → *Voiture* et *tacot* sont synonymes, mais le second nom désigne une vieille voiture, souvent en mauvais état.
- Un mot peut évoquer **une intensité plus grande,** pour un sentiment, par exemple :
  → *Peur* et *frayeur* sont synonymes, mais une frayeur est une très grande peur.
- Un même mot peut avoir des synonymes **différents** suivant le sens qu'il a dans un texte :
  → Une *nouvelle* est un court roman ; c'est aussi une information.

2. Les antonymes

J'observe

Elle coud vite l'ourlet de sa jupe longue.

Elle découd lentement l'ourlet de sa jupe courte.

Questions

1. Observez les mots de la même couleur. Qu'ont-ils en commun ?
2. Appartiennent-ils à la même catégorie grammaticale ?

Je remarque

- Les **antonymes** sont des mots de **sens contraire** :
  → *Étrange* et *habituel* sont des antonymes.
- Deux antonymes appartiennent à la **même catégorie grammaticale** :
  → *Étrange* et *habituel* sont tous deux des adjectifs qualificatifs.
- Les **antonymes** sont formés **de façon différente.**

– Certains ont des **radicaux différents** :
→ L'antonyme de *court* est long.

– Certains se forment par dérivation, à partir du **même radical avec un préfixe négatif** :
→ *agréable* et *désagréable.*

3. Les homonymes

J'observe

Ah qu'il est beau, le débit de **lait**.
Ah qu'il est **laid,** le débit de l'eau.

Charles Trenet, *Débit de l'eau, débit de lait.*

– La **laie** est la femelle du sanglier.
– Il a posé ce **lé** de papier peint tout seul.
– Le **lai** est un poème du Moyen Âge.

Questions

1. Observez les mots en gras. Qu'ont-ils en commun ?
2. Appartiennent-ils à la même catégorie grammaticale ?

Je remarque

- Les **homonymes** sont des mots qui **se prononcent de la même façon**, mais qui ont des **sens différents** : *Lait, laid, laie, lé, lai.*
- Les homonymes appartiennent en général à des **catégories grammaticales différentes** :
  → *lait :* nom commun – *laid :* adjectif qualificatif.
- Les **homographes** sont des mots qui **s'écrivent** et se **prononcent** de la même façon. Ils ont des **sens différents :**
  → *Boucher :* **1.** personne qui vend de la viande.
  2. combler un trou.

4. Les paronymes

J'observe

Le précepteur fait allusion à une notion de mathématiques.

Le percepteur a l'illusion que la nation est en danger.

Questions

1. Observez les mots de la même couleur. Qu'ont-ils en commun ? Sont-ils des homonymes ?
2. Appartiennent-ils à la même catégorie grammaticale ?

Je remarque

- Les **paronymes** sont des mots qui **se ressemblent** beaucoup par leur **prononciation** et souvent par leur **orthographe.** Ils ont des **sens différents :**
  → *Le volcan fait* ***éruption.*** *Le chien a fait* ***irruption*** *dans la pièce.*
- Les paronymes sont souvent de **même catégorie grammaticale :**
  → *Éruption* et *irruption* sont tous deux des noms communs.
- Certains paronymes sont issus du **même radical** :
  → *éruption* et *irruption.*
- D'autres viennent de **radicaux différents** :
  → *Le* ***sceptre*** *d'un roi / le* ***spectre*** *de la lumière.*

EXERCICES

1 À partir des listes 1 et 2, reconstituez les couples de synonymes et donnez la nature grammaticale des mots.

Liste 1 : **a.** envie – **b.** organisé – **c.** réfléchir – **d.** péniblement – **e.** goût – **f.** convenir – **g.** astral – **h.** souvent.

Liste 2 : **1.** cogiter – **2.** fréquemment – **3.** saveur – **4.** plaire – **5.** désir – **6.** céleste – **7.** structuré – **8.** difficilement.

2 Retrouvez les synonymes de registres différents à partir des listes 1, 2 et 3.

Liste 1 (registre soutenu) : festoyer – ébahi – pécule – élémentaire – nourrisson – destrier.

Liste 2 (registre courant) : cheval – manger – bébé – argent – étonné – facile.

Liste 3 (registre familier) : estomaqué – chiard – canasson – fastoche – bouffer – oseille.

3 Trois séries de synonymes ont été mélangées. Retrouvez-les et proposez un classement pour chacune de ces listes : du plus précis au plus général, du moins intense au plus intense.

1. panique – **2.** bon – **3.** maison – **4.** convenable – **5.** peur – **6.** savoureux – **7.** bâtiment – **8.** pavillon – **9.** excellent – **10.** terreur – **11.** abri – **12.** satisfaisant – **13.** inquiétude – **14.** logement – **15.** frayeur – **16.** succulent – **17.** logis –**18.** angoisse – **19.** honorable.

4 Quels sens prennent les mots en gras suivant l'émetteur ?

1. L'opération est terminée.
a. Pour un écolier – **b.** pour un général – **c.** pour un chirurgien.
2. C'est le **clou.**
a. Pour un bricoleur – **b.** pour un cycliste – **c.** pour un imprésario.
3. Je regarde le **patron.**
a. Pour un couturier –**b.** pour un employé.

5 Trouvez le synonyme qui convient au mot *temps* dans les phrases suivantes.

1. « De mon temps, les étés étaient plus chauds et les hivers plus froids », affirme ma grand-mère. – **2.** Chaque chose en son temps. – **3.** Nous sortirons par tous les temps. – **4.** La jeunesse n'a qu'un temps. – **5.** Bernard a dormi pendant tout le temps du voyage. – **6.** On peut dire qu'il prend du bon temps. – **7.** Après la pluie, le beau temps.

6 À partir les listes 1 et 2, reconstituez les couples d'antonymes et donnez la nature grammaticale des mots.

Liste 1 : **a.** méchanceté – **b.** calme – **c.** supplément – **d.** emmêler – **e.** parvenir – **f.** supériorité – **g.** obscur – **h.** indifféremment.

Liste 2 : **1.** échouer – **2.** infériorité – **3.** passionnément – **4.** clair – **5.** agité – **6.** démêler – **7.** réduction – **8.** gentillesse.

7 Trouvez les antonymes des mots suivants. Ceux de la liste 1 ont des radicaux différents, ceux de la liste 2 se forment grâce à des préfixes.

Liste 1 : chaleur – avancer – vite – lâche – joie – beau – recevoir – silencieux – jeunesse.
Liste 2 : espoir – s'intéresser – illettré – connaître – importer – entente – prudence – microcosme.

8 Recopiez le tableau suivant en le complétant avec les mots suivants : *quasiment - mélancolie - magnifique - procurer - bienfait - bonheur - injustice - priver - terne - tout à fait.*

Mot	Synonyme	Antonyme
nostalgie		
tort		
fournir		
presque		
splendide		

9 Complétez les phrases suivantes avec les homonymes des mots en gras.

1. La chasse au **cerf** est réglementée.
a. Au Moyen Âge, les seigneurs avaient tout pouvoir sur leurs ... .
b. Les ... de l'aigle lui permettent d'enlever ses victimes.
c. On cultive de plus en plus de légumes en ... .

2. On a **volé** ma guitare.
a. Les ... de la fenêtre sont fermés.
b. Il lance la balle à toute ... .

3. Je déjeune tous les dimanches chez ma **tante.** Cet été, nous partirons en camping sous la ... .

4. Le père de Rodrigue a reçu un **soufflet.**
a. J'adore les ... au fromage.
b. Pour attiser un feu de cheminée, on utilise un ....

5. Il a attendu en **vain** l'arrivée de sa sœur.
a. Je ne bois jamais de ... .
b. J'ai ... sur ... à mon interrogation de mathématiques.

6. Vous avez reçu un relevé de votre **compte** bancaire.
a. Les frères Grimm ont écrit des ... .
b. Le ... a réuni ses vassaux.

7. « La **mer** qu'on voit danser, le long des golfes clairs... »
a. Le ... a été élu au premier tour.
b. La fête des ... a été créée pendant la Seconde Guerre mondiale.

10 Retrouvez les homonymes auxquels Raymond Queneau fait allusion dans le poème suivant.

Peu d'hommes sont des saints, toutes les femmes en ont.
Le lait dans le pot s'en couvre d'une.
À la tour de Pise, nous allâmes en faire un.
Au fond du vase, on en apercevait.
En somme il en fit un non loin de sa préfecture.
Un sot qui en porte un se dirige vers son parc.
Vêtue de crêpe, elle en fit sauter plusieurs.
Sur les joues du mousse, le blaireau en déposait.
Devant le phare, timide, il en pique un.
Retirant son voile, elle les mit. [...]
Sous le pin, l'enfant le mangeait beurré.
Dans la bière il en versait. [...]
Le cygne en fit un.

Raymond Queneau, *Contes et Propos*,

11 Choisissez le mot qui convient parmi les deux paronymes qui vous sont proposés.

1. L'(avènement – événement) du roi a donné lieu à de grandes réjouissances populaires.

2. Il n'est pas juste dans ses décisions ; il est (partiel – partial).

3. Ce livre comprend de nombreuses illustrations ; il est très (imagé – imaginé).

4. Il n'a vraiment pas choisi le moment (importun – important – opportun) pour venir me voir. Il est (importun – important – opportun).

5. Le détenu a échoué dans sa tentative d'(invasion - évasion).

12 Trouvez le paronyme des mots en gras.

1. Une **allusion** est un mot ou une phrase qui fait penser à quelqu'un ou quelque chose dans le dire vraiment. – Une ... désigne une erreur des sens ou de l'esprit.

2. Un **astronome** étudie les mouvements des astres. – Un ... essaie de prévoir l'avenir des personnes d'après la position des astres.

3. Des animaux nuisibles **infestent** une région. – Les microbes ... une plaie.

4. Le feu **consume** une forêt. – Nous ... des aliments.

5. Les qualités d'un homme **éminent** sont nombreuses. – Un événement est ... lorsqu'il va se produire dans les instants ou les minutes à venir.

5. L'histoire des mots

LEÇON

1. Mot, d'où viens-tu ?

J'observe

1. Spes **unica populi** Romani, L. Quinctius Cincinnatus, quattuor **jugerum** agrum colebat. Eo die agrum arabat.

1. L'**unique** espoir du **peuple** romain, Lucius Quinctius Cincinnatus, cultivait un champ de quatre **jugères**[1]. Ce jour-là, il labourait son champ.

2. « Togatus mandata senatus audire debes ! », inquiunt legati. Tum Cincinnati jussu togam propere adfert Racilia uxor. Togam induit Cincinnatus, rogitans : « satin salve ? »

2. « Tu dois **entendre** les consignes du sénat vêtu de la toge ! », disent les **légats.** Alors, sur l'ordre de Cincinnatus, son épouse Racilia, en hâte, lui apporte sa **toge.** Cincinnatus revêt sa toge, en demandant : « Est-ce bien comme ça ? »

3. Legati exercitus **terrorem exponunt,** et Cincinnatum dictatorem salutant.

3. Les légats exposent la panique de l'armée, et saluent Cincinnatus [du titre de] dictateur.

D'après Tite-Live, *Histoire romaine,* III, 25, trad. in *Latin 5*e,
© Nathan, 1997.

1. Quatre jugères : un hectare.

Questions

1. Dans le premier paragraphe, observez les mots en gras dans l'une et l'autre langue. Que remarquez-vous ?

2. Dans le deuxième paragraphe, retrouvez les mots latins qui sont à l'origine des mots français en gras.

3. Dans le troisième paragraphe, retrouvez dans la traduction française les mots qui sont issus des mots latins en gras.

Je remarque

- La plupart des mots **français** viennent du **latin.** Leur **prononciation** et leur orthographe se sont plus ou moins modifiées au cours des siècles :
  → *Unica* → *unique – populus* → *peuple.*
- **L'étymologie** étudie l'origine des mots. Pour la trouver, il faut consulter un dictionnaire. Elle permet souvent de mieux comprendre ce mot :
  → *Lauréat* vient du latin *laureatus :* « couronné de laurier ».

- Dans certains cas, un mot latin a donné **deux mots** en français : un de formation **populaire** et un de formation **savante.** Ce sont des **doublets** :

  ➔ *Fulgor* → *foudre* en formation populaire ; *fulminer* en formation savante.

2. Les familles de mots

J'observe

Marché – marchand – marchandise – marchander – marchandage – supermarché.

Je remarque

- Le **radical** est le mot simple ou la partie de mot simple qui porte le sens principal.
- Tous les mots construits à partir d'un même radical font partie de la **même famille** :

  ➔ On retrouve le radical *march-* dans tous les mots. Ils appartiennent donc à la même famille.

- Un mot peut présenter **plusieurs radicaux** : l'un peut être issu du latin, l'autre du grec :

  ➔ *Cheval* a trois radicaux différents : *hippos* (grec), *equus* (latin) ; *caballus* (latin populaire).

Mots français de la famille de *cheval*

À partir de *hippos*	À partir de *equus*	À partir de *caballus*
hippique	équin	cheval
hippisme	équitation	chevalin
hippodrome	équestre	chevalier
hippologie	équidé	chevaucher
hippophage		chevalet
hippologue		chevalerie
hippomanie		chevalière
hippomobile		chevaleresque
hippotechnie		cavalerie
hippocampe		cavalier
hippopotame		cavale
		cavaler

- Connaître la **famille** d'un mot permet souvent d'en trouver l'**orthographe**.

  ➔ *Méditerranée, atterrir, souterrain, terrasse, territoire* font partie de la famille de *terre* ; tous ces mots prennent donc deux *r*.

EXERCICES

1 Trouvez les mots français issus des mots latins en gras. La traduction (entre parenthèses) vous aidera pour certains d'entre eux.

Fabella hominum discernit notas, *(Cette fable distingue les traits des hommes,)* eorum qui se **falsis ornant** laudibus, *(ceux qui se parent de mérites usurpés,)* et quorum **virtus exhibet solidum** decus. *(et ceux dont la vertu montre un réel éclat.)*

Phèdre, *Fables*, III, 30, trad. in *Latin 5ᵉ*, © Nathan, 1997.

2 Retrouvez le mot latin de la liste a qui a donné le mot français de la liste b.

Liste 1 : **1.** masticare – **2.** machina – **3.** manus – **4.** mantellum – **5.** mercatus – **6.** matutinus.

Liste 2 : **a.** main – **b.** marché – **c.** matin – **d.** machine – **e.** mâcher – **f.** manteau.

3 La liste 1 vous donne l'étymologie d'un mot de la liste 2. À vous de retrouver les paires.

Liste 1 : **1.** De l'ancien français : *chaircuitier,* « vendeur de chair cuite ». – **2.** Du grec *karêbaria,* « mal de tête ». – **3.** Du grec *khamaileon,* « lion qui se traîne à terre ». – **4.** Du latin *qua hinc, qua hac,* « par-ci, par-là ». – **5.** Du latin *canicula,* nom de l'étoile de Sirius dont le lever coïncide avec le solstice d'été. – **6.** Du grec *kônôpeîon,* tiré de *kônôps,* « moustique » ; les lits égyptiens étaient entourés d'une moustiquaire.

Liste 2 : **a.** charivari – **b.** cahin-caha – **c.** canicule – **d.** charcutier – **e.** canapé – **f.** caméléon.

4 Voici des doublets. Retrouvez les paires.

Mots d'origine populaire : **1.** chair – **2.** forger – **3.** hôtel – **4.** sueur – **5.** valeur – **6.** lait.

Mots d'origine savante : **a.** fabriquer – **b.** sudation – **c.** validation – **d.** lacté – **e.** carnivore – **f.** hôpital.

5 Deux familles de mots se sont mélangées. À vous de les distinguer. Donnez le radical de chacune des familles.

1. Forteresse – **2.** réformer – **3.** réconforter – **4.** renforcer – **5.** informer – **6.** transformer – **7.** forcer – **8.** renforcement – **9.** formuler – **10.** difforme – **11.** inconfort – **12.** conforme – **13.** réformateur – **14.** contrefort – **15.** information – **16.** transformable – **17.** renfort.

6 Dans les listes suivantes, trouvez l'intrus qui n'appartient pas à la même famille.

a. Peuple – populaire – peuplier – population.
b. Tisser – tisserand – tisane – texte.
c. Parasite – rempart – parasol – parapet.
d. Soupirer – aspirer – transpiration – soupière.
e. Semer – semailles – semelle – semence.
f. Voix – voie – voyageur – dévier.

7 Remplacez les points de suspension par le mot savant formé à partir du radical indiqué entre parenthèses.

1. Son système ... est très développé *(poil)*. – **2.** Un livre publié après la mort de son auteur est un ouvrage ... *(puis)*. – **3.** Ce journal donne des nouvelles ..., celles des environs *(lieu)*. – **4.** Cette recherche a donné de bons résultats ; elle a été ... *(fruit)*. – **5.** Le climat polaire est ... *(gel)*. – **6.** Cet animal mange beaucoup ; il est très ... *(dévorer)*.

8 Trouvez les mots de la famille de *main* qui répondent aux définitions suivantes. Dans la colonne en rose vous verrez apparaître le nom d'un célèbre chevalier du Moyen Âge, appelé aussi le Gallois.

1. Synonyme de *manier.*
2. Les enfants aiment beaucoup les tours qu'ils y font.
3. C'est un complément circonstanciel.
4. Texte écrit à la main.
5. On les passe aux mains des prisonniers.
6. Action, parfois machination.
7. Synonyme de *réclamer.*
8. Qui se manie bien.

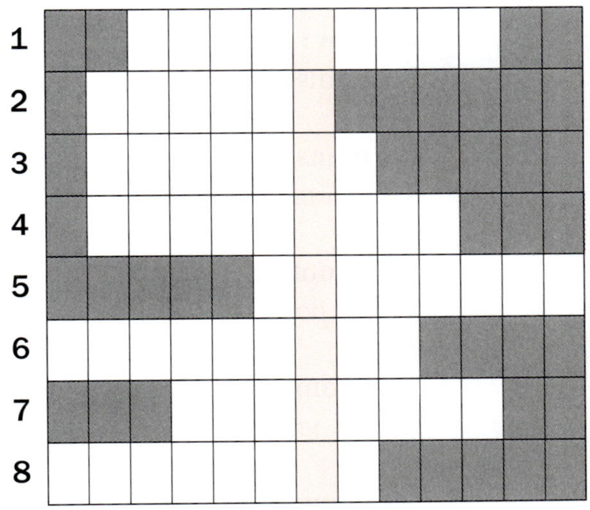

9 Remplacez les points de suspension par des mots qui appartiennent à la même famille, mais qui sont issus du latin ou du grec.

1. a. Les bébés boivent beaucoup de ... (mot issu du latin populaire).
b. Le système solaire appartient à la voie ... (mot issu du latin savant).
c. Une ... est un regroupement de centaines de milliards d'étoiles (mot issu du grec).

2. a. Cet autobus fait la ... entre le centre-ville et l'aéroport (mot issu du latin populaire).
b. Les bateaux ne peuvent emprunter ce fleuve ; il n'est pas ... (mot issu du latin savant).
c. Le ski ... se pratique sur l'eau (mot issu du grec).

3. a. Pour faire des madeleines, il faut un ... spécial (mot issu du latin populaire).
b. Il n'aime pas se mettre en avant : il est ... (mot issu du latin savant).
c. Selon la légende, la ... transforme en pierre celui qui ose la regarder en face (mot issu du grec).

L'ORTHOGRAPHE EN 30 RÈGLES

Le nom

1 • Les **noms féminins** en ***-eur*** se terminent par ***e, u, r*** : *une fleur.*
Sauf : *heure, demeure, gageure.*

• Les noms masculins se terminent en ***-eur***.
Sauf : *beurre, leurre, babeurre* et *heurt.*

2 Les **noms féminins** en ***i*** et en ***u*** s'écrivent avec un ***e*** : *la mie, une avenue.*
Sauf : *brebis, fourmi, (à la) merci, nuit, perdrix, souris ; bru, glu, tribu, vertu.*

3 Les **noms féminins** en ***-té*** ou ***-tié*** s'écrivent sans ***e*** : *la beauté, l'amitié.*
Sauf ceux qui expriment un contenu *(une pelletée)* et les noms : *butée, dictée, frottée, jetée, montée, nuitée, pâtée, portée.*

4 **Le nom : nombre.** En général : **pluriel = singulier** + ***-s*** *(une lampe, des lampes).*
Les noms en ***-s, -x, -z,*** ne changent pas : *une voix, des voix – un gaz, des gaz.*

5 Les **noms** en ***-au, -eau, -eu*** ont leur pluriel en ***-x*** : *un tonneau, des tonneaux.*
Sauf : *landau, sarrau, pneu, bleu.*

6 Sept **noms** en ***-ou*** ont leur pluriel en ***-oux*** : *bijou, caillou, chou, genou, hibou, joujou, pou.*

7 Sept **noms** en ***-ail*** ont leur pluriel en ***-aux*** : *bail, corail, émail, soupirail, travail, vantail, vitrail.*

8 Les **noms** en ***-al*** ont leur pluriel en ***-aux*** : *un cheval, des chevaux.*
Sauf : *bal, carnaval, cérémonial, chacal, festival, récital, régal…* (et quelques autres).

9 **Pluriel des noms composés**
Dans les noms composés, seuls le **nom** et l'**adjectif** peuvent prendre la marque du pluriel, si le sens le permet : *un chou-fleur, des choux-fleurs ; une pomme de terre, des pommes de terre ; un timbre-poste, des timbres-poste ; un château fort, des châteaux forts ; un couvre-lit, des couvre-lits.*

L'adjectif

10 Les **adjectifs masculins en** ***-ile*** s'écrivent ***i, l, e*** : *utile.*
Sauf : *civil, puéril, subtil, vil, volatil, viril* et *tranquille.*

11 **L'adjectif : nombre.** En général : **pluriel = singulier** + ***-s*** *(poli, polis).*
Les adjectifs en ***-eau*** forment leur pluriel en ***-eaux*** : *un beau cadeau, de beaux cadeaux.*

La plupart des adjectifs en ***-al*** forment leur pluriel en ***-aux* :** *un tigre royal, des tigres royaux.*
Sauf : *banal, bancal, fatal, final, glacial, natal, naval.*

Les déterminants

12 • **Le déterminant numéral cardinal** est invariable : *quatre maisons, treize mille francs.*
• ***Vingt*** et ***cent*** prennent la marque du pluriel, s'ils sont multipliés et non suivis d'un autre numéral : *trois cents maisons, quatre-vingts élèves,* mais *deux cent deux livres.*
• Dans les **dates,** pas d'accord. On écrit *mille* ou *mil* : *l'année mille* ou *mil neuf cent.*
• Les déterminants numéraux en ***-ante*** se terminent par ***a, n, t, e,*** sauf : *trente.*

13 ***Leur***
• **Devant un nom, *leur*** est déterminant possessif et s'accorde : *leur planche à voile ; leurs surfs.*
• **Devant un verbe, *leur*** est un pronom personnel, invariable, pluriel de ***lui*** : *je leur donne du chocolat ; je lui donne du chocolat.*

14 ***Chaque* = *un*.**
Chaque est toujours singulier : *chaque élève.*

Les adverbes

15 Les adverbes en ***-ment*** s'écrivent :
-amment s'ils sont formés sur un adjectif en ***a, n, t*** : *complaisant, complaisamment.*
-emment s'ils sont formés sur un adjectif en ***e, n, t*** : *conscient, consciemment.*

Les verbes

16 Les verbes en ***ap***- prennent **deux *p*** : *apporter.*
Sauf : *apaiser, apercevoir, apeurer, apitoyer, aplanir, aplatir, apostropher.*

Avoir

17 • ***a*** sans accent est une forme du verbe *avoir* ; on peut le remplacer par ***avait.***
• ***à*** avec accent est une préposition.
*Il **a** mal **à** la tête ; il **avait** mal **à** la tête.*

18 • ***ont (o, n, t)*** est une forme du verbe *avoir* ; on peut le remplacer par *avaient* : *ils **ont** des invités ; ils **avaient** des invités.*
• ***on (o, n)*** est un pronom indéfini sujet, 3e personne du singulier : ***on*** *aime chanter ; il aime chanter.*

19 • ***ai (a, i)*** est une forme du verbe *avoir* au présent de l'indicatif ; on peut le remplacer par ***avons*** : *j'**ai** des copains ; nous **avons** des copains.*
• Il ne faut pas confondre avec l'impératif : ***aie*** *soin de toi* ;
• ni avec le subjonctif présent : *il faut que j'**aie,** que tu **aies,** qu'il **ait.***
Pour identifier la forme, on met la phrase au pluriel.

Être

20 • ***est (e, s, t)*** est une forme du verbe *être* ; on peut le remplacer par ***était*** : *il **est** sympathique ; il **était** sympathique.*
• ***et (e, t)*** est une conjonction de coordination : *Marc **et** Anne se promènent et font des courses.*

21 • ***sont (s, o, n, t)*** est une forme du verbe ***être*** ; on peut le remplacer par ***étaient*** : *ils **sont** gais ; ils **étaient** gais.*
• ***son (s, o, n)*** est un déterminant possessif : *il a pris **son** vélo.*

Participes

22 Le **participe passé** employé seul ou avec ***être*** s'accorde comme un adjectif : *les maisons **abandonnées** ; les maisons sont **abandonnées.***

23 Le **participe passé** des verbes conjugués avec ***avoir*** s'accorde avec le complément d'objet direct quand celui-ci est placé avant le verbe : *tu as choisi la bonne solution ; c'est la bonne solution que tu as **choisie.***

Position

24 Devant ***b, m, p,*** on met un ***m*** : *embrasser, emmener, emporter.*
Sauf dans : *bonbon, bonbonne, bonbonnière, embonpoint, néanmoins.*

25 Entre deux voyelles, on écrit ***-ss-*** (et non ***-s-***) pour écrire le son [s]. Sauf dans certains mots composés : *parasol, entresol, resituer, cosinus, vraisemblable.*

Accords particuliers

26 ***Demi***

1. Devant un nom, invariable (+ trait d'union) : *une **demi**-heure.*

2. Après un nom, accord en genre seulement : *deux heures et **demie**, deux ans et **demi**.*

3. Devant un adjectif, invariable (= adverbe) : ***demi**-éveillée.*

4. *Demi* peut-être un nom : *j'ai bu un **demi** au comptoir.*

● ***mi-, semi-, à demi,*** sont invariables.

27 ***Même***

1. Adjectif et variable, s'il accompagne un nom ou un pronom : *les **mêmes** émissions, elles-**mêmes.***

2. Adverbe et invariable, s'il accompagne un verbe, un adverbe : *elle travaille **même** le dimanche. Elle aime les enfants **même** insupportables.*

28 ***Tout***

1. Déterminant et variable, s'il accompagne un nom ou un pronom : ***tous** les enfants ; **toutes** les filles.*

2. Adverbe et invariable, s'il accompagne un adjectif ou un adverbe.
Mais ***tout*** s'accorde par euphonie devant un adjectif féminin commençant par une consonne ou un ***h*** aspiré : *des immeubles **tout** neufs, des maisons **toutes** neuves.*

3. Pronom et variable : ***tout** me plaît ; **tous** me plaisent.*

4. Nom : *j'achète le **tout.***

Mémo

29 Le pronom relatif ***qui*** est à la même personne que son antécédent.
Avant d'accorder le verbe, il faut rechercher avec soin l'antécédent : *c'est **moi qui** te le **dis**. C'est **moi qui irai** en premier.*

30 ● Quand ***ou*** veut dire « ou bien », il s'écrit ***o, u*** : c'est une conjonction de coordination : *elle **ou** moi.*

● ***Où (o, ù)*** est un pronom relatif ou un adverbe ; il indique le lieu : ***où** allez-vous ?*

Jeu d'orthographe

Pour chacune des séries suivantes, retrouvez la bonne orthographe ou répondez aux questions qui vous sont posées.

1. **a.** *Il faut que j'aies soin de toi.* – **b.** *Il faut que j'est soin de toi.* – **c.** *Il faut que j'ai soin de toi.* – **d.** *Il faut que j'aie soin de toi.*

➜ En cas d'erreur, reportez-vous à la règle 19.

2. **a.** *Des pneux usés.* – **b.** *des pneus usés.* – **c.** *des bleux aux jambes.* – **d**. *des cordes à noeudx.*

➜ En cas d'erreur, reportez-vous à la règle 5.

3. **a**. *C'est moi qui irai.* – **b.** *C'est moi qui iras.* – **c.** *C'est moi qui ira.* – **d.** *C'est moi qui irra.*

➜ En cas d'erreur, reportez-vous à la règle 29.

4. **a.** *Des timbres-postes* – **b.** *des soutiens-gorges* – **c.** *des château forts* – **d.** *des choux-fleurs.*

➜ En cas d'erreur, reportez-vous à la règle 9.

5. **a.** *Puissamment* – **b.** *puissament* – **c.** *puissemment* – **d.** *puissement.*

➜ En cas d'erreur, reportez-vous à la règle 15.

6. **a.** *Des fourmies* – **b.** *des brebis* – **c.** *des perdries* – **d.** *des sourix.*

➜ En cas d'erreur, reportez-vous à la règle 2.

7. **a.** *Milles huit cent euros* – **b.** *mille huit cent euros* – **c.** *mille huit cents euros* – **d.** *mille huits cents euros*

➜ En cas d'erreur, reportez-vous à la règle 12.

8. **a.** *Des corails* – **b.** *des soupiraux* – **c.** *des vantails* – **d.** *des vitrails.*

➜ En cas d'erreur, reportez-vous à la règle 7.

9. **a.** *Elle à mal à la cheville* – **b.** *Elle à mal a la cheville* – **c.** *Elle a mal a la cheville* – **d.** *Elle a mal à la cheville.*

➜ En cas d'erreur, reportez-vous à la règle 17.

10. ***Où est l'erreur ?***
a. *un liquide volatile* – **b.** *un cow-boy viril* – **c.** *un quartier tranquille* – **d.** *un adolescent puéril.*

➜ En cas d'erreur, reportez-vous à la règle 10.

11. **a.** *Il chante toujours les mêmes chansons.* – **b.** *Il chante toujours les même chansons.* – **c.** *Il chante toujours des chansons mêmes démodées.* – **d.** *Il chante toujours, mêmes les jours tristes.*

➜ En cas d'erreur, reportez-vous à la règle 27.

12. **a.** *J'ignore où elle va.* – **b.** *J'ignore ou elle va.* – **c.** *Ou elle y va, où elle reste, je l'ignore.* – **d.** *Où elle va, où elle reste, je l'ignore.*

➜ En cas d'erreur, reportez-vous à la règle 30.

13. **a.** *Elle appitoie les passants.* – **b.** *Il applatit ses cheveux.* – **c.** *Elle apaise les chagrins.* – **d.** *Ils applanissent les difficultés.*

➜ En cas d'erreur, reportez-vous à la règle 16.

14. ***Où est l'erreur ?***
a. *Les élèves n'aiment pas les dictées.* – **b.** *Elle prend soin de sa beautée.* – **c.** *Ma chienne a mis bas une portée.* – **d.** *J'habite juste avant la montée du col.*

➜ En cas d'erreur, reportez-vous à la règle 3.

15. **a.** *On avaient joué toute la journée.* – **b.** *Ont avait joué toute la journée.* – **c.** *Ont avaient joué toute la journée.* – **d.** *On avait joué toute la journée.*

➜ En cas d'erreur, reportez-vous à la règle 18.

16. **a.** *Je le leur ai dit.* – **b.** *Je le leurs ai dit.* – **c.** *Je leurs dis toujours d'être polis.* – **d.** *J'ai reçu leur meilleurs vœux.*

➜ En cas d'erreur, reportez-vous à la règle 13.

17. ***Où est l'erreur ?***
a. *Le magasin est situé à l'entresol.* – **b.** *Ma mère bronze loin du parasol.* – **c.** *Cette affaire n'est pas vraissemblable.* – **d.** *J'ai du mal à resituer le problème.*

➜ En cas d'erreur, reportez-vous à la règle 25.

18. **a.** *Des vêtements tout neufs* – **b.** *Touts les élèves de la classe* – **c.** *Tousses m'écoutent* – **d.** *Toute autre réponse est fausse.*

➜ En cas d'erreur, reportez-vous à la règle 28.

19. Où est l'erreur ?
a. Il déteste les gens qui sont toujours en retard. – b. Il craint que sont réveil ne sonne pas. – c. Il déteste prêter son vélo. – d. Ils sont revenus du marché à midi.
➜ En cas d'erreur, reportez-vous à la règle 21.

20. *a. Elle avait choisit la meilleure solution. – b. Il était partit en train au bord de la mer. – c. Si j'avais voulus, je t'aurais battus à la course – d. Elle avait été choisie pour le rôle.*
➜ En cas d'erreur, reportez-vous aux règles 22 et 23.

21. *a. Il a encore les genous écorchés. – b. Elle traverse toujours la rue dans les cloux. – c. Nous aimons les chants andalous. – d. Le professeur n'a pas de chouchoux.*
➜ En cas d'erreur, reportez-vous à la règle 6.

22. Où est l'erreur ?
a. Maintenant, les hivers sont moins glacials. – b. Le bébé a subi des examens postnatals. – c. Évitez les jeux brutals. – d. Le médecin soigne les états grippaux.
➜ En cas d'erreur, reportez-vous à la règle 11.

23. *a. Ma petite sœur a deux ans et demie. – b. J'aurai fini le test dans une demie-heure. – c. Elle n'a pris qu'une demi-part de tarte. – d. Son frère a mangé deux parts et demi.*
➜ En cas d'erreur, reportez-vous à la règle 26.

24. *a. Il s'est encore trompé dans les totals. – b. La récolte est de plusieurs quintals. – c. L'alpiniste a trouvé des cristaux. – d. Elle place ses enfants sur des piédestals.*
➜ En cas d'erreur, reportez-vous à la règle 8.

25. *a. Les quatres cents coups – b. Les quatre cent coups – c. Les trentes deux dents – d. Les quatre cents coups.*
➜ En cas d'erreur, reportez-vous à la règle 12.

26. *a. Chaqu'un débarrassera la table. – b. À chacuns ses affaires. – c. Chaques erreurs sera sanctionnée. – d. Chaque bonne réponse apporte un point.*
➜ En cas d'erreur, reportez-vous à la règle 14.

27. *a. Il met sa moto à pleins gazs. – b. Elle chante à pleine voie. – c. Ce travail est en bonne voix. – d. Sur l'autoroute, je roule sur la voie de droite.*
➜ En cas d'erreur, reportez-vous à la règle 4.

28. *a. C'est la brouette que tu as chargée. – b. C'est la brouette que tu as chargé. – c. C'est la charrette que tu as brouetter. – d. C'est la brouette que tu as charriais.*
➜ En cas d'erreur, reportez-vous à la règle 23.

29. Quel est le nom féminin ?
Quel est le nom féminin ?
a. beurre – b. gageure – c. leurre – d. heurt.
➜ En cas d'erreur, reportez-vous à la règle 1.

30. Où est l'erreur ?
a. Son comportement est infantile. – b. Cet objet n'est pas très utile. – c. Il a remis des vêtements civiles. – d. Le marquage est indélébile.
➜ En cas d'erreur, reportez-vous à la règle 10.

CORRECTION

1. d	6. b	11. a	16. a	21. c	26. d
2. b	7. c	12. a	17. c	22. c	27. d
3. a	8. b	13. c	18. a	23. c	28. a
4. d	9. d	14. b	19. b	24. c	29. b
5. a	10. a	15. d	20. d	25. d	30. c

Conjugaison

▶ Être

INDICATIF

	Présent	Imparfait	Passé simple	Futur simple	Conditionnel présent
Temps simples	Je suis Tu es Il (elle) est Nous sommes Vous êtes Ils (elles) sont	J'étais Tu étais Il (elle) était Nous étions Vous étiez Ils (elles) étaient	Je fus Tu fus Il (elle) fut Nous fûmes Vous fûtes Ils (elles) furent	Je serai Tu seras Il (elle) sera Nous serons Vous serez Ils (elles) seront	Je serais Tu serais Il (elle) serait Nous serions Vous seriez Ils (elles) seraient
	Passé composé	**Plus-que-parfait**	**Passé antérieur**	**Futur antérieur**	**Conditionnel passé**
Temps composés	J'ai été Tu as été Il (elle) a été Nous avons été Vous avez été Ils (elles) ont été	J'avais été Tu avais été Il (elle) avait été Nous avions été Vous aviez été Ils (elles) avaient été	J'eus été Tu eus été Il (elle) eut été Nous eûmes été Vous eûtes été Ils (elles) eurent été	J'aurai été Tu auras été Il (elle) aura été Nous aurons été Vous aurez été Ils (elles) auront été	J'aurais été Tu aurais été Il (elle) aurait été Nous aurions été Vous auriez été Ils (elles) auraient été

SUBJONCTIF

Temps simples: Présent	Temps simples: Imparfait	Temps composés: Passé	Temps composés: Plus-que-parfait
Que je sois Que tu sois Qu'il (elle) soit Que nous soyons Que vous soyez Qu'ils (elles) soient	Que je fusse Que tu fusses Qu'il (elle) fût Que nous fussions Que vous fussiez Qu'ils (elles) fussent	Que j'aie été Que tu aies été Qu'il (elle) ait été Que nous ayons été Que vous ayez été Qu'ils (elles) aient été	Que j'eusse été Que tu eusses été Qu'il (elle) eût été Que nous eussions été Que vous eussiez été Qu'ils (elles) eussent été

IMPÉRATIF		INFINITIF		PARTICIPE	
Présent	Sois, soyons, soyez	**Présent**	Être	**Présent**	Étant
Passé	Aie été, ayons été, ayez été	**Passé**	Avoir été	**Passé**	Été, ayant été

▶ Avoir

INDICATIF

	Présent	Imparfait	Passé simple	Futur simple	Conditionnel présent
Temps simples	J'ai Tu as Il (elle) a Nous avons Vous avez Ils (elles) ont	J'avais Tu avais Il (elle) avait Nous avions Vous aviez Ils (elles) avaient	J'eus Tu eus Il (elle) eut Nous eûmes Vous eûtes Ils (elles) eurent	J'aurai Tu auras Il (elle) aura Nous aurons Vous aurez Ils (elles) auront	J'aurais Tu aurais Il (elle) aurait Nous aurions Vous auriez Ils (elles) auraient
	Passé composé	**Plus-que-parfait**	**Passé antérieur**	**Futur antérieur**	**Conditionnel passé**
Temps composés	J'ai eu Tu as eu Il (elle) a eu Nous avons eu Vous avez eu Ils (elles) ont eu	J'avais eu Tu avais eu Il (elle) avait eu Nous avions eu Vous aviez eu Ils (elles) avaient eu	J'eus eu Tu eus eu Il (elle) eut eu Nous eûmes eu Vous eûtes eu Ils (elles) eurent eu	J'aurai eu Tu auras eu Il (elle) aura eu Nous aurons eu Vous aurez eu Ils (elles) auront eu	J'aurais eu Tu aurais eu Il (elle) aurait eu Nous aurions eu Vous auriez eu Ils (elles) auraient eu

SUBJONCTIF

Temps simples: Présent	Temps simples: Imparfait	Temps composés: Passé	Temps composés: Plus-que-parfait
Que j'aie Que tu aies Qu'il (elle) ait Que nous ayons Que vous ayez Qu'ils (elles) aient	Que j'eusse Que tu eusses Qu'il (elle) eût Que nous eussions Que vous eussiez Qu'ils (elles) eussent	Que j'aie eu Que tu aies eu Qu'il (elle) ait eu Que nous ayons eu Que vous ayez eu Qu'ils (elles) aient eu	Que j'eusse eu Que tu eusses eu Qu'il (elle) eût eu Que nous eussions eu Que vous eussiez eu Qu'ils (elles) eussent eu

IMPÉRATIF		INFINITIF		PARTICIPE	
Présent	Aie, ayons, ayez	**Présent**	Avoir	**Présent**	Ayant
Passé	Aie eu, ayons eu, ayez eu	**Passé**	Avoir eu	**Passé**	Eu(e), ayant eu

Chanter (1er groupe)

INDICATIF

	Présent	Imparfait	Passé simple	Futur simple	Conditionnel présent
TEMPS SIMPLES	Je chante Tu chantes Il (elle) chante Nous chantons Vous chantez Ils (elles) chantent	Je chantais Tu chantais Il (elle) chantait Nous chantions Vous chantiez Ils (elles) chantaient	Je chantai Tu chantas Il (elle) chanta Nous chantâmes Vous chantâtes Ils (elles) chantèrent	Je chanterai Tu chanteras Il (elle) chantera Nous chanterons Vous chanterez Ils (elles) chanteront	Je chanterais Tu chanterais Il (elle) chanterait Nous chanterions Vous chanteriez Ils (elles) chanteraient
	Passé composé	**Plus-que-parfait**	**Passé antérieur**	**Futur antérieur**	**Conditionnel passé**
TEMPS COMPOSÉS	J'ai chanté Tu as chanté Il (elle) a chanté Nous avons chanté Vous avez chanté Ils (elles) ont chanté	J'avais chanté Tu avais chanté Il (elle) avait chanté Nous avions chanté Vous aviez chanté Ils (elles) avaient chanté	J'eus chanté Tu eus chanté Il (elle) eut chanté Nous eûmes chanté Vous eûtes chanté Ils (elles) eurent chanté	J'aurai chanté Tu auras chanté Il (elle) aura chanté Nous aurons chanté Vous aurez chanté Ils (elles) auront chanté	J'aurais chanté Tu aurais chanté Il (elle) aurait chanté Nous aurions chanté Vous auriez chanté Ils (elles) auraient chanté

SUBJONCTIF

	Présent	Imparfait		Passé	Plus-que-parfait
TEMPS SIMPLES	Que je chante Que tu chantes Qu'il (elle) chante Que nous chantions Que vous chantiez Qu'ils (elles) chantent	Que je chantasse Que tu chantasses Qu'il (elle) chantât Que nous chantassions Que vous chantassiez Qu'ils (elles) chantassent	TEMPS COMPOSÉS	Que j'aie chanté Que tu aies chanté Qu'il (elle) ait chanté Que nous ayons chanté Que vous ayez chanté Qu'ils (elles) aient chanté	Que j'eusse chanté Que tu eusses chanté Qu'il (elle) eût chanté Que nous eussions chanté Que vous eussiez chanté Qu'ils (elles) eussent chanté

IMPÉRATIF		INFINITIF		PARTICIPE	
Présent	Chante, chantons, chantez	**Présent**	Chanter	**Présent**	Chantant
Passé	Aie chanté, ayons chanté, ayez chanté	**Passé**	Avoir chanté	**Passé**	Chanté(e), ayant chanté

Finir (2e groupe)

INDICATIF

	Présent	Imparfait	Passé simple	Futur simple	Conditionnel présent
TEMPS SIMPLES	Je finis Tu finis Il (elle) finit Nous finissons Vous finissez Ils (elles) finissent	Je finissais Tu finissais Il (elle) finissait Nous finissions Vous finissiez Ils (elles) finissaient	Je finis Tu finis Il (elle) finit Nous finîmes Vous finîtes Ils (elles) finirent	Je finirai Tu finiras Il (elle) finira Nous finirons Vous finirez Ils (elles) finirent	Je finirais Tu finirais Il (elle) finirait Nous finirions Vous finiriez Ils (elles) finiraient
	Passé composé	**Plus-que-parfait**	**Passé antérieur**	**Futur antérieur**	**Conditionnel passé**
TEMPS COMPOSÉS	J'ai fini Tu as fini Il (elle) a fini Nous avons fini Vous avez fini Ils (elles) ont fini	J'avais fini Tu avais fini Il (elle) avait fini Nous avions fini Vous aviez fini Ils (elles) avaient fini	J'eus fini Tu eus fini Il (elle) eut fini Nous eûmes fini Vous eûtes fini Ils (elles) eurent fini	J'aurai fini Tu auras fini Il (elle) aura fini Nous aurons fini Vous aurez fini Ils (elles) auront fini	J'aurais fini Tu aurais fini Il (elle) aurait fini Nous aurions fini Vous auriez fini Ils (elles) auraient fini

SUBJONCTIF

	Présent	Imparfait		Passé	Plus-que-parfait
TEMPS SIMPLES	Que je finisse Que tu finisses Qu'il (elle) finisse Que nous finissions Que vous finissiez Qu'ils (elles) finissent	Que je finisse Que tu finisses Qu'il (elle) finît Que nous finissions Que vous finissiez Qu'ils (elles) finissent	TEMPS COMPOSÉS	Que j'aie fini Que tu aies fini Qu'il (elle) ait fini Que nous ayons fini Que vous ayez fini Qu'ils (elles) aient fini	Que j'eusse fini Que tu eusses fini Qu'il (elle) eût fini Que nous eussions fini Que vous eussiez fini Qu'ils (elles) eussent fini

IMPÉRATIF		INFINITIF		PARTICIPE	
Présent	Finis, finissons, finissez	**Présent**	Finir	**Présent**	Finissant
Passé	Aie fini, ayons fini, ayez fini	**Passé**	Avoir fini	**Passé**	Fini(e), ayant fini

Faire (3e groupe)

INDICATIF

	Présent	Imparfait	Passé simple	Futur simple	Conditionnel présent
TEMPS SIMPLES	Je fais Tu fais Il (elle) fait Nous faisons Vous faites Ils (elles) font	Je faisais Tu faisais Il (elle) faisait Nous faisions Vous faisiez Ils (elles) faisaient	Je fis Tu fis Il (elle) fit Nous fîmes Vous fîtes Ils (elles) firent	Je ferai Tu feras Il (elle) fera Nous ferons Vous ferez Ils (elles) feront	Je ferais Tu ferais Il (elle) ferait Nous ferions Vous feriez Ils (elles) feraient
	Passé composé	**Plus-que-parfait**	**Passé antérieur**	**Futur antérieur**	**Conditionnel passé**
TEMPS COMPOSÉS	J'ai fait Tu as fait Il (elle) a fait Nous avons fait Vous avez fait Ils (elles) ont fait	J'avais fait Tu avais fait Il (elle) avait fait Nous avions fait Vous aviez fait Ils (elles) avaient fait	J'eus fait Tu eus fait Il (elle) eut fait Nous eûmes fait Vous eûtes fait Ils (elles) eurent fait	J'aurai fait Tu auras fait Il (elle) aura fait Nous aurons fait Vous aurez fait Ils (elles) auront fait	J'aurais fait Tu aurais fait Il (elle) aurait fait Nous aurions fait Vous auriez fait Ils (elles) auraient fait

SUBJONCTIF

	Présent	Imparfait		Passé	Plus-que-parfait
TEMPS SIMPLES	Que je fasse Que tu fasses Qu'il (elle) fasse Que nous fassions Que vous fassiez Qu'ils (elles) fassent	Que je fisse Que tu fisses Qu'il (elle) fît Que nous fissions Que vous fissiez Qu'ils (elles) fissent	TEMPS COMPOSÉS	Que j'aie fait Que tu aies fait Qu'il (elle) ait fait Que nous ayons fait Que vous ayez fait Qu'ils (elles) aient fait	Que j'eusse fait Que tu eusses fait Qu'il (elle) eût fait Que nous eussions fait Que vous eussiez fait Qu'ils (elles) eussent fait

IMPÉRATIF		INFINITIF		PARTICIPE	
Présent	Fais, faisons, faites	**Présent**	Faire	**Présent**	Faisant
Passé	Aie fait, ayons fait, ayez fait	**Passé**	Avoir fait	**Passé**	Fait(e), ayant fait

Dire (3e groupe)

INDICATIF

	Présent	Imparfait	Passé simple	Futur simple	Conditionnel présent
TEMPS SIMPLES	Je dis Tu dis Il (elle) dit Nous disons Vous dites Ils (elles) disent	Je disais Tu disais Il (elle) disait Nous disions Vous disiez Ils (elles) disaient	Je dis Tu dis Il (elle) dit Nous dîmes Vous dîtes Ils (elles) dirent	Je dirai Tu diras Il (elle) dira Nous dirons Vous direz Ils (elles) diront	Je dirais Tu dirais Il (elle) dirait Nous dirions Vous diriez Ils (elles) diraient
	Passé composé	**Plus-que-parfait**	**Passé antérieur**	**Futur antérieur**	**Conditionnel passé**
TEMPS COMPOSÉS	J'ai dit Tu as dit Il (elle) a dit Nous avons dit Vous avez dit Ils (elles) ont dit	J'avais dit Tu avais dit Il (elle) avait dit Nous avions dit Vous aviez dit Ils (elles) avaient dit	J'eus dit Tu eus dit Il (elle) eut dit Nous eûmes dit Vous eûtes dit Ils (elles) eurent dit	J'aurai dit Tu auras dit Il (elle) aura dit Nous aurons dit Vous aurez dit Ils (elles) auront dit	J'aurais dit Tu aurais dit Il (elle) aurait dit Nous aurions dit Vous auriez dit Ils (elles) auraient dit

SUBJONCTIF

	Présent	Imparfait		Passé	Plus-que-parfait
TEMPS SIMPLES	Que je dise Que tu dises Qu'il (elle) dise Que nous disions Que vous disiez Qu'ils (elles) disent	Que je disse Que tu disses Qu'il (elle) dît Que nous dissions Que vous dissiez Qu'ils (elles) dissent	TEMPS COMPOSÉS	Que j'aie dit Que tu aies dit Qu'il (elle) ait dit Que nous ayons dit Que vous ayez dit Qu'ils (elles) aient dit	Que j'eusse dit Que tu eusses dit Qu'il (elle) eût dit Que nous eussions dit Que vous eussiez dit Qu'ils (elles) eussent dit

IMPÉRATIF		INFINITIF		PARTICIPE	
Présent	Dis, disons, dites	**Présent**	Dire	**Présent**	Disant
Passé	Aie dit, ayons dit, ayez dit	**Passé**	Avoir dit	**Passé**	Dit(e), ayant dit

▶ Pouvoir (3e groupe)

INDICATIF

	Présent	Imparfait	Passé simple	Futur simple	Conditionnel présent
TEMPS SIMPLES	Je peux Tu peux Il (elle) peut Nous pouvons Vous pouvez Ils (elles) peuvent	Je pouvais Tu pouvais Il (elle) pouvait Nous pouvions Vous pouviez Ils (elles) pouvaient	Je pus Tu pus Il (elle) put Nous pûmes Vous pûtes Ils (elles) purent	Je pourrai Tu pourras Il (elle) pourra Nous pourrons Vous pourrez Ils (elles) pourront	Je pourrais Tu pourrais Il (elle) pourrait Nous pourrions Vous pourriez Ils (elles) pourraient
	Passé composé	**Plus-que-parfait**	**Passé antérieur**	**Futur antérieur**	**Conditionnel passé**
TEMPS COMPOSÉS	J'ai pu Tu as pu Il (elle) a pu Nous avons pu Vous avez pu Ils (elles) ont pu	J'avais pu Tu avais pu Il (elle) avait pu Nous avions pu Vous aviez pu Ils (elles) avaient pu	J'eus pu Tu eus pu Il (elle) eut pu Nous eûmes pu Vous eûtes pu Ils (elles) eurent pu	J'aurai pu Tu auras pu Il (elle) aura pu Nous aurons pu Vous aurez pu Ils (elles) auront pu	J'aurais pu Tu aurais pu Il (elle) aurait pu Nous aurions pu Vous auriez pu Ils (elles) auraient pu

SUBJONCTIF

TEMPS SIMPLES	Présent	Imparfait	TEMPS COMPOSÉS	Passé	Plus-que-parfait
	Que je puisse Que tu puisses Qu'il (elle) puisse Que nous puissions Que vous puissiez Qu'ils (elles) puissent	Que je pusse Que tu pusses Qu'il (elle) pût Que nous pussions Que vous pussiez Qu'ils (elles) pussent		Que j'aie pu Que tu aies pu Qu'il (elle) ait pu Que nous ayons pu Que vous ayez pu Qu'ils (elles) aient pu	Que j'eusse pu Que tu eusses pu Qu'il (elle) eût pu Que nous eussions pu Que vous eussiez pu Qu'ils (elles) eussent pu

IMPÉRATIF	INFINITIF		PARTICIPE	
pas d'impératif	**Présent**	Pouvoir	**Présent**	Pouvant
	Passé	Avoir pu	**Passé**	Pu, ayant pu

▶ Aller (3e groupe)

INDICATIF

	Présent	Imparfait	Passé simple	Futur simple	Conditionnel présent
TEMPS SIMPLES	Je vais Tu vas Il (elle) va Nous allons Vous allez Ils (elles) vont	J'allais Tu allais Il (elle) allait Nous allions Vous alliez Ils (elles) allaient	J'allai Tu allas Il (elle) alla Nous allâmes Vous allâtes Ils (elles) allèrent	J'irai Tu iras Il (elle) ira Nous irons Vous irez Ils (elles) iront	J'irais Tu irais Il (elle) irait Nous irions Vous iriez Ils (elles) iraient
	Passé composé	**Plus-que-parfait**	**Passé antérieur**	**Futur antérieur**	**Conditionnel passé**
TEMPS COMPOSÉS	Je suis allé(e) Tu es allé(e) Il (elle) est allé(e) Nous sommes allé(e)s Vous êtes allé(e)s Ils (elles) sont allé(e)s	J'étais allé(e) Tu étais allé(e) Il (elle) était allé(e) Nous étions allé(e)s Vous étiez allé(e)s Ils (elles) étaient allé(e)s	Je fus allé(e) Tu fus allé(e) Il (elle) fut allé(e) Nous fûmes allé(e)s Vous fûtes allé(e)s Ils (elles) furent allé(e)s	Je serai allé(e) Tu seras allé(e) Il (elle) sera allé(e) Nous serons allé(e)s Vous serez allé(e)s Ils (elles) seront allé(e)s	Je serais allé(e) Tu serais allé(e) Il (elle) serait allé(e) Nous serions allé(e)s Vous seriez allé(e)s Ils (elles) seraient allé(e)s

SUBJONCTIF

TEMPS SIMPLES	Présent	Imparfait	TEMPS COMPOSÉS	Passé	Plus-que-parfait
	Que j'aille Que tu ailles Qu'il (elle) aille Que nous allions Que vous alliez Qu'ils (elles) aillent	Que j'allasse Que tu allasses Qu'il (elle) allât Que nous allassions Que vous allassiez Qu'ils (elles) allassent		Que je sois allé(e) Que tu sois allé(e) Qu'il (elle) soit allé(e) Que nous soyons allé(e)s Que vous soyez allé(e)s Qu'ils (elles) soient allé(e)s	Que je fusse allé(e) Que tu fusses allé(e) Qu'il (elle) fût allé(e) Que nous fussions allé(e)s Que vous fussiez allé(e)s Qu'ils (elles) fussent allé(e)s

IMPÉRATIF		INFINITIF		PARTICIPE	
Présent	Va, allons, allez	**Présent**	Aller	**Présent**	Allant
Passé	Sois allé(e), soyons allé(e)s, soyez allé(e)s	**Passé**	Être allé(e)	**Passé**	Allé(e), étant allé(e)

Venir (3e groupe)

INDICATIF

	Présent	Imparfait	Passé simple	Futur simple	Conditionnel présent
TEMPS SIMPLES	Je viens Tu viens Il (elle) vient Nous venons Vous venez Ils (elles) viennent	Je venais Tu venais Il (elle) venait Nous venions Vous veniez Ils (elles) venaient	Je vins Tu vins Il (elle) vint Nous vînmes Vous vîntes Ils (elles) vinrent	Je viendrai Tu viendras Il (elle) viendra Nous viendrons Vous viendrez Ils (elles) viendront	Je viendrais Tu viendrais Il (elle) viendrait Nous viendrions Vous viendriez Ils (elles) viendraient
	Passé composé	**Plus-que-parfait**	**Passé antérieur**	**Futur antérieur**	**Conditionnel passé**
TEMPS COMPOSÉS	Je suis venu(e) Tu es venu(e) Il (elle) est venu(e) Nous sommes venu(e)s Vous êtes venu(e)s Ils (elles) sont venu(e)s	J'étais venu(e) Tu étais venu(e) Il (elle) était venu(e) Nous étions venu(e)s Vous étiez venu(e)s Ils (elles) étaient venu(e)s	Je fus venu(e) Tu fus venu(e) Il (elle) fut venu(e) Nous fûmes venu(e)s Vous fûtes venu(e)s Ils (elles) furent venu(e)s	Je serai venu(e) Tu seras venu(e) Il (elle) sera venu(e) Nous serons venu(e)s Vous serez venu(e)s Ils (elles) seront venu(e)s	Je serais venu(e) Tu serais venu(e) Il (elle) serait venu(e) Nous serions venu(e)s Vous seriez venu(e)s Ils (elles) seraient venu(e)s

SUBJONCTIF

TEMPS SIMPLES	Présent	Imparfait	TEMPS COMPOSÉS	Passé	Plus-que-parfait
	Que je vienne Que tu viennes Qu'il (elle) vienne Que nous venions Que vous veniez Qu'ils (elles) viennent	Que je vinsse Que tu vinsses Qu'il (elle) vînt Que nous vinssions Que vous vinssiez Qu'ils (elles) vinssent		Que je sois venu(e) Que tu sois venu(e) Qu'il (elle) soit venu(e) Que nous soyons venu(e)s Que vous soyez venu(e)s Qu'ils (elles) soient venu(e)s	Que je fusse venu(e) Que tu fusses venu(e) Qu'il (elle) fusse venu(e) Que nous fussions venu(e)s Que vous fussiez venu(e)s Qu'ils (elles) fussent venu(e)s

IMPÉRATIF		INFINITIF		PARTICIPE	
Présent	Viens, venons, venez	**Présent**	Venir	**Présent**	Venant
Passé	Sois venu(e), soyons venu(e)s, soyez venu(e)s	**Passé**	Être venu(e)	**Passé**	Venu(e), étant venu(e)

Savoir (3e groupe)

INDICATIF

	Présent	Imparfait	Passé simple	Futur simple	Conditionnel présent
TEMPS SIMPLES	Je sais Tu sais Il (elle) sait Nous savons Vous savez Ils (elles) savent	Je savais Tu savais Il (elle) savait Nous savions Vous saviez Ils (elles) savaient	Je sus Tu sus Il (elle) sut Nous sûmes Vous sûtes Ils (elles) surent	Je saurai Tu sauras Il (elle) saura Nous saurons Vous saurez Ils (elles) sauront	Je saurais Tu saurais Il (elle) saurait Nous saurions Vous sauriez Ils (elles) sauraient
	Passé composé	**Plus-que-parfait**	**Passé antérieur**	**Futur antérieur**	**Conditionnel passé**
TEMPS COMPOSÉS	J'ai su Tu as su Il (elle) a su Nous avons su Vous avez su Ils (elles) ont su	J'avais su Tu avais su Il (elle) avait su Nous avions su Vous aviez su Ils (elles) avaient su	J'eus su Tu eus su Il (elle) eut su Nous eûmes su Vous eûtes su Ils (elles) eurent su	J'aurai su Tu auras su Il (elle) aura su Nous aurons su Vous aurez su Ils (elles) auront su	J'aurais su Tu aurais su Il (elle) aurait su Nous aurions su Vous auriez su Ils (elles) auraient su

SUBJONCTIF

TEMPS SIMPLES	Présent	Imparfait	TEMPS COMPOSÉS	Passé	Plus-que-parfait
	Que je sache Que tu saches Qu'il (elle) sache Que nous sachions Que vous sachiez Qu'ils (elles) sachent	Que je susse Que tu susses Qu'il (elle) sût Que nous sussions Que vous sussiez Qu'ils (elles) sussent		Que j'aie su Que tu aies su Qu'il (elle) ait su Que nous ayons su Que vous ayez su Qu'ils (elles) aient su	Que j'eusse su Que tu eusses su Qu'il (elle) eût su Que nous eussions su Que vous eussiez su Qu'ils (elles) eussent su

IMPÉRATIF		INFINITIF		PARTICIPE	
Présent	Sache, sachons, sachez	**Présent**	Savoir	**Présent**	Sachant
Passé	Aie su, ayons su, ayez su	**Passé**	Avoir su	**Passé**	Su(e), ayant su

Vouloir (3e groupe)

INDICATIF

	Présent	Imparfait	Passé simple	Futur simple	Conditionnel présent
TEMPS SIMPLES	Je veux Tu veux Il (elle) veut Nous voulons Vous voulez Ils (elles) veulent	Je voulais Tu voulais Il (elle) voulait Nous voulions Vous vouliez Ils (elles) voulaient	Je voulus Tu voulus Il (elle) voulut Nous voulûmes Vous voulûtes Ils (elles) voulurent	Je voudrai Tu voudras Il (elle) voudra Nous voudrons Vous voudrez Ils (elles) voudront	Je voudrais Tu voudrais Il (elle) voudrait Nous voudrions Vous voudriez Ils (elles) voudraient
	Passé composé	**Plus-que-parfait**	**Passé antérieur**	**Futur antérieur**	**Conditionnel passé**
TEMPS COMPOSÉS	J'ai voulu Tu as voulu Il (elle) a voulu Nous avons voulu Vous avez voulu Ils (elles) ont voulu	J'avais voulu Tu avais voulu Il (elle) avait voulu Nous avions voulu Vous aviez voulu Ils (elles) avaient voulu	J'eus voulu Tu eus voulu Il (elle) eut voulu Nous eûmes voulu Vous eûtes voulu Ils (elles) eurent voulu	J'aurai voulu Tu auras voulu Il (elle) aura voulu Nous aurons voulu Vous aurez voulu Ils (elles) auront voulu	J'aurais voulu Tu aurais voulu Il (elle) aurait voulu Nous aurions voulu Vous auriez voulu Ils (elles) auraient voulu

SUBJONCTIF

	Présent	Imparfait		Passé	Plus-que-parfait
TEMPS SIMPLES	Que je veuille Que tu veuilles Qu'il (elle) veuille Que nous voulions Que vous vouliez Qu'ils (elles) veuillent	Que je voulusse Que tu voulusses Qu'il (elle) voulût Que nous voulussions Que vous voulussiez Qu'ils (elles) voulussent	TEMPS COMPOSÉS	Que j'aie voulu Que tu aies voulu Qu'il (elle) ait voulu Que nous ayons voulu Que vous ayez voulu Qu'ils (elles) aient voulu	Que j'eusse voulu Que tu eusses voulu Qu'il (elle) eût voulu Que nous eussions voulu Que vous eussiez voulu Qu'ils (elles) eussent voulu

IMPÉRATIF		INFINITIF		PARTICIPE	
Présent	Vouloir	**Présent**	Vouloir	**Présent**	Voulant
Passé	Aie voulu, ayons voulu, ayez voulu	**Passé**	Avoir voulu	**Passé**	Voulu(e), ayant voulu

Voir (3e groupe)

INDICATIF

	Présent	Imparfait	Passé simple	Futur simple	Conditionnel présent
TEMPS SIMPLES	Je vois Tu vois Il (elle) voit Nous voyons Vous voyez Ils (elles) voient	Je voyais Tu voyais Il voyait Nous voyions Vous voyiez Ils (elles) voyaient	Je vis Tu vis Il (elle) vit Nous vîmes Vous vîtes Ils (elles) virent	Je verrai Tu verras Il (elle) verra Nous verrons Vous verrez Ils (elles) verront	Je verrais Tu verrais Il (elle) verrait Nous verrions Vous verriez Ils (elles) verraient
	Passé composé	**Plus-que-parfait**	**Passé antérieur**	**Futur antérieur**	**Conditionnel passé**
TEMPS COMPOSÉS	J'ai vu Tu as vu Il (elle) a vu Nous avons vu Vous avez vu Ils (elles) ont vu	J'avais vu Tu avais vu Il (elle) avait vu Nous avions vu Vous aviez vu Ils (elles) avaient vu	J'eus vu Tu eus vu Il (elle) eut vu Nous eûmes vu Vous eûtes vu Ils (elles) eurent vu	J'aurai vu Tu auras vu Il (elle) aura vu Nous aurons vu Vous aurez vu Ils (elles) auront vu	J'aurais vu Tu aurais vu Il (elle) aurait vu Nous aurions vu Vous auriez vu Ils (elles) auraient vu

SUBJONCTIF

	Présent	Imparfait		Passé	Plus-que-parfait
TEMPS SIMPLES	Que je voie Que tu voies Qu'il (elle) voie Que nous voyions Que vous voyiez Qu'ils (elles) voient	Que je visse Que tu visses Qu'il (elle) vît Que vous vissions Que vous vissiez Qu'ils (elles) vissent	TEMPS COMPOSÉS	Que j'aie vu Que tu aies vu Qu'il (elle) ait vu Que nous ayons vu Que vous ayez vu Qu'ils (elles) aient vu	Que j'eusse vu Que tu eusses vu Qu'il (elle) eût vu Que nous eussions vu Que vous eussiez vu Qu'ils (elles) eussent vu

IMPÉRATIF		INFINITIF		PARTICIPE	
Présent	Vois, voyons, voyez	**Présent**	Voir	**Présent**	Voyant
Passé	Aie vu, ayons vu, ayez vu	**Passé**	Avoir vu	**Passé**	Vu(e), ayant vu

Devoir (3e groupe)

INDICATIF

	Présent	Imparfait	Passé simple	Futur simple	Conditionnel présent
TEMPS SIMPLES	Je dois tu dois Il (elle) doit Nous devons Vous devez Ils (elles) doivent	Je devais Tu devais Il (elle) devait Nous devions Vous deviez Ils (elles) devaient	Je dus Tu dus Il (elle) dut Nous dûmes Vous dûtes Ils (elles) durent	Je devrai Tu devras Il (elle) devra Nous devrons Vous devrez Ils (elles) devront	Je devrais Tu devrais Il (elle) devrait Nous devrions Vous devriez Ils (elles) devraient
	Passé composé	**Plus-que-parfait**	**Passé antérieur**	**Futur antérieur**	**Conditionnel passé**
TEMPS COMPOSÉS	J'ai dû Tu as dû Il (elle) a dû Nous avons dû Vous avez dû Ils (elles) ont dû	J'avais dû Tu avais dû Il (elle) avait dû Nous avions dû Vous aviez dû Ils (elles) avaient dû	J'eus dû Tu eus dû Il (elle) eut dû Nous eûmes dû Vous eûtes dû Ils (elles) eurent dû	J'aurai dû Tu auras dû Il (elle) aura dû Nous aurons dû Vous aurez dû Ils (elles) auront dû	J'aurais dû Tu aurais dû Il (elle) aurait dû Nous aurions dû Vous auriez dû Ils (elles) auraient dû

SUBJONCTIF

	Présent	Imparfait		Passé	Plus-que-parfait
TEMPS SIMPLES	Que je doive Que tu doives Qu'il (elle) doive Que nous devions Que vous deviez Qu'ils (elles) doivent	Que je dusse Que tu dusses Qu'il (elle) dût Que nous dussions Que vous dussiez Qu'ils (elles) dussent	TEMPS COMPOSÉS	Que j'aie dû Que tu aies dû Qu'il (elle) ait dû Que nous ayons dû Que vous ayez dû Qu'ils (elles) aient dû	Que j'eusse dû Que tu eusses dû Qu'il (elle) eût dû Que nous eussions dû Que vous eussiez dû Qu'ils (elles) eussent dû

IMPÉRATIF		INFINITIF		PARTICIPE	
Présent	Dois, devons, devez	**Présent**	Devoir	**Présent**	Devant
Passé	Aie dû, ayons dû, ayez dû	**Passé**	Avoir dû	**Passé**	Dû (due), ayant dû

Croire (3e groupe)

INDICATIF

	Présent	Imparfait	Passé simple	Futur simple	Conditionnel présent
TEMPS SIMPLES	Je crois Tu crois Il (elle) croit Nous croyons Vous croyez Ils (elles) croient	Je croyais Tu croyais Il (elle) croyait Nous croyions Vous croyiez Ils (elles) croyaient	Je crus Tu crus Il (elle) crut Nous crûmes Vous crûtes Ils (elles) crurent	Je croirai Tu croiras Il (elle) croira Nous croirons Vous croirez Ils (elles) croiront	Je croirais Tu croirais Il (elle) croirait Nous croirions Vous croiriez Ils (elles) croiraient
	Passé composé	**Plus-que-parfait**	**Passé antérieur**	**Futur antérieur**	**Conditionnel passé**
TEMPS COMPOSÉS	J'ai cru Tu as cru Il (elle) a cru Nous avons cru Vous avez cru Ils (elles) ont cru	J'avais cru Tu avais cru Il (elle) avait cru Nous avions cru Vous aviez cru Ils (elles) avaient cru	J'eus cru Tu eus cru Il (elle) eut cru Nous eûmes cru Vous eûtes cru Ils (elles) eurent cru	J'aurai cru Tu auras cru Il (elle) aura cru Nous aurons cru Vous aurez cru Ils (elles) auront cru	J'aurais cru Tu aurais cru Il (elle) aurait cru Nous aurions cru Vous auriez cru Ils (elles) auraient cru

SUBJONCTIF

	Présent	Imparfait		Passé	Plus-que-parfait
TEMPS SIMPLES	Que je croie Que tu croies Qu'il (elle) croie Que nous croyions Que vous croyiez Qu'ils (elles) croient	Que je crusse Que tu crusses Qu'il (elle) crût Que nous crussions Que vous crussiez Qu'ils (elles) crussent	TEMPS COMPOSÉS	Que j'aie cru Que tu aies cru Qu'il (elle) ait cru Que nous ayons cru Que vous ayez cru Qu'ils (elles) aient cru	Que j'eusse cru Que tu eusses cru Qu'il (elle) eût cru Que nous eussions cru Que vous eussiez cru Qu'ils (elles) eussent cru

IMPÉRATIF		INFINITIF		PARTICIPE	
Présent	Crois, croyons, croyez	**Présent**	Croire	**Présent**	Croyant
Passé	Aie cru, ayons cru, ayez cru	**Passé**	Avoir cru	**Passé**	Cru(e), ayant cru

Prendre (3e groupe)

INDICATIF					
	Présent	**Imparfait**	**Passé simple**	**Futur simple**	**Conditionnel présent**
TEMPS SIMPLES	Je prends Tu prends Il (elle) prend Nous prenons Vous prenez Ils (elles) prennent	Je prenais Tu prenais Il (elle) prenait Nous prenions Vous preniez Ils (elles) prenaient	Je pris Tu pris Il (elle) prit Nous prîmes Vous prîtes Ils (elles) prirent	Je prendrai Tu prendras Il (elle) prendra Nous prendrons Vous prendrez Ils (elles) prendront	Je prendrais Tu prendrais Il (elle) prendrait Nous prendrions Vous prendriez Ils (elles) prendraient
	Passé composé	**Plus-que-parfait**	**Passé antérieur**	**Futur antérieur**	**Conditionnel passé**
TEMPS COMPOSÉS	J'ai pris Tu as pris Il (elle) a pris Nous avons pris Vous avez pris Ils (elles) ont pris	J'avais pris Tu avais pris Il (elle) avait pris Nous avions pris Vous aviez pris Ils (elles) avaient pris	J'eus pris Tu eus pris Il (elle) eut pris Nous eûmes pris Vous eûtes pris Ils (elles) eurent pris	J'aurai pris Tu auras pris Il (elle) aura pris Nous aurons pris Vous aurez pris Ils (elles) auront pris	J'aurais pris Tu aurais pris Il (elle) aurait pris Nous aurions pris Vous auriez pris Ils (elles) auraient pris

SUBJONCTIF					
	Présent	**Imparfait**		**Passé**	**Plus-que-parfait**
TEMPS SIMPLES	Que je prenne Que tu prennes Qu'il (elle) prenne Que nous prenions Que vous preniez Qu'ils (elles) prennent	Que je prisse Que tu prisses Qu'il (elle) prît Que nous prissions Que vous prissiez Qu'ils (elles) prissent	TEMPS COMPOSÉS	Que j'aie pris Que tu aies pris Qu'il (elle) ait pris Que nous ayons pris Que vous ayez pris Qu'ils (elles) aient pris	Que j'eusse pris Que tu eusses pris Qu'il (elle) eût pris Que nous eussions pris Que vous eussiez pris Qu'ils (elles) eussent pris

IMPÉRATIF		INFINITIF		PARTICIPE	
Présent	Prends, prenons, prenez	**Présent**	Prendre	**Présent**	Prenant
Passé	Aie pris, ayons pris, ayez pris	**Passé**	Avoir pris	**Passé**	Pris(e), ayant pris

Mettre (3e groupe)

INDICATIF					
	Présent	**Imparfait**	**Passé simple**	**Futur simple**	**Conditionnel présent**
TEMPS SIMPLES	Je mets Tu mets Il (elle) met Nous mettons Vous mettez Ils (elles) mettent	Je mettais Tu mettais Il (elle) mettait Nous mettions Vous mettiez Ils (elles) mettaient	Je mis Tu mis Il (elle) mit Nous mîmes Vous mîtes Ils (elles) mirent	Je mettrai Tu mettras Il (elle) mettra Nous mettrons Vous mettrez Ils (elles) mettront	Je mettrais Tu mettrais Il (elle) mettrait Nous mettrions Vous mettriez Ils (elles) mettraient
	Passé composé	**Plus-que-parfait**	**Passé antérieur**	**Futur antérieur**	**Conditionnel passé**
TEMPS COMPOSÉS	J'ai mis Tu as mis Il (elle) a mis Nous avons mis Vous avez mis Ils (elles) ont mis	J'avais mis Tu avais mis Il (elle) avait mis Nous avions mis Vous aviez mis Ils (elles) avaient mis	J'eus mis Tu eus mis Il (elle) eut mis Nous eûmes mis Vous eûtes mis Ils (elles) eurent mis	J'aurai mis Tu auras mis Il (elle) aura mis Nous aurons mis Vous aurez mis Ils (elles) auront mis	J'aurais mis Tu aurais mis Il (elle) aurait mis Nous aurions mis Vous auriez mis Ils (elles) auraient mis

SUBJONCTIF					
	Présent	**Imparfait**		**Passé**	**Plus-que-parfait**
TEMPS SIMPLES	Que je mette Que tu mettes Qu'il (elle) mette Que nous mettions Que vous mettiez Qu'ils (elles) mettent	Que je misse Que tu misses Qu'il (elle) mît Que nous missions Que vous missiez Qu'ils (elles) missent	TEMPS COMPOSÉS	Que j'aie mis Que tu aies mis Qu'il (elle) ait mis Que nous ayons mis Que vous ayez mis Qu'ils (elles) aient mis	Que j'eusse mis Que tu eusses mis Qu'il (elle) eût mis Que nous eussions mis Que vous eussiez mis Qu'ils (elles) eussent mis

IMPÉRATIF		INFINITIF		PARTICIPE	
Présent	Mets, mettons, mettez	**Présent**	Mettre	**Présent**	Mettant
Passé	Aie mis, ayons mis, ayez mis	**Passé**	Avoir mis	**Passé**	Mis(e), ayant mis

VOCABULAIRE

Des mots pour dire et pour écrire

Vous trouverez ici, classés par thèmes, des mots pour vous aider à caractériser vos personnages, à exprimer des sensations, à l'oral comme à l'écrit.

Le corps

- **La corpulence :** charpenté – chétif – corpulent – costaud – courtaud – efflanqué – élancé – fluet – fort – frêle – grand – gras – grêle – gros – longiligne – lourd – mince – musclé – osseux – pansu – râblé – ramassé – robuste – sec – souple – svelte – trapu – ventripotent.
- **L'impression générale :** affecté – altier – désinvolte – élégant – gauche – hautain.
- **La démarche :** alerte – apprêtée – décidée – fière – gauche – hautaine – hésitante – humble – molle – paresseuse – raide – traînante – vive.
- **Le visage :** candide – élégant – épanoui – gracieux – hautain – mélancolique – naïf – noble – plein.
- **La physionomie :** ahuri – ascétique – bon vivant – confiant – épanoui – faux – jovial – méfiant – ouvert – pincé – piteux – renfrogné – sévère.
- **Les yeux :** absents – assurés – brillants – clairs – écarquillés – envoûtants – francs – froids – frondeurs – furtifs – fuyants – globuleux – hagards – hébétés – lumineux – malicieux – pénétrants – perçants – pétillants – rêveurs – sombres – ternes – troubles – vifs.
- **Le front :** bas – étroit – haut – large – lisse – tourmenté de rides.
- **Les cheveux :** aplatis – bouclés – courts – crépus – en brosse – longs – ondulés – raides – rares – souples – soyeux.
- **La chevelure :** bouclée – clairsemée – fournie – frisée – ondulée – opulente – rare – rebelle – soyeuse – touffue.
- **La bouche :** étroite – expressive – large – pendante – pincée – rieuse – sensuelle.
- **Les lèvres :** gourmandes – minces – pincées – pulpeuses – serrées.
- **Les joues :** duvetées – empourprées – en feu – granuleuses – lisses – pâles – pleines – satinées – veloutées.
- **La peau :** claire – cuivrée – jaunâtre – mate – ocrée – translucide.
- **Le nez :** aquilin – bourgeonnant – bourgeonné – boutonneux – busqué – camard – camus – charnu – couperosé – courbe – court – délicat – droit – en bec d'aigle – en bec de corbin – en betterave – en éteignoir – en pied de marmite – en trompette – enchifrené – enluminé – épaté – fin – fleuri – gros – impertinent – large – mince – retroussé – rouge – rutilant – tombant.
- **Le teint :** bilieux – blafard – bronzé – clair – éclatant – livide – rougeaud – terreux.
- **La main ou les doigts :** allongé – arrondi – court – crochu – décharné – déformé – dévié – droit – dur – énergique – ferme – flasque – fuselé – gras – long – maigre – mince – mou – mort – noueux – osseux – potelé – rugueux – squelettique – tactile – tangible – vigoureux.
- **Le ton de voix :** affable – affectueux – autoritaire – bourru – bref – doux – dur – enjoué – gracieux – hésitant – ironique – méprisant – mielleux – rogue – sarcastique.
- **Les yeux :** au beurre noir – bleus – bouffis – bovins – bridés – bruns – clairs – d'azur – fendus en amande – gonflés – gris – lilas – limpides – marron – pers – pervenche – petits – pochés – tuméfiés – vairons – verts.

Les sensations

L'ouïe

Noms : applaudissements – bourdonnement – bruissement – bruit – chuintement – clameur – ovation.

Adjectifs : agaçant – aigu – clair – éclatant – faible – fort – léger – métallique – perçant – plaintif – prolongé – sec – sonore – sourd – strident.

Verbes : auditionner – ausculter – discerner – distinguer – écouter – entendre – essoriller – ouïr – percevoir – saisir. **Images :** dresser l'oreille – faire la sourde oreille – prêter l'oreille.

Le toucher

Noms : attouchement – caresse – chatouillement – contact – gifle – soufflet – tact.

Adjectifs : brûlant – chaud – collant – dur – duveteux – étoffé – frais – froid – gras – humide – léger – lourd – moite – mouillé – sec – souple – soyeux – tiède.

Verbes : appuyer – caresser – chatouiller – écorcher – effleurer – égratigner – érafler – étreindre – frictionner – frotter – lisser – masser – modeler – palper – peser – pétrir – piquer – presser – raser – saisir – tâter – tâtonner – toucher.

L'odorat

Noms : arôme – bouquet – effluve – émanation – essence – exhalaison – fragrance – fumet – odeur – parfum – relent – senteur. **Noms de parfums :** amande – ambre – anis – benjoin – bergamote – cachou – camphre – cardamome – cinnamome – civette – eau de Cologne – encens – fleur d'oranger – foin coupé – frangipane – héliotrope – iris – jasmin – lavande – marjolaine – mélisse – menthe – musc – myrrhe – néroli – œillet – opopanax – origan – patchouli – romarin – rose – sauge – thym – vanille – vétiver – violette – ylang-ylang.

Adjectifs : agréable – alliacé – aromatique – balsamique – capiteux – désagréable – doux – exquis – fade – fétide – fin – fort – infect – léger – mauvais – méphitique – nauséabond – net – odoriférant – olfactif – pénétrant – pestilentiel – piquant – puant – rance – riche – suave – subtil – suffocant – tenace.

Verbes : aspirer – dégager – désodoriser – émaner – embaumer – empester – empuantir – exhaler – flairer – fleurer – humer – imprégner – infecter – parfumer – puer – renifler – répandre – respirer – sentir – subodorer.

Le goût

Noms : acidité – âcreté – amertume – âpreté – assaisonnement – bouquet – dégustation – délicatesse – épice – finesse – fumet – insipidité – relent – sapidité – saveur.

Adjectifs : acerbe – acide – acidulé – âcre – aigre – amer – astringent – buccal – délectable – délicieux – desséchant – douceâtre – doux – épicé – exécrable – exquis – fadasse – fade – faisandé – gouleyant – gustatif – insipide – piquant – poivré – rance – relevé – renfermé – répugnant – salé – saumâtre – sauvagin – savoureux – sec – succulent – sucré – sur – suret – vert.

Verbes : avaler – boire – bouffer – déguster – dévorer – goûter – grignoter – ingurgiter – manger – savourer – siroter.

La vue

Noms : panorama – regard – scène – vision.

Adjectifs : (les yeux) brillants – candides – cernés – compréhensifs – curieux – durs – enflammés – éperonnés – éraillés – éteints – étincelants – exorbités – expressifs – fatigués – flamboyants – francs – futés – fuyants – hagards – hébétés – hypocrites –

inexpressifs – intelligents – larges – malicieux – méfiants – mornes – morts – perçants – sans vie – sombres – sournois – tendres – tranquilles – troublés – veloutés – vivants – voilés.

- **Verbes :** apercevoir – bigler – braquer – cligner – contempler – couver du regard – darder – découvrir – deviner – dévisager – dévorer – discerner – distinguer – élever – entrevoir – envisager – épier – espionner – examiner – fasciner – fermer – fixer – guetter – guigner – inspecter – lever – lorgner – loucher – mirer – observer – plonger – réfracter – regarder – remarquer – se repaître – repérer – rouler – scruter – sonder – surveiller – toiser – viser – voir. **Images :** accompagner du regard – attacher ses regards sur – avoir un regard appuyé – avoir un regard perçant – caresser du regard – darder son regard – dévorer des yeux – effleurer du regard – embrasser du regard – explorer du regard – foudroyer – fouiller du regard – jeter un coup d'œil – parcourir du regard – plonger ses regards dans – poser les yeux sur – suivre du regard.

Les couleurs

- **Noms :** colorant – coloration – coloris – couleur – gamme – harmonie – nuance – teinte – teinture – ton.
- **Nuances : Blanc :** crème – ivoire – jade. **Jaune :** citron – coquille d'œuf – or – paille. **Vert :** amande – bouteille – émeraude – Empire – mousse – olive – tilleul – Véronèse. **Rouge :** bordeaux – brique – cerise – cyclamen – framboise – lie-de-vin – pompéien – rouille – rubis – sang. **Orangé :** aurore – carotte – corail – feu – saumon. **Mauve et violet :** aubergine – lavande – prune – violet évêque. **Bleu :** ardoise – azur – ciel – horizon – marine – nuit – pervenche – roi. **Gris :** anthracite – argent – éléphant – fer – gorge-de-pigeon – perle – Pompadour – souris – Trianon. **Brun :** acajou – café-au-lait – cannelle – chamois – châtaigne – cognac – fauve – grège – havane – puce – tabac.

Les sentiments

L'amour

- **Noms :** adoration – affection – amitié – ardeur – cœur – concorde – culte – dévotion – entente – ferveur – feu – fièvre – fraternité – passion – tendresse.
- **Adjectifs :** affectueux – angélique – ardent – câlin – céleste – chaste – chaud – épris – galant – passionné – platonique – tendre – voluptueux.
- **Verbes :** adorer – affectionner – brûler – cajoler – chérir – languir – roucouler – s'embraser – s'éprendre.

La haine

- **Noms :** animosité – antipathie – aversion – colère – dégoût – exécration – horreur – hostilité – inimitié – rancune – rancœur – répulsion.
- **Adjectifs :** détestable – exécrable – haineux – haïssable – insupportable – odieux – maudit.
- **Verbes :** abhorrer – détester – excommunier – exécrer – honnir – maudire – rejeter – se venger – répugner.

La colère

● **Noms :** courroux – crise – dépit – emportement – exaspération – fureur – furie – hargne – indignation – ire – irritation – rage – ressentiment – rogne – violence.

● **Adjectifs :** atrabilaire – bilieux – colérique – courroucé – furieux – hargneux – irascible – irritable – rageur – soupe au lait – susceptible.

● **Verbes :** bouillir – être hors de soi – exploser – faire une scène – fulminer – fumer – gronder – montrer les dents – pester – prendre la mouche – rager – s'emporter – s'irriter – se courroucer – se fâcher – sortir de ses gonds – trépigner.

L'attendrissement

● **Noms :** apitoiement – commisération – compassion – émotion – pitié – sensibilité – sentimentalité – tendresse – trouble.

● **Adjectifs :** abattu – attendri – attendrissant – bouleversant – bousculé – chamboulé – dérangé – détruit – émouvant – perturbé – poignant – ravagé – remuant – remué – touchant.

● **Verbes :** amollir – apitoyer – bouleverser – compatir à – émouvoir – être bouleversé par – faire céder – fléchir – remuer – s'apitoyer sur – s'émouvoir de – toucher – troubler.

▶ La parole

● **Noms :** allocution – avis – discours – harangue – mots – oraison – paroles – propos – réplique.

● **Adjectifs :** bavard – décousu – laconique loquace – prolixe.

● **Verbes de communication :** demander – dire – répondre. **Synonymes de *dire* :** articuler – proférer – prononcer – raconter – répéter – réitérer. **Synonymes de *répondre*** : objecter – repartir – répliquer – rétorquer – riposter. **Synonymes de *demander* :** interroger – interpeller – questionner – réclamer. **Voix forte :** acclamer – apostropher – appeler – brailler – clamer – criailler – crier – déclamer – hurler – interpeller – proclamer – proférer – rugir – s'écrier – s'époumoner – s'exclamer – tempêter – tonitruer – vociférer. **Voix faible :** chuchoter – gémir – murmurer – soupirer – susurrer.

▶ Le mouvement

● **Verbes :** arpenter – bondir – bouger – cheminer – circuler – courir – défiler – dégringoler – démarrer – descendre – dévaler – émerger – escalader – foncer – fondre sur – gravir – grimper – marcher – parcourir – plier – plonger – remuer – s'abattre – s'affaisser – s'agiter – s'écrouler – s'effondrer – s'élancer – s'élever – s'engouffrer – s'envoler – s'incliner – sauter – se courber – se déplacer – se hausser – se hisser – se mouvoir – se pencher – surgir – tomber – fléchir – trotter – trottiner.

Lexique grammatical

150 mots utiles

Les chiffres renvoient à la pagination.

Adjectif qualificatif : mot variable qui vient s'ajouter à un nom et qui exprime une caractéristique particulière de l'être ou de la chose désignés par ce nom. Il s'accorde en genre et en nombre avec ce nom. ▶ 82

Adjectif relationnel : adjectif qui caractérise un nom à la manière d'un complément de nom. ▶ 82

Adverbe : mot invariable qui modifie le sens d'un verbe, d'un adjectif qualificatif, d'un autre adverbe ou d'une phrase entière. ➜ *assez, plus, agréablement.*

Agent : être ou chose qui accomplit l'action exprimée par le verbe. À la forme active, le sujet est l'agent de l'action ; à la forme passive, l'agent de l'action est le complément d'agent, introduit par les prépositions *par* ou *de*.

Antécédent : nom ou pronom repris par le pronom relatif. ▶ 92

Antériorité : relation qui lie un fait qui s'est produit avant à un fait qui s'est produit après. ▶ 180

Antonyme : mot qui a un sens opposé à celui d'un autre ; contraire. ▶ 210

Apposition : nom ou groupe nominal qui désigne le même être que le nom qu'il complète. ▶ 73

Article : déterminant du nom, placé avant celui-ci, marquant sa valeur définie ou indéfinie, son nombre et souvent son genre. ▶ 65

Article défini : déterminant qui introduit des noms connus de tous *(le Soleil, la Terre)* ou des noms connus par la situation ou le contexte. ▶ 66

Article indéfini : déterminant qui introduit des noms qui ne sont pas encore connus de l'interlocuteur. ▶ 66

Article partitif : déterminant qui s'emploie devant un nom désignant une réalité non dénombrable. ▶ 66

Attribut du COD : indique une propriété, un état ou une caractéristique de l'être ou de la chose désignés par le COD de certains verbes : *croire, juger, estimer…* ▶ 167

Attribut du sujet : élément essentiel du groupe verbal. Il indique une propriété, un état, une caractéristique du sujet par l'intermédiaire du verbe *être* ou d'un verbe équivalent. ▶ 166

Auxiliaire (de conjugaison) : verbe *être* ou *avoir* qui sert à construire les temps composés. ▶ 49, 56

Champ lexical : ensemble de mots désignant des réalités ou des idées appartenant au même thème. ▶ 206

Classe grammaticale (ou nature d'un mot) : catégorie à laquelle appartient un mot : nom, verbe, adjectif, pronom…

Chronologie : ordre de succession des faits dans un récit selon l'ordre où ils se sont produits dans le temps. ▶ 48

Comparatif : degré de signification des adjectifs. Il exprime la supériorité *(plus)*, l'égalité *(aussi)*, l'infériorité *(moins)*, par rapport au positif. ▶ 84

Complément circonstanciel : élément non essentiel de la phrase qui n'est pas lié au verbe, mais qui complète l'ensemble de la phrase (complément de phrase). Il indique les circonstances du fait exprimé : lieu, temps, manière, cause, conséquence, but, etc. ▶ 179

Complément circonstanciel de but : complément indiquant un fait qu'on a l'intention d'atteindre ; ce à quoi l'on tente de parvenir. ▶ 190

Complément circonstanciel de cause : complément indiquant qu'un fait en entraîne un second. ▶ 190

Complément circonstanciel de lieu : groupe nominal, adverbe ou proposition subordonnée qui situe le fait dans l'espace. ▶ 179

Complément circonstanciel de manière : groupe prépositionnel, adverbe, adjectif employé comme adverbe, gérondif qui donne une indication sur la façon dont on accomplit une action. ▶ 185

Complément circonstanciel de moyen : groupe nominal prépositionnel qui indique l'instrument grâce auquel on accomplit une action. C'est le plus souvent un nom concret. ▶ 185

Complément circonstanciel de temps : groupe nominal, adverbe ou proposition subordonnée qui situe le fait dans le temps. Il peut indiquer la date, la durée, la répétition d'un fait. ▶ 179

Complément d'agent : complément du verbe passif, indiquant le responsable de l'action exprimée par le verbe. ▶ 114

Complément d'objet direct : complément essentiel qui désigne l'être ou la chose auxquels s'applique l'action exprimée par le verbe. Il peut être un groupe nominal, un pronom, un verbe à l'infinitif, une proposition subordonnée. Construit sans préposition, il complète un verbe transitif direct. Il devient sujet à la forme passive. ▶ 172

Complément d'objet indirect : complément d'objet construit avec une préposition : *à* ou *de*. Il complète un verbe transitif indirect. ▶ 173

Complément d'objet second : groupe prépositionnel ou pronom qui indique le destinataire de l'action et s'emploie avec un verbe qui possède en même temps un complément d'objet direct. ▶ 173

Complément de l'adjectif : complète et précise un adjectif de la même manière que le complément du nom complète le nom. ▶ 88

Complément du nom : mot ou groupe de mots composé d'une préposition et d'un autre groupe nominal, qui complète un nom ou un pronom. C'est une expansion du nom. ▶ 88

Conditionnel : temps de l'indicatif qui peut avoir des emplois de mode : un fait imaginaire soumis à une condition, un fait incertain, une demande polie sont exprimés à ce temps.

Conjonction de coordination : mot qui sert à joindre deux mots ou groupes de mots de même fonction, et qui sont d'importance égale.

Construction active : construction du verbe dans laquelle le sujet est généralement l'agent de l'action exprimée par le verbe. ▶ 114

Construction passive : construction du verbe dans laquelle le sujet désigne le patient de l'action, c'est-à-dire l'être ou l'objet qui subit l'action exprimée par le verbe. ▶ 114

Coordination : mise en relation de deux propositions d'importance égale. Les propositions sont reliées par une conjonction de coordination ou un adverbe de liaison. ▶ 133

Degré d'intensité : degré de la qualité qui peut être apprécié en lui-même, sans relation à un autre élément. On distingue l'intensité faible *(peu, modérément)*, l'intensité forte *(très, fort…)*, excessive *(trop)*. ▶ 84

Degré de comparaison : degré de la qualité qui peut être évalué par comparaison à un autre élément. ▶ 84

Destinataire : personne qui reçoit le message de l'émetteur.

Déterminant : mot qui précède un nom pour constituer un groupe nominal et permettre à ce nom d'être utilisé dans le discours. ▶ 65

Déterminant démonstratif : déterminant qui renvoie à un élément de la situation de communication ou à un élément déjà connu du contexte. ▶ 66

Déterminant exclamatif : déterminant qui introduit un mot à propos duquel on exprime un sentiment par une exclamation. ▶ 66

Déterminant indéfini : déterminant qui donne une information de quantité non précisée sur le nom qu'il détermine. ▶ 67

Déterminant interrogatif : déterminant qui introduit un nom à propos duquel on pose une question. ▶ 66

Déterminant numéral cardinal : déterminant qui donne une précision numérique exacte sur le nom qu'il détermine. ▶ 67

Déterminant possessif : déterminant qui introduit le nom d'un être ou d'une chose et précise son genre et son nombre. Il détermine la relation de cet être ou de cette chose avec une personne. ▶ 66

Dialogue : échange de paroles entre deux ou plusieurs personnes ou personnages. ▶ 13

Discours : énoncé prononcé ou écrit dans une situation de communication donnée. ▶ 13

Discours direct et indirect : manière directe (entre guillemets) ou indirecte de rapporter les paroles dites dans une situation de communication. ▶ 13

Émetteur : personne qui parle ou qui écrit à une ou plusieurs personnes. ▶ 13

Emprunt : action par laquelle une langue adopte un mot étranger ; le mot désigne aussi le mot ainsi adopté. ▶ 200

Énoncé : phrase prononcée dans une situation particulière.

Épithète : fonction de l'adjectif qualificatif, lorsque celui-ci est placé directement à côté d'un nom, dans un groupe nominal. **Épithète liée** : adjectif qui suit ou précède immédiatement le nom qu'il qualifie.

Épithète détachée : adjectif qui dépend du groupe nominal tout en se trouvant détaché de lui par une ou deux virgules à l'écrit et par une ou deux pauses à l'oral. ▶ 83

Étymologie : origine d'un mot. ▶ 213

Expansion du nom : groupe de mots qui complète un nom : épithète, apposition, complément du nom ou subordonnée relative. ▶ 88

Fonction : rôle grammatical d'un mot ou d'un groupe de mots dans la phrase.

Forme de phrase : affirmative / négative, active / passive, neutre / emphatique. ▶ 113

Futur antérieur : temps de l'indicatif qui situe un fait dans l'avenir, avant un autre fait exprimé au futur simple. ▶ 82

Futur proche : temps de l'indicatif qui marque un fait situé dans l'avenir, exprimé par des périphrases *(je suis sur le point de partir)*. ▶ 39

Futur simple : temps de l'indicatif qui marque un fait situé dans l'avenir. ▶ 39

Gérondif : participe présent précédé de *en*. Il exprime une action simultanée à celle du verbe de la proposition principale. ▶ 146

Groupe adjectival : groupe de mots dont le noyau est un adjectif. ▶ 82

Groupe nominal : groupe de mots dont le noyau est un nom. ▶ 72

Homophone : mot qui se prononce de la même façon qu'un autre mot, mais qui n'a pas le même sens. ▶ 150

Imparfait de l'indicatif : temps de l'indicatif qui présente un fait comme étant en cours à un moment du passé, sans indication de début ni de fin. Il exprime à la fois le passé et l'arrière-plan (actions et décor) du récit. ▶ 44, 54

Impératif : mode du verbe exprimant un ordre dans une situation de communication. ▶ 126

Indicatif : mode du verbe exprimant un fait réel, actuel, passé ou futur.

Infinitif : mode du verbe quand il n'est pas conjugué.

Interrogation partielle : demande une information sur un des éléments de la phrase, représenté en tête de phrase par un mot interrogatif. ▶ 110

Interrogation totale : pose une question dont la réponse sera *oui, si,* ou *non*. ▶ 110

Juxtaposition : consiste à poser côte à côte plusieurs propositions. Un signe de ponctuation sépare les propositions juxtaposées (virgule, point-virgule, deux-points). ▶ 133

Mise en relief : procédé qui permet de placer un élément du propos (information nouvelle) en position de thème (élément connu) et d'insister sur le thème. ▶ 118

Mode : manière d'envisager le fait (état ou action) exprimé par le verbe. On distingue le mode indicatif (faits posés), le mode subjonctif (fait possible ou supposé), le mode impératif, l'infinitif et le participe.

Narrateur : personne ou personnage qui raconte l'histoire, dans un récit.

Nom : catégorie de mots qui désignent une espèce ou un individu particulier. Il constitue le noyau du groupe nominal. ▶ 72

Nom abstrait : nom qui désigne des idées, des sentiments, tout ce que l'on ne peut pas percevoir par les sens. ▶ 72

Nom animé : nom qui désigne un être vivant, humain ou non humain. ▶ 72

Nom commun : nom qui désigne tous les êtres, toutes les choses d'une même espèce ou d'une même catégorie. Il est le plus souvent précédé d'un déterminant. ▶ 72

Nom composé : nom formé de plusieurs mots qui désignent un seul être ou une seule chose. ▶ 73

Nom concret : nom qui désigne un être ou un objet qu'on peut voir, entendre, toucher. ▶ 72

Nom dérivé : nom formé d'un radical et d'un préfixe et/ou d'un suffixe. ▶ 73

Nom générique : nom plus général qui présente un rapport de sens avec un groupe de mots cité précédemment. ▶ 73

Nom non animé : nom qui désigne une chose, un phénomène, une idée.

Nom propre : nom qui désigne un être ou un objet unique, bien individualisé. Il commence toujours par une majuscule.

Participe passé : forme impersonnelle du verbe, qui fonctionne comme un adjectif. ▶ 58

Participe présent : forme impersonnelle du verbe, qui se termine en *-ant* et qui fonctionne comme un adjectif. ▶ 82

Passé composé : temps de l'indicatif qui exprime un fait passé dont les conséquences durent encore. ▶ 38

Passé simple : temps de l'indicatif, qui situe les actions dans un passé bien défini. Ces actions forment la trame principale du récit tandis que l'imparfait décrit les actions de l'arrière-plan. ▶ 43, 54

Périphrase : groupe nominal qui désigne par analogie le même être ou la même chose en plusieurs mots. ▶ 73

Personne du verbe : forme de la conjugaison permettant de distinguer celui qui parle, celui qui écoute, ou celui (ou ce) dont on parle. ▶ 33

Phrase : suite de mots émise entre deux pauses fortes à l'oral. À l'écrit, elle commence par une majuscule et se termine par une ponctuation forte. ▶ 109

Phrase affirmative : phrase qui affirme une réalité, exprime ce qui est. ▶ 114

Phrase complexe : phrase qui comporte plusieurs verbes conjugués, donc plusieurs propositions.

Phrase déclarative : type de phrase par lequel l'émetteur constate un fait, transmet une information ou exprime une opinion, un jugement. Elle peut être affirmative ou négative. ▶ 109

Phrase emphatique : phrase qui insiste sur un des éléments de la phrase en le mettant en relief. Elle résulte de la transformation de la phrase neutre. Cette transformation s'effectue par un déplacement ou par l'emploi de *c'est… que, c'est… qui.* ▶ 115

Phrase exclamative : phrase de type déclaratif, injonctif ou interrogatif qui exprime une émotion ou un sentiment vif. L'exclamation s'ajoute à l'un des trois types de phrase fondamentaux. ▶ 110

Phrase injonctive : type de phrase par lequel l'émetteur cherche à faire agir le récepteur à qui il s'adresse. Elle peut être non verbale ou verbale. Dans ce dernier cas, le verbe est au mode impératif : il n'a donc pas de sujet exprimé. ▶ 109

Phrase interrogative : type de phrase par lequel l'émetteur demande une information en posant une question. Elle pose une interrogation totale ou une interrogation partielle. ▶ 110

Phrase négative : phrase qui nie une action ou un fait, exprime ce qui n'est pas. Elle est le plus souvent le résultat de la transformation d'une phrase affirmative à l'aide d'un adverbe ou d'un adverbe composé de négation. ▶ 114

Phrase neutre : phrase dont l'ordre des mots est sujet – verbe – complément. ▶ 115

Phrase non verbale : énoncé qui peut se limiter à un seul mot et ne comporte pas de verbe conjugué.

Phrase passive : phrase qui résulte de la transformation d'une phrase active dont le verbe a un COD. ▶ 114

Phrase simple : suite de mots qui contient un seul groupe verbal, construit autour d'un verbe conjugué. ▶ 133

Phrase verbale : phrase construite autour d'un verbe conjugué, au moins.

Plus-que-parfait : temps de l'indicatif qui exprime essentiellement un fait passé antérieur à un fait exprimé au passé composé, au passé simple ou à l'imparfait de l'indicatif. ▶ 50

Postériorité : relation qui lie un fait qui s'est produit après à un fait qui s'est produit avant lui. ▶ 180

Préposition : mot de liaison. ➜ *par, à, de, pour…*

Présent de l'indicatif : temps de l'indicatif qui situe le fait au moment de l'énonciation. ▶ 38

Présentatif : mot ou expression *c'est, il y a, voici, voilà*. Il permet d'introduire une information nouvelle (propos), sans partir d'un élément déjà connu (thème). ▶ 119

Progression thématique : enchaînement des thèmes et des propos d'une phrase à l'autre d'un texte.

Progression à thème constant : les phrases s'enchaînent par la reprise du même thème.

Progression à thèmes dérivés : chaque thème de phrase désigne une partie du thème principal du texte.

Progression linéaire : chaque phrase reprend pour thème le propos de la phrase précédente.

Pronom : mot qui remplace souvent un nom ou un groupe nominal pour reprendre une information donnée. ▶ 77

Pronom démonstratif : pronom simple *(celui, celle, ceux, celles)*, ou composé *(celui-ci, celui-là, celle-ci, celle-là, ceux-là, celles-là)* qui désigne un élément présent dans la situation de communication. ▶ 78

Pronom indéfini : pronom *(aucun, tout, chacun, certain, tel…)* qui désigne un être ou une chose sans donner d'indication précise de quantité ou d'identité. Il peut avoir un rôle de reprise. ▶ 78

Pronom personnel : pronom qui désigne les partenaires ou l'objet de la communication et qui se substitue très souvent à un nom employé antérieurement, et qui le rappelle et le représente en évitant de le répéter. ▶ 77

Pronom possessif : pronom *(le mien, le tien, le sien, les nôtres…)* qui reprend un groupe nominal déjà cité dans le contexte, en indiquant une relation avec la personne correspondante. ▶ 77

Pronom relatif : pronom qui représente, en tête de la proposition relative, le nom ou le pronom antécédent. Il relie la proposition relative à son antécédent. ▶ 79, 93

Propos : information nouvelle par rapport à l'information de départ ; ce que l'on dit du thème. ▶ 119

Proposition : unité de sens construite autour d'un sujet et d'un verbe conjugué. ▶ 133

Proposition indépendante : proposition qui constitue à elle seule une phrase.

Récepteur : personne à qui l'on parle ou à qui l'on écrit. ▶ 13

Registre de langue : manière de s'exprimer adaptée à une situation donnée. On distingue le registre familier, le registre courant, le registre soutenu. ▶ 15

Reprise avec réduction : reprise qui consiste à réduire le groupe nominal au nom noyau. ▶ 73

Reprise indirecte : reprise qui consiste à reprendre le groupe nominal par un groupe nominal qui lui est associé. ▶ 73

Reprise nominale : reprise qui consiste à reprendre le groupe nominal par un groupe nominal qui contient des éléments différents. ▶ 73

Reprise simple : reprise qui consiste à reprendre un nom avec un simple changement de déterminant : l'article défini, ou un déterminant démonstratif ou possessif. ▶ 73

Situation de communication : situation qui s'établit quand quelqu'un (l'émetteur) s'adresse à quelqu'un d'autre (le récepteur) à un moment et en un lieu donnés avec une intention particulière. ▶ 13

Subjonctif : mode personnel du verbe employé pour exprimer le doute, la volonté, le désir. ➜ *Il faut que je* ***sache****...*

Subordination : relation qui unit dans la phrase des propositions qui ne sont pas de même niveau, dans un ensemble où l'une (appelée subordonnée) dépend de l'autre (appelée principale). ▶ 133

Subordonnée : proposition qui complète le sens d'une autre, à laquelle elle est rattachée par un mot de relation (pronom relatif, conjonction de subordination, pronom interrogatif).

Subordonnée circonstancielle : élément non essentiel de la phrase, introduite par une conjonction ou une locution conjonctive de subordination (*quand, dès que, parce que, pour que*, etc.). ▶ 145

Subordonnée complétive : subordonnée qui est complément du verbe de la proposition principale. Elle est introduite par la conjonction *que*. ▶ 139

Subordonnée interrogative indirecte : proposition subordonnée complétive. C'est un élément essentiel de la phrase, complément d'objet direct d'un verbe de sens interrogatif. Elle appartient au discours indirect.

Subordonnée relative : expansion du groupe nominal qui comporte un verbe conjugué, et qui commence par un pronom relatif reprenant un nom ou un pronom précédent (appelé antécédent). ▶ 93

Sujet : un des deux éléments principaux d'une phrase. Il commande l'accord du verbe en personne et en nombre. Il ne peut pas être supprimé. ▶ 161

Superlatif relatif : groupe formé de l'adjectif précédé d'un déterminant et d'un adverbe *(le plus..., le moins)*. ▶ 84

Synonyme : mot de sens proche de celui d'un autre, que l'on peut substituer à un autre dans un texte sans changer le sens de celui-ci. ▶ 210

Temps du verbe : modification du verbe qui permet de localiser l'action dans le passé, le présent ou le futur et qui forme des séries personnelles.

Temps composés : temps du verbe formé d'un auxiliaire (*avoir* ou *être*) et du participe passé.

Temps simples : temps du verbe qui tient en un seul mot, précédé du pronom personnel ou du nom sujet. ▶ 82

Texte argumentatif : texte qui a pour but de convaincre le récepteur à l'aide d'arguments, afin de modifier son idée ou son comportement. ➜ *tract, publicité...*

Texte descriptif : texte qui présente l'état d'un objet, d'un lieu, en dehors de toute indication de date ou de durée et les fait exister en les nommant et en leur attribuant des caractéristiques qui les identifient.

Texte explicatif : texte qui sert à donner au récepteur un savoir sur un sujet qu'il ne connaît pas en apportant des informations et en donnant des exemples (dictionnaires, manuels, encyclopédies, magazines).

Texte injonctif : texte qui a pour but de faire agir le récepteur (règlement, mode d'emploi, recette de cuisine...).

Texte narratif : texte qui rapporte une suite d'actions qui se déroulent dans le temps et qui s'enchaînent logiquement. Il s'y produit des événements autour d'un ou plusieurs personnages. ➜ *conte, légende, roman...*

Thème : ce dont on parle, l'information de départ dans un énoncé ; ce que le récepteur connaît déjà, grâce à la situation ou au contexte. ▶ 119

Type de discours : narratif, descriptif, explicatif, argumentatif.

Type de phrase : déclarative, interrogative, injonctive ; chacun de ces trois types fondamentaux peut être en outre exclamatif.

Verbe : mot essentiel de la phrase verbale, qui se conjugue : il varie selon la personne, le nombre, le temps, le mode. Il relie le sujet et les compléments, ou le sujet et son attribut.

Édition : Valérie Antoni
Illustrations : Olivier Tallec ; Nicolas Hubesch (p. 28, 60, 104, 128, 156, 196)
Conception graphique : Killiwatch
Maquette : Hélène Magnier
Couverture : Double File
Correction : Solange Kornberg

N° éditeur : 10081185(1).55. CSBL70. Avril 2001
Imprimé en Italie par Rotolito Lombarda